2024年度黑龙江省高校基本科研业务费黑龙江大学专项资金项目
（2024-KYYWF-0065）

农产品进口贸易
对中国农业碳生产率的
影响研究

王馨瑶 ◎ 著

中国财经出版传媒集团

经济科学出版社
Economic Science Press

·北 京·

图书在版编目（CIP）数据

农产品进口贸易对中国农业碳生产率的影响研究／
王馨瑶著 . ‒‒北京：经济科学出版社，2025.2.
ISBN 978 ‒ 7 ‒ 5218 ‒ 6592 ‒ 9

Ⅰ. F323

中国国家版本馆 CIP 数据核字第 202413VD06 号

责任编辑：周国强
责任校对：刘　昕　王苗苗
责任印制：张佳裕

农产品进口贸易对中国农业碳生产率的影响研究
NONGCHANPIN JINKOU MAOYI DUI ZHONGGUO NONGYE TANSHENGCHANLÜ DE
YINGXIANG YANJIU

王馨瑶　著
经济科学出版社出版、发行　新华书店经销
社址：北京市海淀区阜成路甲 28 号　邮编：100142
总编部电话：010 ‒ 88191217　发行部电话：010 ‒ 88191522
网址：www. esp. com. cn
电子邮箱：esp@ esp. com. cn
天猫网店：经济科学出版社旗舰店
网址：http：//jjkxcbs. tmall. com
北京季蜂印刷有限公司印装
710×1000　16 开　14.5 印张　230000 字
2025 年 2 月第 1 版　2025 年 2 月第 1 次印刷
ISBN 978 ‒ 7 ‒ 5218 ‒ 6592 ‒ 9　定价：82.00 元
（图书出现印装问题，本社负责调换。电话：010 ‒ 88191545）
（版权所有　侵权必究　打击盗版　举报热线：010 ‒ 88191661
QQ：2242791300　营销中心电话：010 ‒ 88191537
电子邮箱：dbts@ esp. com. cn）

序　言

  2020 年 9 月，习近平总书记在第 75 届联合国大会上首次提出"双碳"目标，在此背景下，寻求绿色低碳发展之路已刻不容缓，其中农业起到至关重要的作用。因此，需要积极发展农业低碳经济，其理念在于在降低农业温室气体排放量的同时，持续提高农业系统的生产效率。农业碳生产率兼具"农业经济增长"与"农业碳减排"的双重目标，凸显了中国农业发展所面临的资源环境约束，是衡量农业低碳化发展现状的重要指标。农产品对外贸易是农业经济增长的主要源泉之一，随着人们对农产品需求的不断增加，农产品进口贸易增长态势显著，农产品贸易逆差事实已不可逆转。那么，在中国主动扩大农业对外开放的背景下，农产品大规模进口对中国农业低碳化发展是否具有长远影响。基于这一问题，本书将关注农产品进口贸易中的碳排放问题和经济效益问题，思考农产品进口贸易的扩大能否提高农业碳生产率。如果农产品进口贸易促进了农业碳生产率的提高，其主要的作用机制又是什么？并且在现有较为普适的环境政策下，是否会存在作用效用的差异？本书深入系统地探究这些问题，将可在充分利用国内国际双循环相互促进的新发展格局的背景下，对实现农业绿色可持续发展与农业低碳转型产生重大意义。

  基于此，本书主要内容为中国农业碳生产率的测算、农产品进口贸易对农业碳生产率影响的直接效应、间接效应及空间效应。具体而言，本书首先明确中国农业碳排放核算清单，其中重点考虑农业碳汇来计算农业碳排放量，并根据农业碳排放量测算单要素农业碳生产率和基于随机前沿分析方法、数据包络分析方法的全要素农业碳生产率。之后理论分析农产品进口贸易对农业碳生产率影响的直接效应，并采用动态面板模型进行实证检验，利用动态面板门槛模型以实际人均收入为门槛，研究农产品进口贸易与农业碳生产率之间的非线性关系。在此基础上，研究农产品进口贸易对农业碳生产率的影响机理，分别从农业生产要素投入使用、农业生产结构以及农业生产技术三个方面进行分析，构建替代效应、结构效应以及技术效应的多重中介效应模型，并重点考虑环境规制的调节作用。最后，采用动态空间滞后模型研究农产品进口贸易对农业碳生产率影响的空间效应，着重从知识溢出以及自主创新角度分析空间技术溢出效应。最终根据以上的理论分析与实证分析结果，提出提高农业碳生产率的政策建议。因此，通过系统研究主要形成如下结论：

第一，2000～2020 年中国农业碳排放量整体呈波动上升的特征，动物肠道发酵是农业碳排放的第一大源头。中国各省份的农业碳生产率均呈现增长态势，但各省份差距明显且呈"东高西低、南高北低"的特征。第二，中国农产品进口贸易呈快速增长趋势。农产品进口贸易正向影响农业碳生产率，存在基于经济发展水平即实际人均收入 8872.19 元的单门槛效应，达到门槛值后农产品进口贸易对农业碳生产率的促进作用将有所下降。第三，农产品进口贸易的替代效应和技术效应促进农业碳生产率的提高，而其结构效应抑制农业碳生产率的提高。环境规制正向调节农产品进口贸易的替代效应、负向调节农产品进口贸易的结构效应以影响农业碳生产率。第四，农业碳生产率的空间自相关性呈现减弱的变化趋势。农产品进口贸易对邻近区域的农业碳生产率作用不显著，其中农产品进口贸易的技术效应会抑制邻近区域农业碳生产率的提高。

鉴于此，本书从农产品进口贸易、农业生产以及农业环境规制等角度提出提高中国农业碳生产率，促进农业低碳转型的政策建议：第一，在保障粮食安全的基础上适度增加农产品进口；第二，优化农业生产结构与农产品进口贸易结构；第三，充分利用农产品进口贸易技术溢出并鼓励农业科技创新；第四，制定和完善与农业生产行为相关的环境规制政策。

本书可能的创新之处在于：第一，在已有国际与国内碳排放核算清单以及文献研究的基础上，考虑农业碳汇、林草灾害以及土地利用变化对农业碳排放的影响，更为全面、客观地测算中国农业碳排放量及农业碳生产率，为之后相关研究提供参考；第二，利用农业碳生产率衡量中国农业低碳化发展情况，并明确农业环境规制的作用效果及其优化方向，更符合现阶段实现"双碳"目标的现实要求；第三，研究视角的创新，从农产品进口贸易角度分析其对农业低碳化发展的影响，并揭示了农产品进口贸易对农业碳生产率影响的直接效应、间接效应与空间效应。除此之外，在研究方法的应用上有所创新，均采用符合研究内容的各种动态回归模型。

目　录

第 1 章

引　言

1.1　研　究　背　景

20 世纪 90 年代以来，全球气候变暖问题受到国际社会的广泛关注。气候变暖导致的冰川融化和极端性气候灾害极大地影响了人类健康和生物生存，在农业领域，气候变暖将会严重影响农业生产的种植区域和种类分布等。全球气候变暖的主要原因是人类活动导致的温室气体排放，当大气中的二氧化碳每增加 1 倍时，地球温度将会增加 3 倍。因此，世界各国都极度重视温室气体排放量。全球已有 29 个国家明确做出"碳中和"承诺，其中有 25 个国家预计到 2050 年实现"碳中和"，总共有 28 个国家预计到 2060 年实现"碳中和"。习近平总书记于 2020 年 9 月在第 75 届联合国大会上首次提出"双碳"目标，即力争于 2030 年前实现碳达峰、2060 年前实现碳中和。面对如此急迫的形势，中国从顶层设计考虑，制定了《国家适应气候变化战略》《城市适应气候变化行动方案》等重大政策文件，并推进低碳试点、示范低碳城市、碳市场等建设工作，探索形成各具特色的低碳发展模式。低碳经济是一种包含经济、社会和环境的新型系统发展模式：一方面，低碳经济强调经济发展的转型，即实现经济发展与碳排放的"脱钩"；另一方面，低碳经济强调经济发展与生态环境保护的共赢,即兼顾"保增长"与"促减排"。[1]
2019 年中央一号文件《关于坚持农业农村优先发展做好"三农"工作的若干
意见》指出,要提高中国绿色生态农业发展水平。农业低碳化发展是国家缓
解农业对气候变化产生不利影响的重要举措之一,具体做法包括降低温室气
体排放、提高资源的利用效率、提高农业生产效率、推广可再生能源等。农
业碳生产率兼具"农业经济增长"与"农业碳减排"的双重目标,凸显了在
新时期碳排放"相对减排"阶段以及中国农业发展在面临资源环境约束时,通
过提高农业生产要素投入效率与农产品生产质量的方式,提升农业经济发展质
量与效益的内涵。因此,提高农业碳生产率将成为中国发展低碳农业的核心,
它将有助于实现农业经济可持续发展,有利于中国实现总体的减排目标。

农业生产是最广泛的且对环境影响较大的人类活动,联合国政府间气候
变化专门委员会(IPCC)第六次评估报告显示,化石能源燃烧约占全球温室
气体排放量的 58.0%,其次是农业生产,其温室气体排放量约占温室气体排
放总量的 22.0%[2],且在日益严峻的气候变化背景下,发展中国家会承受全
球农业损失的 75%~80%,发展中国家的农业可持续发展将遭受较大的威
胁。[3] 2013~2020 年,中国年均农业生产活动的温室气体排放量占全国温室气
体排放总量的 20% 左右,农业碳排放量占全国碳排放总量的 13% 左右。虽然农
业温室气体排放量与工业温室气体排放量相比并不突出,但农业仍是中国第二
大温室气体排放源,并且由于农业温室气体排放源的复杂性,农业将在 2050 年
成为最大的温室气体排放源。由于农业生产是全人类基本的经济活动之一,故
农业的绿色低碳转型将是中国实现碳达峰、碳中和承诺和目标的巨大挑战。

---

① Beinhocker E, Howard S, Kenber M, et al. Breaking the climate deadlock:A global deal for our
low-carbon future [R]. The Climate Group, 2008.

② Lee H., Calvin K., Dasgupta D., et al. Climate Change. Synthesis Report, Summary for Policy-
makers. Contribution of Working Groups Ⅰ, Ⅱ, and Ⅲ to the Sixth Assessment Report of the Intergovernmen-
tal Panel on Climate Change (IPCC) [R]. 2023.

③ Ismael M, Srouji F, Boutabba M A. Agricultural technologies and carbon emissions:Evidence from
Jordanian economy [J]. Environmental Science and Pollution Research, 2018 (25):10867 – 10877.

Karimi V, Karami E, Keshavarz M. Climate change and agriculture:Impacts and adaptive responses in
Iran [J]. Journal of Integrative Agriculture, 2018, 17 (1):1 – 15.

农产品对外贸易是农业经济增长的主要源泉之一。自改革开放以来，农产品对外贸易促进中国农业经济迅速发展，农产品出口在短期内对中国农业经济的增长具有较大的促进作用，而农产品进口则在长期内对中国农业经济的增长有较大的促进作用。[①] 正因如此，中国农产品进出口贸易总额增长迅猛，从 2000 年的 268.5 亿美元增长到 2021 年的 3041.68 亿美元，年均增加 132.06 亿美元，年均增速达 12.25%，其中进口贸易额从 2000 年的 113.8 亿美元增长到 2021 年的 2198.2 亿美元，年均增加 99.26 亿美元，年均增速达 15.14%。[②] 随着人们对农产品需求的不断增加、农业对外依存度的不断上升，农产品进口贸易增长态势显著，农产品贸易逆差事实已经不可逆转，且伴随着工业化、城镇化的发展，中国农产品的生产成本会进一步提高，农产品进口贸易将会是一个长期的趋势。

农产品对外贸易通过调整农业生产影响农业碳排放。一般而言，进口土地密集型农产品将会降低单位产出的要素投入强度，将农业生产资料投入到农业生产效率更高的部门，实现在有限资源的约束下优化农业生产结构的目的，最终减少农业碳排放量。[③] 除此之外，通过进口贸易取得技术进步是世界多数国家开展对外贸易的基本特点，进口国可以利用贸易伙伴国的技术溢出提高本国的生产力以降低碳消耗。[④] 并且碳关税、碳标签等绿色壁垒的限制以及各国普遍施行的较为严厉的环境规制，都将促使农业生产更加倾向于低碳、绿色、环保，从而大幅降低农业生产过程中高碳生产要素的投入使用、推动农业产业结构调整以及积极创新农业清洁生产技术，最终从整体上实现农业低碳化发展。[⑤]

[①] 杜红梅，安龙送. 我国农产品对外贸易与农业经济增长关系的实证分析 [J]. 农业技术经济，2007（4）：53-58.

[②] 笔者基于联合国商品贸易统计数据库（UN Comtrade Database）计算。

[③] 闵继胜. 农产品对外贸易对中国农业生产温室气体排放的影响研究 [D]. 南京：南京农业大学，2012.

[④] Das S. Externalities, and technology transfer through multinational corporations A theoretical analysis [J]. Journal of International Economics，1987，22（1-2）：171-182.

[⑤] He R, Zhu D, Chen X, et al. How the trade barrier changes environmental costs of agricultural production: An implication derived from China's demand for soybean caused by the US-China trade war [J]. Journal of Cleaner Production，2019（227）：578-588.

由于中国农产品对外贸易长期处于逆差状态，农产品进口贸易增长态势显著，且现阶段中国对外贸易政策以主动扩大农业对外开放为主，则未来持续的贸易高水平开放将对中国农业发展产生长远影响。并且农产品进口贸易不仅会促进中国农业经济增长，而且有利于降低农业碳排放，这意味着农产品进口贸易可能会对中国农业低碳发展产生重要影响。由于农业碳生产率是一个兼具"农业经济增长"与"农业碳减排"双重目标的指标，农业碳生产率的提升标志着农业绿色经济可持续增长以及农业绿色低碳转型，且有利于助力实现"双碳"目标，所以需要在国内国际双循环相互促进的新发展格局的背景下，对农产品进口贸易对中国农业碳生产率的影响做深入研判，并对农业低碳化发展进行系统性谋划。因此，本书关注农产品进口贸易中的碳排放问题和经济效益问题，思考农产品进口贸易依存度的提高和农产品进口贸易规模的扩大能否提高农业碳生产率？如果农产品进口贸易促进了农业碳生产率的提高，其主要的作用机制又是什么？并且在较为普遍的环境政策下，是否会存在作用效用的差异？基于此，本书构建了农产品进口贸易影响农业碳生产率的理论分析框架，实证检验农产品进口贸易引致的替代效应、结构效应以及技术效应对农业碳生产率的影响的直接效应、间接效应及空间效应，并分析环境规制在农产品进口贸易与农业碳生产率关系中的作用，以期更好地从农产品进口贸易中获得环境效益，促进农业绿色可持续发展，为加快实现农业低碳转型提供可靠的科学依据和政策建议。

1.2 研究目的与意义

1.2.1 研究目的

本书在双循环新发展格局及农业低碳可持续发展的背景下，深入探讨农产品进口贸易对农业碳生产率的影响，试图从中观层面农产品进口贸易、农业生产以及农业环境规制等视角，提出中国农业低碳转型的可选择路径，丰富农产品进口贸易、农业碳生产率及低碳农业等领域的研究成果，为实现农业低碳化发展提供依据。

具体研究目的包括如下方面：

（1）明晰中国农业碳排放核算清单并测算农业碳生产率。以《中国温室气体清单研究》和《省级温室气体清单编制指南（试行）》为依据，借鉴联合国政府间气候变化专门委员会和联合国粮农组织等机构的核算清单，在对比学者们在农业碳排放核算体系方面研究的基础上，构建更为全面的农业碳排放核算清单并计算农业碳生产率，以尽可能真实、客观地反映中国农业低碳发展水平。

（2）揭示农产品进口贸易对农业碳生产率影响的直接效应、间接效应以及空间效应。基于已有研究成果与相关理论，从理论层面分析农产品进口贸易对农业碳生产率的影响，并通过实证检验农产品进口贸易对农业碳生产率产生的不同影响、现实作用路径以及空间溢出情况，明确其中蕴含的政策含义。

（3）明确环境规制在农产品进口贸易影响农业碳生产率中的作用。从农产品进口贸易的替代效应、结构效应以及技术效应三个角度分析环境规制对农业生产的调节作用，并根据环境规制的作用机理把握环境规制如何能有利于农业低碳化发展目标的实现，为政府有针对性制定环境规制政策提供理论支撑。

1.2.2　研究意义

本书围绕农产品进口贸易如何影响农业碳生产率这一科学问题展开研究，提出农产品进口贸易对农业碳生产率影响的理论框架，并构建研究的总体思路：农产品进口贸易对农业碳生产率影响的直接效应、作用机理与空间溢出效应，其中考虑环境规制在农产品进口贸易对农业碳生产率影响机制中的作用，以便基于实证结果，并结合实际情况及相关文献提出政策建议，最终实现农业低碳转型。因此，具有重要的理论意义和现实意义。

1.2.2.1 理论意义

（1）丰富现有关于农业生产与环境治理方面的评价研究。农业生产与农业生态环境一直都是国内外学者的研究热点之一，在气候变化背景下，农业碳排放量作为农业环境污染的代理变量得到了专家及学者们的认可，农业碳生产率的测算解决了农业环境污染与农业经济发展间关系难以量化的问题。在借鉴国际权威机构出台的农业温室气体排放因子与清单的基础上，将农用能源和秸秆焚烧纳入核算体系中，还将林草碳汇、自然风险以及土地利用等因素考虑进来，构建更为全面的农业碳排放测算体系，可为更加准确地测算农业碳排放量提供理论基础。

（2）从农产品进口贸易出发，为探究农业碳生产率及农业低碳化发展提供新的研究视角。本书从以往研究农产品对外贸易的"绝对排放"转变为研究"相对排放"，利用农业碳生产率考虑经济效益与环境效益的双重因素，更符合低碳经济发展阶段的要求。并且不同于以往对于农产品进出口贸易的整体研究，本书侧重于农产品进口贸易，研究农产品进口贸易对农业碳生产率的影响，不仅丰富了国际贸易－环境方面的效应理论，尤其是农产品进口贸易方面的研究内容，而且在一定程度上也起到了丰富和发展低碳农业理论的作用。

1.2.2.2 现实意义

（1）从农产品进口贸易角度为提高农业碳生产率提供具有针对性的对策建议，有利于实现中国农业低碳化发展。通过理论分析和实证检验农产品进口贸易对农业碳生产率影响的作用机理，可为相关部门制定推进农业低碳化发展的政策提供参考，尤其是在满足农产品贸易开放、农产品进口贸易不断增长的既定事实下，为如何调整农业生产要素投入使用、农业产业结构以及农业技术创新与应用提供依据，有利于实现农业碳减排与农业经济增长的协调发展。对农产品进口贸易影响农业碳生产率的空间效应分析，可为相关部门制定区域协同低碳发展政策提供参考与依据。

（2）有利于中国选择合适的农产品进口贸易政策与农业环境保护政策。本书分别从农产品进口贸易的替代效应、结构效应以及技术效应三个角度分析环境规制政策在各效应中的具体影响，以评价现有环境政策在贸易与环境关系中的作用，为政府调整环境政策提供方向与参考依据，从政策法规角度促进农业生态环境可持续发展。不仅如此，根据农产品进口贸易对农业碳生产率影响的研究成果，在国内国际双循环新发展格局的背景下，为农产品进口贸易政策的制定提供理论依据，以在保障国家粮食安全的基础上开展农产品进口贸易，从而全面推进农业对外开放合作，加快实现农业强国。

（3）从农业碳生产率角度评价中国农业生产质量，有利于提高农产品国际竞争力。农业碳生产率的高低是衡量农产品生产是否属于高质量，是否符合绿色标准的重要指标。农产品的高碳化生产将面临发达国家碳关税的威胁，且世界农业强国的特点之一是要注重农业可持续发展，所以减少农业碳排放、提高农业碳生产率是提高农产品国际竞争力的现实需要，并且从碳源角度测算并分析农业碳排放量，将有利于从农业生产投入端入手改善农产品质量。

1.3 国内外研究动态

本书围绕"农产品进口贸易对农业碳生产率的影响"这一命题，分别梳理了国内外关于农产品对外贸易对生态环境影响以及农业碳生产率的研究动态，在农产品对外贸易对生态环境影响的相关研究中，从农产品对外贸易对生态环境的影响、农产品对外贸易对生态环境负面影响的潜在解决方案、环境规制在贸易与生态环境关系中的调节作用以及农产品对外贸易对生态环境影响的效应分解等角度进行归纳整理；在农业碳生产率的相关研究中，从农业碳生产率的测算与时空差异、农业碳生产率的影响因素以及农产品国际贸易对农业绿色全要素生产率的影响等角度进行整合分析，以作为后续研究的基础。

1.3.1 农产品对外贸易对生态环境影响的相关研究

1.3.1.1 农产品对外贸易对生态环境的影响

随着世界贸易自由化的深入发展，越来越多的学者关注到加速开展农产品贸易和农业领域贸易自由化是影响环境的重要因素。目前针对农产品对外贸易对生态环境有何种影响这一问题仍没有定论，归纳现有文献可总结出农产品对外贸易对生态环境影响的四种观点：

第一种观点认为农产品对外贸易对生态环境有负面影响，导致气候变化和环境污染，这也是大多数研究的结果。一方面，农业生产和工业化促使的贸易扩张是全球污染的主要引擎；另一方面，温室气体排放量增加、气候干燥、森林砍伐、土地利用变化以及生态系统服务损失均是贸易对环境造成的主要后果（Balogh and Jámbor，2020）。例如，农业贸易自由化会导致环境成本增加而经济成本减少，从而进一步加剧中国、拉丁美洲等地区的农业污染（Schmitz，Biewald and Lotze-Campen et al.，2012；刘子飞，2014；Flachsbarth，Willaarts and Xie et al.，2015）。在农产品对外贸易对森林生态系统产生影响的研究中，学者们发现农产品贸易的增加会导致亚马逊地区森林砍伐规模的扩大，其中虽然林产品进口贸易促进了中国林业经济的发展，但却对环境造成不利影响（牛利民和沈文星，2014；Schmitz，Kreidenweis and Lotze-Campen，2015）。具体来说，为出口而扩大的农业生产致使的森林砍伐约占森林砍伐碳排放的30%～40%（Pendrill，Persson and Godar et al.，2019）。亨德斯等（Henders，Persson and Kastner，2015）和德奥卡（De Oca，2008）也有类似结论，他们将贸易产品具体化，明确牛肉、大豆、棕榈油和木材这四类产品出口造成的热带森林砍伐会导致森林超过12%的碳损失，而墨西哥的对外玉米贸易不仅会导致本国的森林砍伐，还会对生物多样性产生影响。

除了对森林生态系统产生影响外，农产品对外贸易还会对巴西、印度尼西亚、泰国、印度、马来西亚、越南以及欧洲等国家和地区的生态系统服务功能产生负面影响（Chang，Symes and Lim et al.，2016；Boerema，Peeters and Swolfs et al.，2016），其中印度尼西亚与美国和中国开展的食品出口贸易将会致使其损失 20 个物种（Chaudhary and Kastner，2016），且农产品国际贸易将影响国内磷循环，造成生态失衡（Nesme，Metson and Bennett，2018）。在以温室气体排放作为衡量农产品贸易对环境影响的研究中，初级农产品出口与农业温室气体排放呈正相关关系，且初级农产品出口的比重越高越会促进温室气体排放量的增加（Drabo，2017）。具体而言，巴西和印度尼西亚15% ~ 32%的农业用地和土地利用变化导致的碳排放均来源于牛肉和棕榈油出口（Boerema，Peeters and Swolfs et al.，2016）。就国别而言，共建"一带一路"国家农产品贸易开放度越高，碳排放越高（Chaudhary and Kastner，2016），尤其是在贫穷的发展中国家，贸易自由化会导致碳排放量更为明显地增加（Nesme，Metson and Bennett，2018）。

第二种观点认为农产品对外贸易对生态环境没有显著影响，即农产品对外贸易既不会影响环境污染，也不会影响气候变化。贝金等（Beghin，Dessus and Roland-Hoist et al.，1997）以墨西哥为例，发现没有证据可以证实农产品自由贸易会导致环境恶化，还有对瑞典进口转基因大豆和非转基因大豆的环境效应的研究发现，当非转基因大豆的进口量超过转基因大豆的进口量时，就不会带来严重的环境影响（Eriksson，Ghosh and Hansson et al.，2018）。同样，当消除所有贸易国家的所有会扭曲农产品贸易的政策时，农产品贸易自由化对美国农业环境的总体影响仅有不到1%（Johansson，Cooper and Peters，2006）。由此可知，农产品对外贸易对环境如全球温室气体排放的影响，主要取决于区位比较优势而不是贸易自由化，贸易自由化对农业温室气体排放的影响不大（Bourgeon and Ollivier，2012；Himics，Fellmann and Barreiro-Hurlé et al.，2018）。

第三种观点认为农产品对外贸易对环境有积极或有利的影响，即在某些情况下，农产品对外贸易会积极影响环境，有利于减少环境污染。农业生产与环境外部性相关，例如，当粮食生产从富国转移到穷国时，会减少全球农业污染，这就是农产品贸易自由化带来的环境改善，此处的富国和穷国更应该强调的是比较优势（Cater，1993；Hassan，1997）。众多学者的研究均对这一观点加以证明，以斯里兰卡为例，贸易自由化能对以农业为主的发展中国家的环境质量起到积极作用（Bandara and Coxhead，1999），当中国从美国进口棉花时，可以切实缓解中国环境破坏加剧的状况（赵行姝，2008），而当美国和墨西哥进行农作物贸易时，可以很好地降低两国农业的环境成本（Martinez-Melendez and Bennett，2016）。在以温室气体排放作为衡量农产品贸易对环境影响的研究中，莱特昂（Leitão，2011）通过分析美国农业产业内贸易与环境的关系，发现二氧化碳排放与产业内贸易之间存在负相关关系，闵继胜和胡浩（2013）、潘安（2017）对中国的研究，以及尤艾·哈克（Ul Haq，2021）对巴基斯坦的研究均发现了同样的结论，即农产品对外贸易并没有导致农业碳排放量的增加，其中潘安（2017）的研究从隐含碳的角度出发，发现中国贸易从隐含碳净出口转向净进口，农产品国际贸易甚至具有减碳效应。除降低农业二氧化碳排放量外，农产品国际贸易也会促使农产品进口国减少甲烷和氧化亚氮的排放（Vennemo，Aunan and He et al.，2008；Wen，Schoups and Van De Giesen，2018）。

第四种观点认为农产品对外贸易对生态环境的影响是不确定的，这一观点从异质性角度分析了两者间的关系，即从不同国家或地区、不同贸易形式等方面展开研究。对于不同国家来说，农产品对外贸易对环境的影响具有明显的差异化特征。例如，中国水产品贸易与渔业碳排放强度间存在以收入为门槛的倒 U 形关系（李晨、汪琳琳和邵桂兰，2021），即收入差异会使农产品对外贸易对环境产生不同影响，但总体而言，农产品贸易自由化对发达国家生态环境的影响是有利的，对发展中国家生态环境的影响既有利又有弊（李岳云和任重，1995；匡远凤和彭代彦，2012）。在以温室气体排放作为衡量农产品贸易对环境影响的研究中，贸易自由化会使欧盟减少动物养殖数量，从而通过减少肥料使用来降低农业温室气体排放量，而新西兰的情况却恰恰相反（Saunders，Wreford and Cagatay，2006）；2/3 的共建"一带一路"国家通过从中国进口农产品减轻本国农业水资源短缺压力，而其余国家压力有所增加（孙才志和张佳亮，2023）。对于不同贸易形式来说，农产品进口依存度正向影响农业碳排放绩效，农产品出口依存度的情况却完全相反（高鸣和陈秋红，2014）。

1.3.1.2 农产品对外贸易对生态环境负面影响的潜在解决方案

由于多数研究表明农产品对外贸易将会产生农业环境坏物品（environmental bads）和负环境外部性，对生态环境造成负面影响，所以学者们就此问题展开了广泛研究并提出了潜在解决方案。这些解决方案的内核均是将环境成本内在化，而将环境成本内在化的工具主要包括法规工具和经济工具：在利用法规工具方面，由于环境规制在贸易与生态环境中存在调节效应，故应充分发挥与贸易相关的环境法规在控制环境恶化程度方面的作用，不过要着重强调环境政策的适当性与适度性（Anderson，1992），以及在发展中国家建立相关的检查和执法机制（Chakravorty，Fisher and Umetsu，2007）。巴克翰姆（Buckingham，1998）研究了世界贸易组织环境措施促成的贸易流动变化对环境产生的影响，发现虽然有些影响是无意的，但是仍对农业生态系统产生积极影响。达摩德仁（Damodaran，2002）强调将国家和全球环境问题与贸易相关的环境法规相结合，以实现发展中国家农业可持续发展。艾克豪特等（Eickhout，Van Meijl and Tabeau et al.，2007）的研究结论是环境和贸易协定必须充分整合或协调，以共同努力改善环境并获得自由贸易的好处。除环境政策外，贸易政策的实施也将有利于农业环境，如实行限制某种农产品的贸易政策（Walters，2017）。在经济工具方面，卢茨（Lutz，1992）认为可以通过高贸易价格的收入效应来抵消发展中国家的部分负环境影响，通过提高产品市场价格，鼓励农民采用环境友好型的生产技术或投资像水土保持设施一样的环保基础设施，从而提高生产率，凯尔希纳和施密德（Kirchner and Schmid，2013）也认为农业环境支付有助于应对气候变化和促进碳减排。除此之外，可以对新技术进行大量投资或鼓励采用精准农业、现代自然资源管理等手段，通过技术研发来减少与贸易有关的污染，还可通过呼吁发达国家减少牲畜消费来解决贸易带来的环境问题（Schmitz, Lotze-Campen and Gerten et al., 2013）。

1.3.1.3 环境规制在贸易与生态环境关系中的调节作用

就环境规制在贸易与环境污染关系中的作用而言，有效的环境规制可以明显改善中国华东和中部地区贸易造成的碳排放问题（Chen, Zhang and Wang, 2022）。有效的环境治理和监管在促进信息与通信技术服务（ICT）贸易对环境污染的影响中发挥着重要作用，在短期和长期内，政府环境治理的有效性均能缓和 ICT 贸易造成的污染，而监管只能缓和 ICT 贸易对污染的长期影响（Evans and Mesagan, 2022）。就环境规制在贸易与绿色生产效率关系中的调节作用而言，学界主要形成了以下三种观点：第一种观点认为存在正向调节作用，即在贸易开放的背景下，较为严格的环境规制，一方面可以控制污染产品进入流通市场，另一方面又能促进环保产品进入流通市场并充分发挥其绿色技术溢出效应，驱动企业改进自身生产技术，降低要素投入成本，从而促进绿色全要素生产率的提高（张同斌和刘倬奇，2018；张峰和宋晓娜，2019；Hu, Jiao and Tang et al., 2021），而这种正向调节作用可能会呈现出边际效应增强的非线性特征（肖晓军、杨志强和曾荷，2020）；第二种观点认为存在负向调节作用，且主要作用于结构效应和技术效应（Vilas-Ghiso and Liverman, 2007），即在贸易开放的背景下，较为宽松的环境规制，一方面无法控制污染产品进入流通市场，导致环境污染程度的增加，另一方面没有良好的环境规范将造成绿色发展动力不足的情况，从而抑制绿色全要素生产率的提高（谢荣辉，2017；聂雷、王圆圆和张静等，2022）；第三种观点认为环境规制强度存在一个合理区间，只有环境规制强度在合理范围内时，才会存在正向调节作用（Wang and Shen, 2016；黄庆华、刘敏和胡江峰，2021），且这种调节作用一般会呈现出先抑制后促进的 U 形特征（王晗和何枭吟，2021；齐英瑛、邓翔和任崇强，2022）。

1.3.1.4 农产品对外贸易对生态环境影响的效应分解

农产品对外贸易对环境的影响较为复杂，它可以通过影响农业生产要素投入、农业生产结构、农业技术水平、农业生产规模和产出水平以及环境政策与环境规制措施等因素，并在国内农业政策的作用下影响国内和国际的生态环境（Krissoff, Ballenger and Dunmore et al., 1996; Lankoski, 1997）。格罗斯曼和克鲁格（Grossman and Krueger, 1991）在研究贸易对工业二氧化硫排放的影响时，首次提出贸易会通过规模效应、结构效应和技术效应影响环境，贸易对环境的净效应是这三种效应的加总。这一划分方式被众多学者所接受，且具有为农业经济学者展开相关研究提供借鉴的重要意义。但由于农产品贸易一方面有利于环境友好型技术的引进，另一方面又可能会造成巨大的社会成本和环境成本，例如，农业面源污染会随农产品对外贸易开放程度的扩大而上升，农产品对外贸易的结构效应和技术效应分别会增加和减少单位面积农业面源污染（马进，2023），所以农产品对外贸易对生态环境的净效应影响，尤其是发展中国家的影响是不确定的（曲如晓，2003）。除对以上三大传统效应的划分外，一些学者或研究机构还对农产品对外贸易对环境的影响机理进行了更为细致的划分。例如，经济合作与发展组织（OECD，1994）将其划分为规模效应、结构效应、产品效应、技术效应和规制效应，帕纳约托（Panayotou, 2000）在这基础上又加入了收入效应，艾布勒和肖特尔（Abler and Shortle, 1998）认为影响机理包括规模效应、结构效应、外部效应、政策效应和技术效应，还有一些研究强调了运输效应的重要性（Batra, Beladi and Frasca, 1998），认为农产品贸易对环境最明显的影响体现在运输上，贸易规模的扩大会直接导致贸易产品运输量的增加，运输污染物的大量产生会对环境质量造成威胁（Ervin, 1997; Vatn, 2002）。

（1）农产品对外贸易对生态环境影响的规模效应。在现有研究中，学者们认为农产品对外贸易的规模效应将对生态环境产生正、负两种影响。多数学者认为贸易导致的生产规模变化是决定环境污染最重要的因素（陶红军和谢超平，2016），故农产品对外贸易的增加会带来产出规模的扩大，加重环境污染（李祝平、李舒颖和黄再春，2017）。农产品出口贸易规模的扩大源自农用物资投入的增加，这将导致农业生产过程中更多废弃物的产生与污染物的排放（黄季焜、徐志刚和李宁辉，2005; Harris and Roach, 2021），并且家禽饲料、化肥中的氮磷均会加重农业面源污染，破坏生态系统平衡（章家清和马甜，2015；Pace and Gephart，2017）。不仅如此，农产品对外贸易还可能通过直接效应和间接效应造成资源退化，其中：直接效应表现为农户为提高产出而扩大农业生产规模和耕地面积，如将林业用地转变为种植业用地；间接效应表现为更多劳动力投入生产活动，尤其是不熟练的劳动力（Barbier，2000）。其他学者则认为农产品对外贸易的规模效应会对环境产生正向作用：一方面，农产品贸易自由化引致了绿色认证等标准的出现，促使化肥施用密度降低，有利于改善环境质量（Harold and Runge，1993）；另一方面，农产品对外贸易的增加会使农户更多地使用国内生产的农业投入品，如化肥等，通过降低进口投入品的污染程度以最终有利于生态环境（Abimanyu，2000）。农产品对外贸易的规模效应对生态环境的正向影响多体现在农产品进口贸易方面。当美国从墨西哥进口农产品时，美国在农业生产中对自然资源的消耗量和对农用物资的使用量将会大大减少，从而通过降低污染物排放量来提高环境效益（Martinez-Melendez and Bennett，2016）。同样，中国粮食进口也会降低种粮导致的氮污染（Shi，Wu and Zhou et al.，2016），以江苏省为例，也可得到类似结论，但与此同时，农产品进口贸易也会造成农业耕地抛荒、耕地流失等现象的产生。因此，学者们对于农产品对外贸易引致的规模效应对环境的影响持不确定的观点。

（2）农产品对外贸易对生态环境影响的结构性效应。农产品贸易规模的扩大和农产品贸易开放程度的提高，会导致种植业与畜牧业的比例，即农业生产结构发生变化，此时农业碳排放量也会随之发生改变，影响农业碳排放绩效水平（王芳和周兴，2012）。由于中国出口的农产品中污染密集型农产品的比重较大，故农产品对外贸易会加剧中国资源环境质量的恶化（杨荣海和李亚波，2013），但贝金等（Beghin，Dessus and Roland-Hoist，1997）分析墨西哥对外贸易与环境的关系时发现，贸易会正向调整农业生产结构，使农业达到经济效益和环境效益的"双赢"。在农产品对外贸易对生态环境影响的结构效应中，环境规制等国家相关政策会起到重要作用，它会使农业生产从有严格化学品使用规定的发达国家转移到不严格的发展中国家，由此造成了发展中国家环境质量下降，发达国家污染减少的现象（Abler and Pick，1993；Heyl，Ekardt and Roos et al.，2021）。

（3）农产品对外贸易对生态环境影响的技术效应。农产品对外贸易对生态环境的技术效应有两种表现形式：一种是由于农产品贸易开放程度的提高，出现的绿色贸易壁垒等限制进口的措施会倒逼出口国提高农产品生产水平和加工技术，由此降低农业碳排放量（周晓雪，2020）；另一种是由于农产品国际贸易的增加，为农业生产提供了新技术，由此减轻了农业生产造成的污染（Jebli，Youssef and Ozturk，2016）。詹晶和叶静（2014）在研究中国农产品出口遭遇技术性贸易壁垒（TBT）后产生的环境倒逼效应时发现，在 TBT 的强制性作用下，出口农产品的农药使用量远远小于国内市场销售农产品的农药使用量。徐博禹和刘霞辉（2022）以研发投入作为衡量技术效应的指标，在考察中国第一产业贸易对碳排放量的影响时发现，贸易的技术效应对环境的影响具有非线性门槛效应，当研发投入不足时，农产品对外贸易的增加将导致农业碳排放量上升，但随着研发投入的持续增加，其将逐渐有利于实现碳减排。

1.3.2　农业碳生产率的相关研究

现有农业碳生产率领域的研究主要集中在以下两个方面：一是农业碳生产率的测算及其时空差异，主要采用单要素农业碳生产率和全要素农业碳生产率两种测算方法；二是影响农业碳生产率的因素，这方面的研究相对较少，故梳理了农业碳排放效率和农业碳排放绩效的影响因素等相关文献。除此之外，本节还梳理了农产品国际贸易对与农业碳生产率较为类似的农业绿色全要素生产率的影响，以明晰相关观点为本书提供文献参考。

1.3.2.1　农业碳生产率的测算与时空差异

在农业碳生产率测算方面，现有研究主要测算了单要素农业碳生产率和全要素农业碳生产率这两种指标：在单要素农业碳生产率的研究中，这类研究出现较早，且学者们多利用农业统计数据测算单位碳成本的平均总产量以分析农作物生产的碳足迹（Cheng, Pan and Smith et al., 2011）；在全要素农业碳生产率的研究中，早期研究采用 DEA-Malmquist 指数模型测度农业碳排放效率，发现中国多数省份的农业碳排放效率虽处于提升状态，但整体仍处于较低水平，且各省份农业碳排放效率差距明显（钱丽、肖仁桥和陈忠卫，2013；吴贤荣、张俊飚和田云等，2014；刘其涛，2015；程琳琳、张俊飚和曾杨梅等，2016）。之后的研究中，多数学者采用非期望产出的超效率 SBM 模型测度农业碳生产率，在该模型中将农业碳排放作为非期望产出。现有使用该模型的研究主要从省级和市级层面进行测度，其他农业碳生产率测度模型还包括 GB-US-SBM 模型、全局超效率 SBM 模型等。从国家级层面来看，各国的农业碳排放效率的空间关联网络连通性较好，存在空间溢出效应（Shu, Su and Li et al., 2023）。从省级层面来看，2000~2019 年中国农业碳排放效率均值为 0.778（吴昊玥、黄瀚蛟和何宇等，2021），中国 31 个省份的农业碳排放效率提升较快，且呈现"东西高、中部低"的分布格局（刘华军和石印，2020；Liu and Yang, 2021），但王和冯（Wang and Feng, 2021）的研究却认为中国农业总体碳排放效率呈"东部最高，西部最低，中部介于两者之间"的局面，结论略有不同，而吴等（Wu, Huang and Chen et al., 2022）认为高效率省份首先聚集在华南地区，然后逐渐向东北、华东、西北地区聚集，可间接证明王和冯（Wang and Feng, 2021）的观点。与使用 DEA 模型测度的农业碳排放效率结果相一致的是各省份区域间差异明显，尤其是西部区域间差异更为显著（李博、张文忠和余建辉，2016；Wang, Liao and Jiang, 2020）。因此，郭四代等（2018）进一步对西部地区省份进行深入研究，发现西部地区存在低效率省份向高效率省份追赶的趋势，区域内各省份的碳排放效率趋于各自稳态水平；尚杰、吉雪强和石锐等（2022）的研究认为在空间维度上农业碳排放效率呈现空间关联网络特征并愈发明显，其中东部沿海地区空间溢出效应显著。

在研究中国整体省域的农业碳生产率的基础上，学者们又进一步从市、县级层面对具体区域展开研究。基于市域测算，湖北省农业碳排放效率虽存在一定波动，但总体处于增长态势，年平均增速为 2.9%（田云和王梦晨，2020；Shan，Xia and Hu et al.，2022）；涉及 11 个省份的长江经济走廊的农业碳排放绩效的高低呈现下游＞中游＞上游的状态（Liu and Gao，2022）；甘肃省农业碳排放效率呈现下降—上升—趋于平缓的变化趋势，且均小于 1（杨小娟、陈耀和高瑞宏，2021）；浙江省的农业碳排放强度均呈下降趋势，其中的温州为高排放低效率城市（Li，Li and Liu et al.，2022）；东北三省的农业碳排放效率呈上升趋势，其中的吉林省农业碳排放效率最高（徐小雨、董会忠和庞敏，2023）。基于县域测算，新疆塔里木河流域农业碳生产率呈现 W 形的阶段性特征，县域之间形成下游—上游—中游凹形递减的分异格局，在空间上呈现出较强的集聚性（穆佳薇、乔保荣和余国新，2023）；60% 的河南省市县农业碳排放效率有所提升，主要集中在豫南和豫北地区（朱永彬、马晓哲和史雅娟，2022），该结论与王帅等（2020）学者采用河南省 65 个村庄调研数据进行的研究结果类似，即河南省农业碳排放强度呈现"南北高，中间低"的空间分布格局。张杰等（2022）学者更加微观从农户尺度开展研究，他们发现农户整体的农业碳排放效率较低，其中示范村中的农户农业碳排放效率高于非示范村中的农户。

除此之外，学者们还从农业具体部门展开对农业碳生产率的研究。黄杰和张自敏（2021）的研究发现，中国种植业碳生产率整体呈上升态势，但总体区域差异表现出"下降—上升—下降"的倒 N 形演变趋势，且高水平地区的种植业碳生产率具有正向的空间溢出效应；张晓雷等（2020）学者的研究发现黑龙江省畜牧业碳排放效率均值整体呈波动上升趋势，2014 年达到最大值 0.784；曾冰（2019）的研究发现长江经济带渔业经济碳排放效率总体不断上升，但呈现出由下游向上游递减的梯度变化态势；郭等（Guo，Li and Pan et al.，2023）的研究发现养猪业的碳排放效率随时间呈现 M 形上升趋势。

1.3.2.2　农业碳生产率的影响因素

农业碳生产率受多种因素影响，具体包括：其一，城镇化水平。城镇化总体上会抑制农业碳生产率的提高，其中人口城镇化和社会城镇化均会显著抑制农业碳生产率的提高，土地城镇化会显著促进农业碳生产率的提高（程琳琳、张俊飚和何可，2019）。城乡融合发展指数对农业碳排放效率具有显著的负向影响，地区经济发展水平是约束城乡融合发展和农业碳排放效率关系的显著门槛变量，当地区经济发展水平越过阈值后会产生显著的提升效应（谢会强和吴晓迪，2023）。其二，产业集聚。农业产业聚集程度的提高将有利于强化该区域技术溢出和基础设施建设水平，并与农业碳生产率存在 W 形关系（张哲晰和穆月英，2019）。其三，财政支农水平。财政支农投入对农业碳生产率的提升有显著的促进作用，且会通过提高农业种植结构、农业机械化水平、农业技术创新和规模经营效率等有效途径部分作用于农业碳生产率（黄伟华、祁春节和黄炎忠等，2022；Xu, Zhang and Li et al.，2023）。其四，农村金融支持。农业保险通过促进农业产业集聚和农业技术进步实现农业碳生产率的提升（朱森杰、尹忞昊和袁祥州等，2023）；普惠金融对农业碳排放绩效有显著的正向影响和空间溢出效应（Sun, Zhu and Yuan et al.，2022）。其五，农产品国际贸易。农产品国际贸易正向影响农业碳排放绩效（Li, Hou and Zhou, 2022；Zang, Hu and Yang et al.，2022）。其六，农业信息化水平。数字技术的实施有利于提高奶牛场的碳排放效率，且环境规制在其中会起到积极的调节作用（Liu, Wang and Bai et al.，2023）。其七，农村人力资本。教育发展水平有利于提高农业碳生产率（伍国勇、孙小钧和于福波等，2020）。农业资本深化对农业碳生产率的提升有正向影响，但劳动力价格上涨对农业碳生产率提升有负向影响（李海鹏和王子瑜，2020）。其八，农业生产水平。作物种植专业化、农业产业化对农业碳排放效率的提高有正面效应（李伟，2017；曾琳琳、李晓云和孙倩，2022）。农业技术进步非线性影响农业碳排放效率，即随着人力资本水平的增加或农业经济发展水平的提高，农业技术进步与农业碳排放效率之间分别存在倒 U 形和 U 形关系（雷振丹、陈子真和李万明，2020）。

除研究直接影响因素外，较少学者从耦合协调的角度分析各因素与农业碳生产率之间的关系。研究表明，除上海市以外，其余各省份的农业经济增长和新型城镇化与农业碳排放效率的耦合协调度呈现显著提升的态势，且都表现出明显的、伴随"马太效应"的空间集聚特征（田云和林子娟，2022；田云和卢奕亨，2023）。四川省县域农业碳排放效率与粮食安全的耦合协调度向优质协调发展，各区县农业碳排放效率与粮食安全的耦合协调度基本呈现出以"成都平原为中心、向南北递增"的分布趋势（杨青林、赵荣钦和赵涛等，2023）。

1.3.2.3 农产品国际贸易对农业绿色全要素生产率的影响

农业碳生产率较农业绿色全要素生产率而言，更侧重于农业绿色低碳转型过程与提质增效，且在内容含义以及测算方面有一定不同之处，但这两者在本质上均是对经济发展问题的回答。由于现有深入研究农业碳生产率影响因素的文献相对较少，且影响农业绿色全要素生产率的因素可能在一定程度上影响农业碳生产率，故本书梳理了农产品国际贸易对农业绿色全要素生产率影响的相关文献。

农产品国际贸易对农业绿色全要素生产率有明显的促进作用，但滞后性明显。随着农产品国际贸易的增加，促进作用将逐渐不显著，出口贸易与进口贸易均有显著的正向作用（严先锋、王辉和黄靖，2017），但出口贸易对农业绿色全要素生产率的影响小于进口贸易。按照地域划分，北方省份农产品国际贸易对农业绿色全要素生产率的影响大于南方省份（陈芳和杨梅君，2021）。农产品国际贸易对农业绿色全要素生产率的影响存在多个门槛效应：基于农业研发投入的单一门槛时，农产品国际贸易与农业绿色全要素生产率存在倒 U 形关系；基于人力资本水平的双重门槛时，农产品国际贸易对农业绿色全要素生产率的影响由不显著变为显著；基于农村金融发展水平、农村基础设施建设水平以及农业经济发展水平的双重门槛时，农产品国际贸易对农业绿色全要素生产率的正向影响梯度增强（李晓龙和冉光和，2021；陈燕翎、庄佩芬和彭建平，2021）。除此之外，农产品贸易规模的扩大将抑制绿色贸易壁垒对农业绿色全要素生产率的积极影响（Liu, Zhang and Li et al., 2023）。

现有关国际贸易与生产率之间关系的研究并未得到一致结论，贸易自由化对中国省域的全要素生产率有显著正向作用，沿海地区与内陆地区存在明显差异（杨世迪和韩先锋，2016），其中国际贸易将正向影响西部地区的绿色全要素生产率（尹传斌和蒋奇杰，2017），基础设施水平的高低也将对国际贸易与绿色全要素生产率之间的关系产生影响（齐绍洲和徐佳，2018）。就具体的贸易形式而言，出口贸易会通过"干中学"效应、演示和培训效应、竞争效应、传染效应以及规模效应作用于全要素生产率，并最终使全要素生产率得到提升。进口贸易会加剧国内该类产品的市场竞争，从而刺激其通过模仿或技术进步提高全要素生产率（林伯强和刘泓汛，2015），但进口贸易规模的扩大也会降低利润预期，抑制此类产品的技术创新和生产动力，最终抑制全要素生产率的增长（邢孝兵、徐洁香和王阳，2016）。除此之外，对外贸易依存度以及国际贸易规模对中国碳生产率的影响均不显著，但进口依存度和出口依存度均对高贸易依存度地区的碳生产率有显著正向影响（赵秀娟和张捷，2016；田园，2022）。

1.3.3 国内外文献述评

通过梳理相关研究可知，在现有农产品对外贸易对生态环境影响方面的研究中，学者们并未达成共识，继而形成负面影响、没有显著影响、正面影响以及影响不确定这四种观点，造成这一问题的原因在于生态环境评价指标的选取、不同国家地区以及不同贸易形式的异质性等。由于贸易对环境的有害论受到更多学者们的支持，故部分文献以此为重点研究解决方案，提出发挥与贸易相关的环境规制政策的作用等建议。基于此，部分学者研究了环境规制在贸易与生态环境关系中的调节作用，发现这种调节作用呈现非线性的U形特征。但是单从农产品进口贸易角度而言，农产品进口贸易主要对生态环境有积极影响。在影响效应的分解中，学界基本达成共识，以格罗斯曼和克鲁格（Grossman and Krueger，1991）提出的"三效应论"为主，即分为规模效应、结构效应以及技术效应。在规模效应方面，多数学者认为规模效应会带来正向影响，即农产品进口贸易会减少农业化学品的使用量，从而减轻农业环境污染；在结构效应方面，学者们的观点不统一；在技术效应方面，学者们均认为农产品对外贸易通过技术溢出以及自主创新有利于生态环境，尤其是在研发投入持续增加的时候。农产品对外贸易不仅会对农业生态环境产生影响，而且它也是农业经济发展的来源之一。因此，在关注农业经济增长的同时，更应考虑农业生产带来的外部性，将环境因素考虑进来（匡远配和谢杰，2011）。为此，越来越多的学者将农业碳排放量作为环境因素纳入到经济增长分析框架中，提出农业碳生产率。现农业碳生产率领域的研究主要是从农业碳生产率的测算及影响因素两方面展开。对于农业碳生产率的测算，早期研究一般采用的是单要素农业碳生产率指标，近年来学者们多采用全要素农业碳生产率指标。对于农业碳生产率影响因素方面的研究较少，主要的影响因素为城镇化水平、产业集聚、农产品国际贸易、财政支农水平、农村金融支持、农业信息化水平、农村人力资本与农业生产水平。参考与农业碳生产率本质较为相似的农业绿色全要素生产率可知，农产品进口贸易对农业绿色全要素生产率具有显著的正向影响（严先锋、王辉和黄靖，2017）。总而言之，上述文献在一定程度上丰富了农产品对外贸易对生态环境的影响以及农业碳生产率方面的研究成果，为后续研究提供了坚实的理论基础和丰富的经验证据，但仍存在进一步细化与深入研究的空间。本书认为现有研究存在如下不足：

（1）农业碳排放测算体系完整性与客观性有待改进。现有文献虽已完善原有农业碳排放量的测算，形成了较为符合中国地域特色的农业碳排放核算体系，在一定程度上优化了原有被严重低估的中国农业碳排放量，但该体系未考虑土地利用变化、农业碳汇以及林草灾害，这将会高估农业部门整体的碳排放量，进而低估中国农业碳生产率水平。除此之外，在整个核算体系中未考虑林业、渔业的碳排放情况，尤其是渔业能源使用造成的碳排放。所以本书在构建农业碳排放核算体系时，将考虑农林牧渔大农业的整体情况，并增加对土地利用变化和林业碳汇量的测算，以期得到更为客观与完整的农业碳排放核算体系，为获得农业净碳排放量提供基础，从而最终得到较为准确的农业碳生产率。

（2）缺乏对农业碳生产率影响因素的研究。现有研究农业碳生产率影响因素的文献较少，其中重点就农产品国际贸易影响农业碳生产率展开的研究更是少之又少，且多将农产品国际贸易因素作为控制变量进行简单研究。但基于国内国际双循环的新发展格局背景下，国际贸易因素有必要被重点考虑。现有较为相关的文献主要研究了国际贸易对碳生产率的影响，得到国际贸易对碳生产率影响不显著，但当一个地区中所有个体的平均对外贸易依存度均高于全国平均水平时，这个地区的进口贸易会显著正向影响碳生产率这一结论。就现有文献而言，缺乏对农业碳生产率影响因素的研究，且虽然现有研究分析了农业碳生产率的时空差异，但考虑到农产品进口贸易与农业碳生产率的空间依赖性与空间差异性，需要分析农产品进口贸易对农业碳生产率影响的空间效应，以从空间维度把握二者的关系。

（3）农产品进口贸易影响农业碳生产率的作用机理还不明确。现有研究发现农产品对外贸易对农业绿色全要素生产率有促进作用，但会受农村金融发展水平、农村基础设施建设水平等多重门槛效应的影响。虽然在农产品国际贸易对农业碳排放绩效影响的文献中指出，农产品国际贸易会正向影响农业碳排放绩效，但对于具体影响机理并未作深入探究。虽然农业碳生产率与农业绿色全要素生产率和农业碳排放绩效在本质上较为类似，但农业碳生产率仅着重考虑农业温室气体排放，并将农业碳排放量作为投入要素加以考虑，而不是非期望产出，更加强调资源环境约束以及"双碳"目标下农业绿色低碳转型的需要。除此之外，多数研究考察的农产品国际贸易是指农产品进出口贸易，而针对现阶段中国更具战略意义的农产品进口贸易方面的研究较为不足，导致提出的农业贸易政策缺乏一定的针对性。因此，需从农产品进口贸易角度研究其对农业碳生产率的影响效应。

1.4 研究内容与方法

1.4.1 研究内容

本书共 8 章，其中研究的主要内容为中国农业碳生产率的测算、农产品进口贸易对农业碳生产率影响的直接效应、间接效应及空间效应，全书结构以及具体各章节内容安排如下：

第 1 章为引言，介绍研究开展的背景、目的、意义及思路等内容。本章在介绍选题背景的基础上，梳理国内外关于农产品对外贸易对生态环境的影响以及农业碳生产率相关的研究动态，并对国内外相关研究成果进行述评，由此提出研究问题。介绍研究的目的和意义，概述研究方法，明确研究思路、技术路线以及主要内容，最后探讨本书研究可能的创新之处。

第 2 章为相关概念界定与理论基础，明确研究对象并介绍研究的理论渊源。本章首先科学界定了农产品进口贸易、农业碳排放、农业碳生产率以及环境规制等基本概念，之后介绍与研究相关的理论及其在本书中的适用性，具体包括低碳经济理论、贸易与环境理论、经济增长理论和环境成本内在化理论，结合这些理论确定本书研究的理论基础。

第 3 章为中国农业碳生产率的测算，明确农业碳排放核算清单并测算农业碳生产率。本章首先确定中国农业碳排放核算清单，其中增加土地利用变化和林业部分，重点考虑农业碳汇、土地利用变化及林草灾害等对农业碳排放量的影响，以避免造成高估的情况；其次，根据排放清单度量农业碳排量并测算农业碳生产率，包括单要素农业碳生产率和基于随机前沿分析方法和数据包络分析方法的全要素农业碳生产率；最后，比较分析各农业碳生产率，确定后续研究的核心变量。

第 4 章为农产品进口贸易对农业碳生产率影响的直接效应，初步探索农产品进口贸易与农业碳生产率的关系。本章首先从农产品进口贸易规模、地区结构、依存度与粮食安全的关系等层面揭示农产品进口贸易现状;其次,理论分析农产品进口贸易与农业碳生产率的关系,并利用动态面板模型进行实证检验;最后,采用动态面板门槛模型将实际人均收入水平作为门槛,探究农产品进口贸易与农业碳生产率之间的非线性关系,并在此基础上利用动态面板分位数模型,进一步考察不同人均收入水平门槛条件下两者的非线性关系。

第5章为农产品进口贸易对农业碳生产率影响的间接效应,深入探究农产品进口贸易对农业碳生产率影响的中观决定机制。本章首先理论分析农产品进口贸易对农业碳生产率影响的替代效应、结构效应及技术效应的作用机理,并进一步分析环境规制对各效应的调节作用;其次,构建包含三重效应的多重中介效应模型,并以前文所得人均收入门槛值为标准进行异质性检验;最后,利用动态面板门槛模型以及有调节的多重中介效应模型实证检验环境规制的调节作用,把握环境规制强度的门槛值及其对三种效应路径的调节机理。

第6章为农产品进口贸易对农业碳生产率影响的空间效应,多维度把握农产品进口贸易对农业碳生产率影响的空间溢出效应机制。本章首先理论分析农产品进口贸易对农业碳生产率影响的空间效应及空间技术溢出效应;其次,利用动态空间滞后模型进行实证检验;最后,着重分析农产品进口贸易的空间技术溢出对农业碳生产率的影响,并将技术效应具体分为知识溢出效应和自主创新效应进行深入分析。

第7章为基于农产品进口贸易提高农业碳生产率的政策建议,从农产品进口贸易视角寻找农业低碳化发展的宏观决定机制。本章基于前文所得结论,从农产品进口贸易、农业生产以及农业环境规制等角度提出提高中国农业碳生产率、促进农业低碳化转型的政策建议。

第8章为结论与展望,梳理研究结论并提出研究不足与展望。本章就前文研究所得到的基本结论进行全面的总结和概述,同时针对本书研究的不足,提出未来展望。

1.4.2 研究方法

1.4.2.1 文献研究法

本书通过梳理与总结国内外相关研究文献，从农产品对外贸易对生态环境的影响以及农业碳生产率两个方面综合分析现有研究成果并发现研究不足，其中重点把握有关农产品进口贸易的研究，以保证本研究在选题、理论和方法上的前沿性，明确本书研究的目的和意义，找到本书研究的切入点，设计研究方案，梳理研究思路，确定研究方法。

1.4.2.2 定性分析法与定量分析法相结合

本书遵循"理论＋实证"的研究范式，定性分析确定农业碳排放核算清单，理论阐释农产品进口贸易对农业碳生产率的影响，分别探讨其替代效应、结构效应以及技术效应的作用机理，并进一步从空间维度探究农产品进口贸易对农业碳生产率的影响机制，之后通过实证模型检验理论结果，具体涉及的统计与计量方法包括：

（1）生产前沿分析方法，通常分为参数方法与非参数方法，前者以随机前沿分析方法为代表，后者以数据包络分析方法应用最为普遍，本书第 3 章分别使用随机前沿分析方法和数据包络分析方法测算全要素农业碳生产率。

（2）动态回归模型，由于农业碳生产率存在一定的惯性和滞后性，本书所使用的模型均为动态回归模型，并采用系统广义矩估计方法解决模型中存在的内生性问题。具体而言，使用动态面板模型分析农产品进口贸易对农业碳生产率影响的直接效应；使用动态面板门槛模型，以实际人均收入和环境规制为门槛变量，检验农产品进口贸易与农业碳生产率间的非线性关系及调节作用；使用动态面板分位数模型，进一步分析不同人均收入水平门槛条件下的非线性关系。

（3）多重中介效应模型，由于各中介变量之间存在交互关系，本书利用多重中介效应模型分析农产品进口贸易对农业碳生产率影响的间接效应，充分发挥多重中介效应模型可以得到总的中介效应、控制其他中介变量以及对比中介效应的优势，以全面把握替代效应、结构效应以及技术效应的影响机理。除此之外，通过构建有调节的多重中介效应模型，检验环境规制对于农产品进口贸易对农业碳生产率影响的调节作用机理。

（4）空间计量分析方法，由于农业碳生产率具有空间依赖性及空间相关性，本书运用动态空间滞后模型探讨农产品进口贸易对农业碳生产率影响的空间效应，并着重从空间维度分析农产品进口贸易的技术效应对农业碳生产率的影响。

1.4.3　技术路线

本书提出农产品进口贸易如何影响中国农业碳生产率这一科学问题，并遵从"直接效应—间接效应—空间效应"的研究思路分析该问题，以最终提出政策建议解决问题（如图 1-1 所示）。

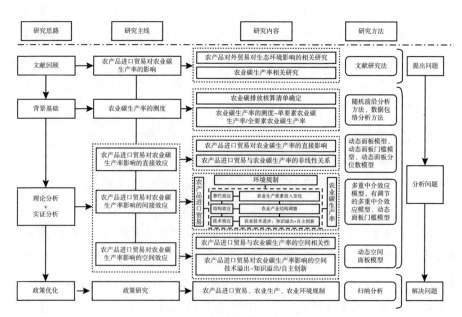

图 1-1　本书技术路线

1.5　研究的创新点

第一，在已有国际与国内碳排放核算清单以及文献研究的基础上，更为全面、客观地估算农业碳排放量，为之后相关研究提供基础。目前，学术界较多从农用地物资投入、水稻与畜禽养殖方面核算农业碳排放量，很多内容均未纳入农业碳排放核算清单当中。部分学者选择以《省级温室气体清单编制指南（试行）》和《中国温室气体清单研究》为范本，借鉴联合国政府间气候变化委员会和联合国粮农组织的相关做法，从水稻、农用地、畜禽养殖、秸秆焚烧和农用能源使用方面确定农业碳排放核算清单，但是会因未考虑农业碳汇使农业部门整体碳排放量存在高估偏差的问题。随着自然科学发展以及相关数据信息的方便获取，本书在设计农业碳排放清单时，将农业碳汇、林草灾害以及土地利用变化造成的农业碳排放量考虑进来，以使测算的中国农业碳排放量及农业碳生产率更加全面、客观。

第二，利用农业碳生产率衡量中国农业低碳化发展情况，并充分考虑农业环境规制的作用，更符合现阶段实现"双碳"目标的现实要求。现有农产品进口贸易影响农业绿色全要素生产率的研究，在农业绿色全要素生产率的测算上多以农业面源污染物和农业碳排放量作为环境因素的非期望产出，而在农业碳生产率的测算上仅考虑农业碳排放量，并将其作为环境投入要素。由于碳排放空间已成为一种稀缺的环境要素，也是经济发展过程中需要考虑的约束性条件，故现阶段更应将其作为农业生产污染造成的环境投入来测算农业碳生产率，如此能更好地反映出"双碳"目标下低碳农业发展的现实要求。除此之外，20 世纪末开始的对于贸易自由化与环境关系的研究是在缺乏有效环境保护政策的情况下进行的，其研究观点不能客观反映现实情况，尤其是中国的环境政策从 2013 年才进入稳定成熟阶段，讨论环境规制政策的影响将对明确农业环境规制的作用效果及其优化方向具有重要意义，从而为实现农业绿色低碳转型提供可靠的科学依据和政策建议。

　　第三，从农产品进口贸易角度分析其对农业碳生产率的影响，并揭示农产品进口贸易对农业碳生产率的影响机制，即探究农产品进口贸易对农业碳生产率在替代效应、结构效应以及技术效应方面的作用机理和空间效应。现有多数研究将农产品进出口贸易作为一个整体，研究农产品国际贸易的影响，但是中国农产品在出口贸易方面，长期保持平稳的出口态势，且中国出口的农产品多为本国过剩农产品，例如，蔬菜一直以来保持顺差状态，而中国农产品进口贸易的增长态势也已成为一个必然趋势，所以在国内国际双循环新发展格局的背景下，从农产品进口贸易角度分析更具可行性，研究农产品进口贸易对中国农业碳生产率的影响也更具有学术意义和应用价值。除此之外，本书考虑到农业碳生产率的惯性和滞后性，故在实证方法的选择上均创新采用动态的相关面板模型，以在解决内生性问题的基础上得到更加科学、稳健的估计结果。

第 2 章

相关概念界定与理论基础

2.1 相关概念界定

2.1.1 农产品进口贸易

在农产品贸易研究中，农产品范围的界定非常重要。不同统计范围所包含的产品种类有所不同，不同的研究机构和国际组织提供的数据统计范围也有所不同，这将导致研究对象和研究结论存在差异。关于中国农产品对外贸易的统计中，常见的统计范围有 4 种，分别为联合国会议和发展会议（UNCTAD）、世界贸易组织（WTO）、联合国粮食及农业组织（FAO）以及其他口径，其中 WTO 的《农业协议》是根据 HS 口径对农产品进行分类的，农产品范围具体包括 HS1～HS24 章产品，但其中的鱼及鱼制品除外。然而，考虑到水产品对外贸易在中国农产品进出口贸易中的重要地位，依据程国强（1999）对中国农产品的定义，将水产品纳入农产品对外贸易的统计范围，所以在 WTO 的定义范围的基础上加入水产品。[①] 具体包括：HS1～HS24 章产

---

① 程国强. 中国农产品贸易：格局与政策 ［J］. 管理世界, 1999（3）: 176 - 183.

品、HS290543（甘露糖醇）、HS290544（山梨醇）、HS3301（精油）、HS3501 ~
HS3505（蛋白类物质、改性淀粉、胶）、HS380910（整理剂）、HS382306
（HS290543 之外的山梨醇）、HS4101 ~ HS4103（生皮）、HS4301（生毛皮）、
HS5001 ~ HS5003（生丝和废丝）、HS5101 ~ HS5103（羊毛和动物毛）、HS5201 ~
HS5203（原棉、废棉和已梳棉）、HS5301（生亚麻）和 HS5302（生大麻）。进
口贸易又称为输入贸易，是指将外国商品输入本国市场销售，中国的农产品
进口贸易是指将世界其他国家上述范围农产品输入到中国市场进行销售。

2.1.2　农业碳排放和农业碳生产率

农业碳排放是指在农业生产中产生的温室气体排放，李波等（2011）进
一步明确指出农业碳排放是指农作物生长和生产过程中直接或间接向大气排
放的农业温室气体。联合国政府间气候变化专门委员会（IPCC）对温室气体
的界定包括二氧化碳、甲烷、氧化亚氮以及氟化物和硫化物等。由于二氧化碳
是导致气候变暖最主要的温室气体，所以国际上将温室气体排放简称为碳排放。
现有农业碳排放领域的研究均基于农业碳排放总量展开，准确核算农业碳排放
量也是开展农业碳生产率研究的基本前提。农业既是碳源也是碳汇，一部分学
者认为农业碳排放主要是由农资投入直接或间接造成的，例如，化肥、农药、
地膜、柴油，以及农业灌溉活动消耗的电力等，另一部分学者认为农业碳排放
主要源于农业用地、稻田的使用和畜牧业的生产（Tian, Zhang and Ya-Ya,
2014；Xiong, Chen and Yang, 2018），故众多学者多从农用物资、畜禽养殖以
及水稻生长三个方面核算农业碳排放量，但由于这些做法的具体核算清单与
国际核算清单以及中国国家官方权威文件《省级温室气体清单编制指南（试
行）》和《中国温室气体清单研究》中的核算清单的不一致，使得核算得到
的农业碳排放总量也不完全一致。因此，本书按照国际社会（如 IPCC）、国
内权威机构（如国家发展和改革委员会应对气候变化司）及学术界的共识，
确定农业碳排放源，主要包括以下七个方面：一是水稻生产造成的甲烷排放；
二是农用地使用造成的氧化亚氮排放；三是动物肠道发酵造成的甲烷排放；

四是动物粪便施入到土壤之前动物粪便贮存和处理过程中所产生的甲烷和氧化亚氮排放；五是农业生产中直接或间接消耗化石燃料所造成的碳排放；六是农作物秸秆露天焚烧产生的碳排放；七是土地利用变化导致的碳排放。农业碳汇主要以林业碳汇为主，即森林和其他木质生物质生物量碳储量的增加，由于生态系统碳汇量测度难度较大及碳汇方法学不健全等多种原因，在本书中将暂不考虑农田碳汇、海洋蓝碳等生态系统碳汇量。因此，本书所计算的农业碳排放量为农业净碳排放量，其是在碳源和碳汇的基础上形成的，为碳源与碳汇的差值，具体表现为农业直接碳排放量减去农业碳汇量后的余额。

碳生产率的概念由茅阳一（Kaya Yoyichi）于 1993 年提出，该指标表示在一定时期内某特定区域单位二氧化碳排放所能引起的经济增长水平，即碳均 GDP 水平，该指标反映了单位二氧化碳排放所产生的经济效益。[1] 碳生产率是衡量低碳经济发展水平的重要指标[2]，其中的生产率通常是指生产过程中产出与投入之比。由于碳排放空间正在变为一种稀缺的环境要素，所以在经济发展过程中需要进一步考虑环境层面的约束性条件。农业碳生产率就是指在农业生产过程中每单位二氧化碳带来的农业经济增长水平。当前，碳生产率主要分为单要素碳生产率和全要素碳生产率，应用到农业领域则可分为单要素农业碳生产率和全要素农业碳生产率。前者是从碳生产率含义出发所产生的概念，表示单位农业碳排放带来的农业产出水平，衡量农业生产消耗单位碳资源所能够引致的农业产出，其可更好地描述农业碳排放与农业经济增长二者之间的演进关系，更为直观地体现低碳经济下农业低碳化发展这一现实目标。后者则是在全要素分析框架下衍生出来的概念，表示在技术水平以及劳动、土地等其他投入要素保持不变的条件下，尽可能少地投入农业碳排放量而实现更多的农业经济产出，从而揭示相关要素的投入产出效率比。农业碳生产率兼顾了农业"降碳促经济"的双重目标，描述了中国农业在面临资源环境约束下，

---

[1] Kaya Y. Environment, energy and economy: Strategies for sustainability [M]. Bookwell Publications, Delhi India, 1999.

[2] 潘家华，庄贵阳，郑艳，等. 低碳经济的概念辨识及核心要素分析 [J]. 国际经济评论，2010 (4): 88－101, 5.

农业经济增长与农业碳排放的直接关系。改进农业生产要素投入的产出效率是实现农业高质量发展的现实需要，提升农业碳生产率是中国农业低碳可持续发展的核心。因此，需协调农业经济增长与农业碳减排，提升农业碳生产率，即农业生产既要提高要素投入的产出效率，又要减少农业产值产生的碳排放。

2.1.3　环境规制

随着经济学的发展，学者们对规制的内涵有许多不同的阐述，对于规制的概念界定也在不断完善。概括来说，规制是由具有法律地位、相对独立的政府管理部门为改善市场机制的内在问题而对经济主体活动执行的干预或限制行动。规制的目的是保护公众权益，所以政府既是市场主体也是规制主体。环境规制也可称为环境管制，即政府为预防和控制污染排放和保护环境制定相应的法律法规及环境保护标准。庇古（1920）认为如果政府不干预环境资源交易，则市场的调整将不能降低生产者的边际社会成本，所以他提出应通过政府对生产企业的征税和补贴实现外部效应内在化[1]，这为环境政策的制定提供了理论依据，这也是环境规制的目的。环境规制的内涵主要包括以下四点：一是除政府外，企业、非政府组织甚至是社会公众均可作为环境规制的主体；二是环境规制的属性不再只是环境保护，而已上升为优化资源配置；三是只要带来环境破坏的经济活动都是环境规制的对象；四是可以通过不同手段约束经济行为，强制规制只是执行手段之一。对于环境规制的手段来说，可以将环境规制政策工具分为隐性环境规制和显性环境规制两大类。隐性环境规制是公众出于社会责任和环境意识自愿进行环境保护的方式。显性环境规制是以环境保护为目标，以企业或个人为规制对象，各种法律法规、标准和协议等为存在形式的一种环境保护约束机制，具体分为命令控制型、市场激励型和自愿型环境规制等三类[2]，其中命令控制型环境规制一直占据主导

---

① 庇古. 福利经济学［M］. 伦敦：麦克米兰出版社，1920.

② 赵玉民，朱方明，贺立龙. 环境规制的界定、分类与演进研究［J］. 中国人口·资源与环境，2009，19（6）：85－90.

地位。政府的命令控制型环境规制呈现出行政直接干预与市场间接干预相结合的趋势，即采用强制手段直接限制企业的污染排放的同时，通过市场激发企业绿色技术研发动力，以技术创新实现经济效益与环境效益的协调统一，所以本书将命令控制型环境规制作为研究对象。

中国农业环境规制政策体系的历史沿革大致可划分为以下五个阶段：

（1）萌芽阶段（1949～1977 年）。该阶段建立了以环境保护法为母法的农业环境规制体系，提出《征询对农业十七条的意见》《一九五六年到一九六七年全国农业发展纲要》《中华人民共和国水土保持暂行纲要》等文件，并开始成立农业环境保护机构。

（2）起步阶段（1978～1989 年）。该阶段对农业污染防治进行初步探索，1978 年首次将环境保护写入宪法，1979 年《中华人民共和国环境保护法（试行）》出台，之后相继颁布《中华人民共和国森林法》《中华人民共和国草原法》等大批资源保护法律，1984 年国务院通过了《关于加强环境保护工作的决定》，1989 年第七届全国人大常委会第十一次会议正式颁布了《中华人民共和国环境保护法》。

（3）加快发展阶段（1990～2000 年）。该阶段将环境保护上升为国策，加强农业面源污染立法防治工作，分别起草了《农药环境安全管理办法》《化学农药环境安全评价准则》等标准规范，1997 年国务院发布《关于环境保护若干问题的决定》，随后国家相关部委出台如《农业管理条例》《关于严禁焚烧秸秆保护生态环境的通知》《秸秆禁烧和综合利用管理办法》《肥料登记管理办法》《畜禽养殖业污染防治管理办法》《绿色食品标志管理办法》等管理规定，并制定《中国关于环境与发展问题的十大对策》《关于加强环境保护工作的决定》《关于开展生态农业，加强农业生态环境保护工作的意见》《中国 21 世纪议程——中国 21 世纪人口、环境和发展白皮书》等文件。

（4）深化完善阶段（2001～2013 年）。该阶段全面推进环保法规建设，例如，在提高化肥利用效率方面，2010 年发布的《化肥使用环境安全技术导则》是以技术标准为环境规制的手段，之后对畜禽养殖中废弃物收集、处理与综合利用、污染物防治等方面也出台了技术要求文件。

(5) 全面提升阶段（2013 年至今）。该阶段以绿色发展作为现代农业发展的核心目标，以此统筹推进生态安全、粮食安全和食品安全，其中《国务院关于加快建立健全绿色低碳循环发展经济体系的指导意见》《农业面源污染治理与监督指导实施方案（试行)》的发布，极大地推动了农业生态文明建设，促进了农业绿色转型。

由于中国农业环境规制政策在 2001 年之后才开始逐步成熟与完善，故本书将深化完善阶段以及全面提升阶段的环境政策作为主要的研究对象，可更好明确环境规制在中国农业经济发展中的作用以及未来为实现"双碳"目标的优化方向。

2.2　理论基础

2.2.1　低碳经济理论

低碳经济概念的提出符合保护生态环境、减少温室气体排放的需要。低碳经济是指秉承可持续发展理念，利用制度创新、新能源开发、技术创新以及产业转型等多种手段，降低高碳能源（煤炭、石油等）消耗来减少温室气体排放，以此创造一种经济社会发展与生态环境保护"双赢"的发展形态。发展低碳经济要做到主动承担起环境保护的责任，完成国家节能降耗指标的要求，达到建设生态文明的目标。具体来说是通过调整经济结构、提升能源使用效率和促进新兴产业发展实现经济增长和资源环境保护的统一，尤其是要摒弃过去先污染后治理、先低端后高端、先粗放后集约的发展模式。[①] 低碳经济不同于以往传统的经济发展模式，其内涵包含三个方面：在经济发

---

① 陈美球，金志农，蔡海生．生态化的基本内涵及生态化水平评价指标构建的基本原则 [J]．生态经济，2012 (3)：166 – 169.

展方面，利用清洁能源或再生能源降低经济发展过程中对化石能源的依赖，发展以低碳排放为目标的经济发展模式；在环境保护方面，通过减少自然资源使用和碳排放量实现生态环境保护；在人类观念方面，通过倡导节约资源和低碳消费改变人们高碳消费观念，实现低碳生存，践行低碳生活。[①]

随着低碳经济逐渐融入社会经济发展中，学术界对低碳议题的关注也在不断增加。在农业领域，"低碳农业"这一新概念也随之出现。由于大多数发展中国家的基础产业都是农业，且农业生产技术均较为落后，农业生产导致的面源污染均会加剧环境的恶化，这使得农业生产成为造成气候变暖的重要影响因素之一，所以发展低碳农业是人类发展的必然选择。低碳农业是中国在资源相对短缺、环境问题不断恶化、生态持续退化的现实背景下提出的。[②] 国内关于低碳农业的概念，不同学者有不同的表述，其中王昀（2008）最早提出农业低碳经济概念，将其定义为"三低"经济，即低耗能、低污染、低排放，其本质是节约型、效益型、安全型经济，这又可被概括为"三低两高"，即低耗能、低污染、低排放、高效率和高效益。根据相关学者的研究可知，低碳农业是一种为了降低碳排放而构建的新型农业发展方式，它在农业生产发展中融入了生态农业的理论，是现代农业发展的新方向。低碳农业通过温室气体减排或固定技术，提高农业生产的碳汇能力，以实现农业生产节能、减排以及固碳。简而言之，低碳农业是通过低碳农业技术实现农业的高碳汇[③]，其度量指标为二氧化碳当量，它的生产体系和产品结构包括低碳农业产品、碳汇产品等，并且在整个低碳农业生产链条中遵循低碳排、高固碳的原则。低碳农业旨在降低大气中二氧化碳浓度、改善农业气候环境与保障消费者健康，是一种达到环境、社会与经济三个效益层面协调统一的

① Soytas U, Sari R, Ewing B T. Energy consumption, income, and carbon emissions in the United States [J]. Ecological Economics, 2007, 62 (3 - 4): 482 - 489.

Li J, Colombier M. Managing carbon emissions in China through building energy efficiency [J]. Journal of Environmental Management, 2009, 90 (8): 2436 - 2447.

② 崔瑜. 中国农业碳足迹与经济发展协调性研究 [D]. 咸阳: 西北农林科技大学, 2022.

③ 李晓燕, 王彬彬. 低碳农业: 应对气候变化下的农业发展之路 [J]. 农村经济, 2010 (3): 10 - 12.

农业可持续发展模式。[①] 由于低碳农业的发展理念包括资源节约型农业、环境友好型农业、优质安全型农业、经济高效型农业以及社会和谐型农业[②]，即既不排斥经济发展和农业产量的提高，也不以碳减排为唯一目的，而是强调生产过程中的低碳排和高固碳。因此，低碳农业可以在改善生态环境的同时实现农业可持续发展，加快农村经济高质量发展。

发展低碳农业是农产品安全生产、保护生态环境、农业转型升级以及改善农村环境、提高农民生活质量的需要[③]，故基于经济学视角发展低碳农业，需从“看不见的手”和“看得见的手”两个方面解决农业碳排放与农业经济发展的关系，采用市场和行政两种手段实现农业绿色低碳发展[④]：一方面，采用市场化方式解决农业发展中的技术和经济等问题。本书对农产品国际贸易的探究，尤其是对农产品进口贸易的分析，就是在自由贸易原则的大背景下，以成本激励机制激活国内国际双循环的供需市场，根据市场运作规则进行资源分配，以协调农业碳排放与农业经济发展间的关系[⑤]。另一方面，各地区政府采用行政手段依据地区特点制定相应的农业发展政策，对实现农业减排的农户实施一定的补贴，对研发农业碳减排技术的科研人员给予一定的奖励，对违反环境规制的对象进行一定的处罚[⑥]。本书在考虑市场化手段的基础上同时考虑行政手段在低碳农业发展中的作用，以明确各手段是否满足有效实施低碳农业的基本需要，通过促进资源高效利用、投入高效循环、污染排放减少，最终实现能源效率和经济效益的同步提升。[⑦] 总体而言，本书

① 刘静暖，于畅，孙亚南．低碳农业经济理论与实现模式探索［J］．经济纵横，2012（6）：64－67.

② 黄国勤，赵其国．低碳经济、低碳农业与低碳作物生产［J］．江西农业大学学报（社会科学版），2011，10（1）：1－5.

③ 吴红梅，陈建成．低碳经济概论［M］．北京：中国林业出版社，201505：112.

④ 张晨，罗强，俞菊生，等．低碳农业研究述评［J］．上海农业学报，2013，29（1）：80－84.

⑤ 刘星辰，杨振山．从传统农业到低碳农业——国外相关政策分析及启示［J］．中国生态农业学报，2012，20（6）：674－680.

⑥ 张小有，黄冰冰，张继钦，等．农业低碳技术应用与碳排放结构、强度分析——基于江西的实证［J］．农林经济管理学报，2016，15（6）：710－716.

⑦ 胡川，韦院英，胡威．农业政策、技术创新与农业碳排放的关系研究［J］．农业经济问题，2018（9）：66－75.

以低碳农业理论为主要理论基础，以农业碳生产率作为低碳农业发展的代理变量，分析农产品进口贸易、环境规制等因素对其产生的影响。

2.2.2 贸易与环境理论

20 世纪 30 年代，丹尼斯·霍尔姆·罗伯逊（Dennis H. Robertson）首次提出对外贸易是"经济增长的发动机"。长期以来，自由贸易被认为是有益的，其有利于促进一国的经济增长并提高人民生活福利水平。但随着自由贸易所导致的环境质量日益下降，人们环保意识的不断提高，自由贸易带来的负面影响逐渐被重视起来。贸易自由化对环境的影响具体包括：第一，贸易自由化有益环境论。贸易自由化有益于环境改善的原因在于贸易自由化可以促进经济增长并创造就业机会，进而增加环境保护方面的投入；贸易自由化使各国充分利用自身资源优势，提高资源使用效率，进而有利于可持续发展及平衡环境资源；贸易自由化使发达国家的环保技术更易向发展中国家转移，进而通过技术进步解决环境问题；贸易自由化有利于提高环境容量。第二，贸易自由化有害环境论。自由贸易是破坏环境的重要因素的原因在于各国为在国际贸易中获得竞争优势，其环境标准会受贸易规则的影响有所降低，发展中国家会成为发达国家的"污染避难所"，出现废弃物贸易积极发展、有害物质越境转移等现象，进而不利于生态环境；贸易自由化可以促进经济增长、扩大经济规模，但同时这也增加了环境资源的压力；贸易自由化增加了对运输和能源的需求，这将导致能源枯竭，并加速对环境的破坏。对于贸易自由化对环境保护是有利还是有害这一问题尚没有定论，就像罗普克（Ropke，1994）的观点，贸易并不一定被看作是天生就好的东西，而是在任何情况下都应被谨慎对待的东西。因此，贸易与环境的关系是一个比较开放的问题。

生态经济学家认为只有明确地考虑了社会经济发展所依赖的自然资本，贸易才可能对可持续发展产生积极作用。针对此需要一种制度性框架，如果没有这种制度性框架，自由贸易就会导致过度资源开发，给自然环境带来巨大压力，使生态环境不断恶化，并且这种制度性框架会引导人们在生产和消费中更多地考虑资源消耗和环境破坏等问题。① 这种制度性框架对标中国国情更接近于环境政策，因此，政府需要充分发挥环境政策的作用。对于现存大部分环境政策而言，它们在一定程度上限制了国际贸易的发展。首先，严格的环境政策如环境法规、国际环境公约等会直接对自由贸易产生约束；其次，环境政策在发达国家以及发展中国家是不对等的，往往限制发展中国家开展自由贸易；最后，国际环境标准的差异会阻碍国际投资，这会间接影响国际贸易。由于环境保护与国际贸易的根本目的是一致的，故需要一个较为完善的全球环境贸易协调机制，在保护生态环境的基础上，缓解环境政策给国际贸易带来的不利影响。本书将充分探究环境政策的作用，即分析环境规制在可持续发展的贸易模式中的作用，并将农业碳排放作为环境资源约束条件去考虑经济增长的资源消耗问题，利用农业碳生产率研究农产品进口贸易与农业可持续发展的关系，以期通过农产品进口贸易加快农业低碳化发展进程。

2.2.3　经济增长理论

2.2.3.1　新古典经济增长理论

在哈罗德－多马模型"刀刃式增长"的不稳定性与现实经验的巨大差距下，新古典经济增长模型应运而生。新古典经济增长理论主要考察了资本与经济增长之间的关系，索洛模型和拉姆齐模型均是将资本作为重要投入要素的模型。该理论指出投资收益比率决定资本积累进程，而资本积累最终将影响经济发展。投资收益率等于资本的边际收益率，假设规模收益不变，资本的劳动比率将直接决定其边际收益率和人均收入，在要素边际收益递减的规律下，劳动比率的提高将导致资本边际收益率递减，递减至劳动力投入增速

---

① 迈克尔·康芒，西格丽德·斯塔格尔. 生态经济学引论［M］. 金志农，余发新，吴伟萍，等译. 北京：高等教育出版社，2012.

超过资本积累增速时，资本－劳动比率和人均收入就会趋于稳定，此时总产出的增长率等于自然增长率（人口增长率）。假设技术发展水平是不变的，那么人口增长将会直接影响经济发展程度，但是囿于人口资源约束，经济增长速度将逐渐放缓直至停滞，此时只有通过技术进步和技术创新才能继续推动经济增长。

回顾新古典经济增长理论的发展脉络可以发现，该理论始终将技术进步作为经济增长的核心，认为如果没有技术进步，经济发展就无法呈现出长期增长的趋势，甚至可能出现经济不增长的情况。然而，新古典经济增长理论仅把技术进步这一变量视为外生变量并构建模型加以考察，这将导致影响经济增长最重要的因素的缺失，限制该理论的解释能力和适用性。经典模型之一的索洛模型指出如果某一国家储蓄意愿较高或者劳动力增长率较低，则说明该国家生活水平的提高缺乏稳定性，此时只有提升全要素生产率才能推动生活水平持续提高。因此，要想保证生活水平不断提高，只有坚持创新生产方法、优化生产要素投入配置以及提高全要素生产率。[1] 农业碳生产率作为农业全要素生产率的一种，本书将检验农产品进口贸易对其产生的影响，即是否可通过农产品进口贸易带来的多重效应，实现各资源要素投入的整合，最终提高中国的农业碳生产率。

2.2.3.2 新经济增长理论

新古典经济增长理论存在以下两大缺陷：一是新古典经济增长理论将技术进步归为外生变量，且未说明技术进步来源；二是新古典增长理论无法解释经济增长在各国间长期存在的差异性。当技术进步作为外生因素，各国的长期经济增长率等于技术进步率时，各国获得技术的机会同等且经济增长率最终将趋于一致，但事实并非如此，故基于此产生了新经济增长理论。

1962 年，肯尼斯·约瑟夫·阿罗（Kenneth J. Arrow）最先将技术进步内生化，提出"边干边学"的内生增长模型，该模型认为资本积累具有投资溢

---

① 斯蒂芬·D. 威廉森. 宏观经济学 [M]. 郭庆旺，译. 北京：中国人民大学出版社，2015：90.

出效应，即生产者能够通过技术学习和经验积累提高生产效率、实现技术进步。内生增长模型假定经济增长主要取决于人口增长，人口增长率为零将导致经济完全停滞，这一观点与现实并不一致。因此，保罗·罗默（Paul M. Romer）于1986年在阿罗的基础上建立了新内生增长理论，假设技术进步是市场激励条件下产生的投资行为，那么技术就是内生创新的知识产物，技术进步是经济增长的核心。在这个模型中，消费者在劳动创造和人力资本积累间分配时间，其中人力资本是劳动力在特定时间内获得的技能和教育储备，当人力资本积累水平较高时，产出也就较多，相应的经济增长也较快。罗伯特·卢卡斯（Robert E. Lucas）在此基础上又进一步完善模型，虽然模型中的增长率依旧与劳动力增长率有关，但即使劳动力增长率为零时，仍然可能存在经济增长，其规避了人口增长率为零将导致经济增长停滞的情况，重点强调人力资本的外部性，该模型论证了人力资本积累可以克服要素投入的边际效益递减，甚至可以达到边际效益递增。

新经济增长理论将技术进步内生化，从而使要素投入与全要素生产率彼此间产生联系，这对研究中国农业经济持续增长问题具有借鉴意义和示范作用。在新经济增长理论中一般将技术理解为知识资本或人力资本。首先，知识资本的积累来自研发。知识的非竞争性使其拥有所谓的"溢出性"，特别是一些核心知识或技术在得到社会普遍性应用后，将会促进整个社会生产力的提高。虽然应用型知识的排他性限制了技术成果的推广和应用，但也能激励研发者进行研发。其次，人力资本的积累来自对教育的投资。人力资本对经济的影响包括对专业技术的直接影响和间接影响两个方面。其中，人力资本的间接影响在微观层面主要是指教育水平越高的员工越能够较快适应环境、学习新知识和新技术，并在新环境中更有效地实现自我调整；人力资本的间接影响在宏观层面主要是指国家能够应对各类外部冲击，推动经济发展方式转型升级，最终实现经济增长。最后，创新是将知识转化为生产力的过程。创新需要具备一定的条件。根据前沿差距理论可知，技术发展到瓶颈期后进一步发展将更为困难，此时技术相对落后的国家可能会通过模仿或引进技术来弥补技术差距，提高自身技术水平。[①] 因此，本书将农业技术进步作为影响农业碳生产率的内生因素加以分析，分别探究由农产品进口贸易引致的农业技术溢出和农业自主创新的效用机理。由于新经济增长理论同样存在未考虑要素投入需求约束、国家资源禀赋限制以及忽视制度层面因素对要素投入和全要素生产率的影响等问题，故无法切实提出针对发展中国家农业经济可持续增长的政策建议。基于此，本书将加入对环境规制的考量，以更符合中国的实际发展情况。

2.2.3.3 新经济地理学理论

20 世纪末，基于内生增长理论，保罗·克鲁格曼（Paul R. Krugman）和藤田昌久等新经济地理学派学者开始从空间地理视角探索经济增长的动源，引入空间因素以增加对现实的解释力度。新经济地理学理论主要包括的理论观点有以下两个：

一是空间外部性理论。空间外部性可被理解为空间溢出效应，其是指在空间相邻地区间的相互作用下产生的空间规模效应[②]，具体表现为空间依赖性、空间异质性与空间溢出性[③]，也可体现为技术外部性与资金外部性。[④] 空间外部性与经济发展有显著正相关关系。具体来说，正空间外部性推动经济增长，而负空间外部性抑制经济增长。[⑤] 在基础设施共享、知识技术溢出与产业互动作用下产生的空间规模报酬递增效应，可以极大节约经济成本并产生集聚效应，从而促进经济持续发展。[⑥] 然而由于各区域间产业关联度和技

---

① 龚刚. 宏观经济学：中国经济的视角 ［M］. 北京：北京大学出版社，2022.

② Marshall A. Principles of economics：An introductory volume ［M］. New York：The Macmillan Company，1930.

③ Quah D T. Empirics for economic growth and convergence ［J］. European Economic Review，1995，40 (1140)：1353 – 1375.

④ Viner N. Dual personality：With special reference to a case recalled by hypnotism ［J］. Canadian Medical Association Journal，1931，25 (2)：147.

⑤ Jacobs J. The economy of cities ［J］. Random House，1969，304 (1067)：1018 – 1020.

⑥ Krugman P. Development，geography，and economic theory ［M］. Cambridge Massachusetts：MIT Press，1995.

术溢出程度的不同，空间溢出和外部性也将呈现出非对称特征，导致各区域间出现分化和发展不均衡的问题，从而阻碍经济持续发展，且受经济活动循环累积的影响，地域内的特定经济活动不会随机产生集聚或分化发展，存在明显的"马太效应"。

二是空间非均衡与极化理论。该理论与空间外部性理论相互支持，主要包含三个模型：第一个模型是中心-外围模型，该模型说明了外部条件原本相同的两个区域是如何在报酬递增、人口流动与运输成本交互作用的情况下最终演化出完全不同的生产结构的。当存在空间报酬递增效应时，增长极会吸引邻近地区资源等向自己集聚与靠拢，使产业从原本均匀分布的经济中逐渐演化出一种中心-外围结构。第二个模型是城市层级体系的演化模型，该模型表明城市经济演化是经济区位与市场潜力共同作用的结果，经济区位的变化反映了市场潜力，而市场潜力又将决定经济活动的区位。其中自然地理优势对经济地理具有催化作用，当区位中心形成后便可通过自我强化机制不断扩大自己的规模，体现了空间经济的自组织作用。第三个模型是国际模型，虽然要素流动在集聚形成的过程中具有关键作用，但现实中受国界等因素的影响，世界人口无法向有限几个国家集聚，此时产业专业化形成的过程将促使特定产业在不同国家集聚，以改变不同国家的专业化模式和贸易模式。[1] 该模型在一定程度上说明了贸易可导致内部经济地理的重组，即贸易既可在总体上促使制造业活动变得更加分散，同时又会促使某些产业发生集聚。[2]

针对前文提到的增长极，其论述最早出现于《经济空间：理论与应用》。佩鲁（Perroux，1950）认为经济增长会先产生于创新能力较强的部门，然后再进一步发展成为核心部门或支柱产业后产生新的经济增长核心，即增长极。增长极的作用效应可具体表现为以下三种：一是极化效应，增长极通过发挥

---

[1] Krugman P. Increasing returns and economic geography [J]. Journal of Political Economy, 1991, 99 (3): 483–499.

[2] 保罗·克鲁格曼. 地理与贸易 [M]. 张兆杰, 译. 北京：中国人民大学出版社, 2017.

虹吸效应使周边区域的资源要素或经济活动被不断吸纳至增长极中,从而快速实现自身的发展;二是扩散效应,增长极通过向周边区域输出资源要素或经济活动,从而促进周边区域经济增长;三是溢出效应,其是增长极极化效应与扩散效应的综合影响,当极化效应大于扩散效应时,溢出效应为负将有利于增长极的发展,反之,则有利于周围地区经济的发展。本书以该理论为基础,通过空间计量模型实证检验农产品进口贸易中各省份增长极的吸收和扩散作用,通过分析各省份表现出来的技术创新与扩散、资本集中与输出、规模经济效益以及集聚经济效果等,明确农产品进口贸易对周围省份农业碳生产率的空间影响情况,并基于内生经济增长理论着重考虑技术资本要素的空间极化与扩散效应。

2.2.4 环境成本内在化理论

大卫·李嘉图(1817)的比较优势理论即资源要素禀赋理论忽略了生产中的外部性问题。所谓外部性,既是指市场活动给无辜的第三方造成的成本,也是指个体或组织没有完全承担由其自身开展经济活动所带来的成本和后果,即其行为举动与行为后果出现了偏离。内在化理论是相对于外部性理论提出来的,在理论层面,环境成本内在化被看作是实现贸易与环境协调发展的重要途径。假使环境成本一般等同于其他生产成本,可以被计入产品的生产总成本中,那么产品价格将包含环境成本,从而使环境成本实现内在化。此时的环境就像劳动、资本和技术等生产要素一样,可在市场这只"看不见的手"的指挥下,实现生产要素的有序流动与合理配置,从而从根源上解决环境退化问题。环境成本通常被定义为在补偿由生产、运输、使用和处理产品所引发环境污染或环境破坏时所需要的费用,而环境成本内在化就是将这些需要补偿的费用纳入产品的总成本中,使产品价格既能够反映其自身价值,又能够体现出对产品造成环境污染的补偿。环境成本主要是由环境使用成本和环境破坏成本两部分组成,其中,环境使用成本指的是正常社会经济生产活动所消耗的自然资源成本,一般受自然资源丰裕程度的影响,成本也会有所不同；环境破坏成本则指的是社会经济生产活动所造成的环境污染，一般会受到环境规制和环境法律法规的制约。因此，环境成本主要受环境要素禀赋程度和环境标准约束的影响。基于此，如果能够将产品的价格与环境成本结合起来，使环境成本实现内在化，那么通过对正确价格信号的引导，市场将能够更加有效地分配环境资源，从而彻底解决环境恶化的问题。一般来说，经济手段和市场手段的经济效率较高、成本较低，但行政手段也不可被忽略。

随着贸易全球化的深入开展，环境成本内在化不仅在实践层面改变产品的贸易结构、贸易流向、贸易竞争力以及各国的贸易政策，而且在理论层面也对比较成本理论、要素禀赋理论等传统贸易理论造成影响，具体而言：

第一，环境成本内在化将环境要素纳入原有的要素禀赋体系中，使各国的要素结构和比较优势发生重大变化，即环境成本较低的国家将拥有比较优势，而环境成本较高的国家将处于比较劣势，从而进一步丰富了要素禀赋理论。第二，环境成本内在化会影响产品成本以及产品差异化程度，从而对出口产品的竞争力产生较大影响。第三，环境成本内在化显著提高污染密集型产品的生产成本，降低其价格竞争力，并导致对该类产品的需求下降。与此同时，发达国家对污染密集型和资源密集型等初级产品的消费需求也在进口中逐渐被满足，进一步缩小初级产品在国际贸易市场中的份额。第四，环境成本内在化不仅使国际贸易结构优化升级，而且也将改变国际贸易地理流向，一些环境成本较低的发展中国家逐渐成为发达国家的"污染避难所"，即发达国家将高污染产品的生产转移到发展中国家。第五，在贸易政策方面，环境成本内在化的影响包括：一是当产品来自环境标准较低的国家时，在环境标准较高的进口市场上将被视作为生态倾销，此时进口国会向出口国征收反倾销税以弥补竞争损失，出口国也可能会面临较高的生产成本；二是当出口企业被征收高额税款时，为弥补其承担的比国内更高的环境成本，出口国会给予出口企业一定的绿色补贴；三是贸易自由政策需要和环境保护政策相结合，通过废除绿色补贴确保贸易双方都能获得公平的待遇，并通过环境保护政策的推动，开展环境技术产品的贸易，以实现自由贸易的同时减少对环境的破坏，即自由贸易政策将为环境带来积极影响；四是针对环境的贸易保护政策虽更有利于达到环境目标，但对国内市场的过度保护有时也会导致环境退化。[①] 本书以环境规制作为环境成本内在化的行政手段，分析其对农产品进口贸易的影响，具体是指对农产品进口贸易引致的资源要素分配变化、农业结构调整以及产品技术进步的调节作用，并在其基础上借鉴环境成本内在化理论，从市场角度出发，提出利用市场有效配置环境资源、解决环境退化问题的对策建议。

2.3　本 章 小 结

本章基于研究目的并参考相关研究文献，对研究中的农产品进口贸易、农业碳排放、农业碳生产率及环境规制进行概念界定，其中农业碳排放量和环境规制分别特指农业净碳排放量以及命令控制型环境规制。基于低碳经济理论、贸易与环境理论、经济增长理论以及环境成本内在化理论，分析农产品进口贸易与农业碳生产率的关系以及环境规制在其中所起到的作用效应。本章得到的主要启示如下：

（1）由内生增长理论可知，资本、技术进步均是影响经济增长的重要因素，其中技术进步又分为技术溢出和研发创新，且从空间维度而言，存在增长极的吸收和扩散效应。因此，本书将从内生增长因素视角检验农产品进口贸易带来的多重效应对各农业生产要素投入整合及农业碳生产率的影响，并通过分析各省份增长极技术创新与扩散、资本集中与输出、规模经济效益以及集聚经济效果等影响，明确农产品进口贸易对周围省份农业碳生产率的作用情况，最终确定农业碳生产率的提高动因。

（2）基于低碳经济理论及环境成本内在化理论可知，应使用市场和行政两种手段协调农业碳排放与农业经济发展间的关系。因此，本书一方面考虑

[①] 李秀香. 贸易与环境［M］. 大连：东北财经大学出版社，2015.

根据市场运作规则产生的农产品进口贸易对农业碳生产率的影响，另一方面考虑环境规制作为环境成本内在化的行政手段，对资源要素分配、农业结构调整以及产品技术进步的间接影响，并最终提出通过农产品进口贸易加快农业低碳化发展的对策建议。

第 3 章

中国农业碳生产率的测算

    测算农业碳生产率的前提是准确核算农业碳排放量，然而学界还未形成统一的农业碳排放核算体系，这就导致测算结果有所不同。为把握中国农业低碳经济发展现状，本章以《中国温室气体清单研究》与《省级温室气体清单编制指南（试行)》为依据，借鉴联合国政府间气候变化专门委员会（IPCC）和粮食与农业组织（FAO）等机构的已有做法，并参考学者们的相关研究成果，确定中国农业碳排放核算清单，具体包括稻田甲烷、农用地氧化亚氮、动物肠道发酵甲烷、动物粪便管理甲烷和氧化亚氮、农业能源、农作物秸秆焚烧以及土地利用变化和林业，从农业碳核算清单入手计算农业碳排放量、分析其时空特征，并根据农业碳排放量测算单要素农业碳生产率以及基于随机前沿分析方法和数据包络分析方法的全要素农业碳生产率，最后比较分析不同测算方法得到的农业碳生产率，以为后文研究提供支持。本章各节的研究内容为：第 1 节确定中国农业碳排放核算清单；第 2 节根据核算清单计算农业碳排放量并分析时序及空间特征；第 3 节基于农业碳排放量测算农业碳生产率；第 4 节对比分析不同测算方法下的农业碳生产率结果；第 5 节总结本章的重要结论。

3.1　中国农业碳排放核算清单确定

　　根据前文所提到的相关领域的研究结果可知，现有关农业碳排放量核算的研究多从种植业碳排放量和畜牧业碳排放量两部分入手：核算的种植业碳排放量主要源自农作物种植期间因各种农用物料投入品、农业劳作时的化石能源消耗和农业废弃物处理等环节产生的碳排放，具体包括化肥、农药、农膜、农业灌溉、农业翻耕、农业机械、秸秆焚烧以及水稻类作物田间生长期间产生的甲烷及农田土壤呼吸的温室气体排放；核算的畜牧业碳排放量主要源自反刍动物肠道发酵及粪便处理时产生的碳排放。因此，为使中国农业碳排放量核算更为真实、准确，并充分考虑农、林、牧、渔大农业整体碳排放量情况，本书在参考现有农业温室气体排放核算体系相关研究的基础上，采用《中国温室气体清单研究》与《省级温室气体清单编制指南（试行）》中相关测算内容，明确农业温室气体排放核算体系，并以此核算中国农业碳排放量。

　　通过对比国家发展和改革委员会应对气候变化司，以及联合国政府间气候变化专门委员会（IPCC）和粮食与农业组织（FAO）的农业碳排放核算清单，可明确核算清单中公认的部分为水稻甲烷、农用地氧化亚氮、畜禽肠道发酵甲烷、畜禽粪便管理系统甲烷与氧化亚氮。因此，本书将公认部分纳入中国农业碳排放核算清单中。根据李波等（2011）学者的研究可知，种植业的碳排放源主要包括农作物种植和生产中投入使用的农药、化肥和柴油等农业化学品和能源消耗所直接产生的碳排放，并且现代畜牧业的能源消费以及渔业中的捕捞业渔船燃油消耗产生的碳排放也是不可忽视的部分。因此，将农业能源作为温室气体排放来源之一纳入中国农业碳排放核算清单中。中国秸秆资源丰富，占全球秸秆资源总量的近1/5[①]，2011~2020年全国七类农作

①　丛宏斌，姚宗路，赵立欣，等.中国农作物秸秆资源分布及其产业体系与利用路径 [J].农业工程学报，2019，35（22）：132－140.

物（稻谷、小麦、玉米、豆类、薯类、棉花、油菜）秸秆焚烧年均二氧化碳排放量为 27677.6 万吨，年均甲烷排放量为 43.6 万吨，农作物秸秆露天焚烧释放的总碳量持续上升，年均 0.84 亿吨。[①] 因此，农作物秸秆露天焚烧所引致的温室气体排放量不容小觑，应将其纳入农业碳排放核算清单中。1850 ~ 1990 年，土地利用变化导致 4550.8 亿吨二氧化碳的排放，约相当于同期化石燃料二氧化碳排放量的一半[②]，但同时农业生态系统可以抵消掉 80% 的因农业导致的温室气体排放量，拉尔（Lal，2002）也认为科学合理地管理和利用土地将可固定 60% ~70% 的碳。现有生态系统碳汇主要包括林业碳汇（森林、竹林、草地）与海洋蓝碳（贝类、海藻养殖、红树林等），其中林业碳汇发展较为成熟且已形成相关方法学，但森林和其他木质生物质碳储量的变化以及土地利用变化也会产生碳排放，因此，考虑到 2022 年中国森林覆盖率为 24.02% 且有增加的趋势，将土地利用变化和林业碳汇纳入中国农业碳排放核算清单中。综上所述，具体的核算清单内容如图 3 - 1 所示。

3.1.1　稻田甲烷

在现有部分研究中，学者们对稻田甲烷排放因子的确定包含了施肥对水稻甲烷排放量的影响，但本书的测算体系中将单独测算施用化肥引致的碳排放量，所以本书使用总体上遵循《2006 年 IPCC 国家温室气体清单指南》的基本框架和要求确定的省级稻田甲烷排放清单编制方法，利用分稻田类型的排放因子和活动水平加以测算，其测算公式为：

$$E_{CH_4} = \sum AD_i \times EF_i$$

---

① 申小凡，张刚. 中国秸秆露天焚烧碳排放量统计清单 ［C］. 中国环境科学学会 2023 年科学技术年会论文集（一），2023：264 -276.

② Houghton R A，Hackler J L. Emissions of carbon from forestry and land-use change in tropical Asia ［J］. Global Change Biology，1999，5（4）：481 -492.

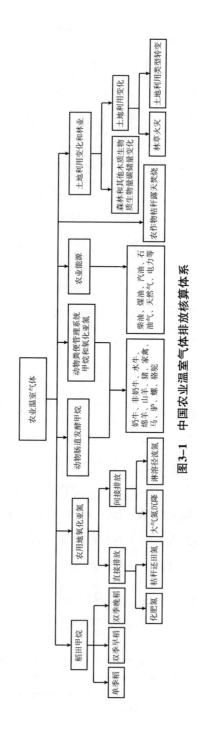

图3-1 中国农业温室气体排放核算体系

其中，E_{CH_4} 表示稻田甲烷排放总量（吨）；EF_i 表示第 i 类稻田甲烷排放因子（千克/公顷）；AD_i 表示第 i 类的水稻播种面积（千公顷），水稻的种类分为单季稻、双季稻以及双季晚稻。稻田甲烷排放等于各地区各种类水稻的播种面积乘以其相应的甲烷排放因子，具体稻田种类的甲烷排放因子如表 3 - 1 所示。

表 3 - 1 各区域各种类稻田甲烷排放因子 单位：千克/公顷

区域	单季稻		双季早稻		双季晚稻	
	推荐值	范围	推荐值	范围	推荐值	范围
华北	234.0	134.4 ~ 341.9				
华东	215.5	158.2 ~ 255.9	211.4	153.1 ~ 259.0	224.0	143.4 ~ 261.3
中南华南	236.7	170.2 ~ 320.1	241.0	169.5 ~ 387.2	273.2	185.3 ~ 357.9
西南	156.2	75.0 ~ 246.5	156.2	73.7 ~ 276.6	171.7	75.1 ~ 265.1
东北	168.0	112.6 ~ 230.3				
西北	231.2	175.9 ~ 319.5				

注：华北包括北京、天津、河北、山西、内蒙古；华东包括上海、江苏、浙江、安徽、福建、江西、山东；中南包括河南、湖北、湖南、广东、广西、海南；西南包括重庆、四川、贵州、云南、西藏；东北包括辽宁、吉林、黑龙江；西北包括陕西、甘肃、青海、宁夏、新疆。下文同。

资料来源：《省级温室气体清单编制指南（试行）》。

3.1.2 农用地氧化亚氮

农用地氧化亚氮排放包括直接排放和间接排放两部分。直接排放是指由农用地当季氮输入引起的排放，输入的氮包括氮肥、粪肥和秸秆还田。间接排放是指大气氮沉降引起的氧化亚氮排放和氮淋溶径流损失引起的氧化亚氮排放。农用地氧化亚氮排放量等于各排放过程的氮输入量乘以其相应的氧化亚氮排放因子，其具体的测算公式为：

$$E_{N_2O} = \sum N_i \times EF_i$$

其中，E_{N_2O} 表示农用地氧化亚氮排放总量（吨）；EF_i 表示第 i 种氮排放源的排放因子（千克 N_2O-N/千克 N）；N_i 表示第 i 种氮排放过程中氮输入量（千克）。

3.1.2.1 农用地氧化亚氮直接排放

农用地氮输入量主要包括化肥氮 $N_{化肥}$、粪肥氮 $N_{粪肥}$ 以及秸秆还田氮 $N_{秸秆}$，其中化肥氮包括氮肥和复合肥中的氮，秸秆还田氮包括地上秸秆还田氮和地下根氮。氮肥量按照尿素中氮元素质量分数 46.6% 计算，复合肥按照 15%氮-15%碳-15%锌含量计算。[①] 由于粪肥施用量的相关数据难以获取，仅测算化肥氮和秸秆还田氮，农用地氧化亚氮直接排放量用公式可表示为：

$$E_{N_2O,直接} = (N_{化肥} + N_{秸秆}) \times EF_{直接}$$

根据《省级温室气体清单编制指南（试行）》，确定不同地区农用地氧化亚氮直接排放因子，具体情况如表 3-2 所示。

表 3-2 　　　各区域农用地氧化亚氮直接排放因子 　　　　单位：千克 N_2O-N/千克 N

区域	氧化亚氮直接排放因子	范围
Ⅰ区（内蒙古、新疆、甘肃、青海、西藏、陕西、山西、宁夏）	0.0056	0.0015～0.0085
Ⅱ区（黑龙江、吉林、辽宁）	0.0114	0.0021～0.0258
Ⅲ区（北京、天津、河北、河南、山东）	0.0057	0.0014～0.0081
Ⅳ区（浙江、上海、江苏、安徽、江西、湖南、湖北、四川、重庆）	0.0109	0.0026～0.022
Ⅴ区（广东、广西、海南、福建）	0.0178	0.0046～0.0228
Ⅵ区（云南、贵州）	0.0106	0.0025～0.0218

资料来源：《省级温室气体清单编制指南（试行)》。

秸秆还田氮的计算公式可表示为：

$N_{秸秆}$=地上秸秆还田氮量+地下根氮量=(作物籽粒产量/经济系数-作物籽粒产量)
　　　×秸秆还田率×秸秆含氮率+作物籽粒产量/经济系数×根冠比
　　　×根或秸秆含氮率

---

① 严圣吉，尚子吟，邓艾兴，等. 我国农田氧化亚氮排放的时空特征及减排途径 [J]. 作物杂志，2022（3）：1-8.

主要农作物包括水稻、小麦、玉米、高粱、谷子、大豆、油菜籽、花生、芝麻、棉花、薯类、甘蔗、甜菜、麻类、烟叶和蔬菜。根据《省级温室气体清单编制指南（试行）》和《中国温室气体清单研究》明确各农作物相关参数，具体情况如表3-3所示。

表 3 - 3　　　　　　　　　　　各农作物主要参数

农作物	干重比	籽粒含氮量	秸秆含氮量	经济系数	根冠比
水稻	0.855	0.01	0.00753	0.489	0.125
小麦	0.87	0.014	0.00516	0.434	0.166
玉米	0.86	0.017	0.0058	0.438	0.17
高粱	0.87	0.017	0.0073	0.393	0.185
谷子	0.83	0.007	0.0085	0.385	0.166
大豆	0.86	0.06	0.0181	0.425	0.13
油菜籽	0.82	0.00548	0.00548	0.271	0.15
花生	0.90	0.05	0.0182	0.556	0.20
芝麻	0.90	0.05	0.0131	0.417	0.20
籽棉	0.83	0.00548	0.00548	0.383	0.20
甜菜	0.40	0.004	0.00507	0.667	0.05
甘蔗	0.32	0.004	0.0058	0.750	0.26
麻类	0.83	0.0131	0.0131	0.830	0.20
薯类	0.45	0.004	0.011	0.667	0.05
蔬菜类	0.15	0.008	0.008	0.830	0.25
烟叶	0.83	0.041	0.0144	0.830	0.20

资料来源：《省级温室气体清单编制指南（试行）》和《中国温室气体清单研究》。

本书根据中国环境保护部的农业污染源普查数据以及国家发展和改革委员会的《中国温室气体清单研究》确定主要农作物的秸秆还田率，具体数值如表3-4所示。

表 3 – 4　　　　　　　　各省（自治区、直辖市）的秸秆还田率　　　　单位：%

省份	秸秆还田率	省份	秸秆还田率	省份	秸秆还田率	省份	秸秆还田率
北京	68.31	上海	29.6	湖北	21.2	云南	24.8
天津	43.3	江苏	25.2	湖南	45.6	西藏	5.7
河北	65.1	浙江	46.0	广东	29.0	陕西	40.6
山西	42.9	安徽	19.2	广西	53.2	甘肃	3.4
内蒙古	18.5	福建	39.6	海南	31.6	青海	3.3
辽宁	3.4	江西	46.9	重庆	24.2	宁夏	7.4
吉林	4.2	山东	56.0	四川	24.2	新疆	27.6
黑龙江	7.0	河南	62.9	贵州	31.6		

资料来源：《中国温室气体清单研究》和中国环境保护部的农业污染源普查数据。

3.1.2.2　农用地氧化亚氮间接排放

大气氮的主要来源为畜禽粪便 $N_{畜禽}$ 和农用地氮输入 $N_{输入}$ 的氨气和氮氧化物挥发，分别采用20%和10%的推荐值。根据《政府间气候变化专门委员会（IPCC）国家温室气体清单编制指南（1996年修订版）》，大气氮沉降引起的氧化亚氮排放因子采用默认值0.01。农田氮淋溶和径流损失的氮量按占农用地总氮输入量的20%来估算，根据《2006年IPCC国家温室气体清单指南》氮淋溶和径流损失引起的氧化亚氮排放因子采用默认值0.0075，故农用地氧化亚氮间接排放的计算公式可表示为：

$$E_{N_2O,沉降} = (N_{畜禽} \times 20\% + N_{输入} \times 10\%) \times 0.01$$

$$E_{N_2O,leaching} = N_{输入} \times 20\% \times 0.0075$$

其中，$E_{N_2O,沉降}$ 和 $E_{N_2O,leaching}$ 分别表示大气氮沉降和氮淋溶径流损失引起的氧化亚氮的排放量（万吨）。计算畜禽粪便 $N_{畜禽}$ 时使用的畜禽粪便氮排泄率采用《中国温室气体清单研究》的推荐值，其中奶牛、非奶牛、猪、羊和家禽的氮排泄率分别为95.92千克、38.12千克、1.96千克、5.68千克和0.60千克/头/年，其他大牲畜如马、驴骡和骆驼的氮排泄率分别为28.65千克、

15.5 千克和 27.2 千克/头/年。数据来自《中国畜牧业年鉴》《中国农业年鉴》《中国农村统计年鉴》以及各省份统计年鉴,其中 2020 年的家禽存栏量存在部分缺失,故基于家禽存栏量与出栏量存在的正相关关系,采用回归插补法进行补充。

3.1.3　动物肠道发酵甲烷

动物肠道发酵甲烷排放是指动物在正常的代谢过程中,寄生在动物消化道内的微生物发酵消化道内饲料时产生的甲烷排放,肠道发酵甲烷排放只包括从动物口、鼻和直肠排出体外的甲烷,不包括粪便的甲烷排放。动物肠道发酵甲烷排放量受动物类别、年龄、体重、采食饲料数量及质量、生长及生产水平的影响,其中采食饲料数量和质量是影响动物肠道发酵甲烷排放最重要的因素。具体而言,反刍动物是动物肠道发酵甲烷排放的主要排放源,因其瘤胃容积大、寄生微生物种类多,故在肠道分解纤维素的作用下排放大量甲烷;非反刍动物甲烷排放量较小,特别是鸡和鸭这种体重小的动物,所以家禽类的肠道发酵甲烷排放量可忽略不计。但是考虑到中国养猪数量庞大,占世界存栏量的 50% 以上,故将猪纳入排放源中估算其肠道发酵甲烷排放量。根据中国各省畜牧业饲养情况和数据的可获得性,动物肠道发酵甲烷排放源包括非奶牛、水牛、奶牛、山羊、绵羊、猪、马、驴、骡和骆驼。动物肠道发酵的甲烷排放可用公式表示为:

$$E_{CH_4,enteric} = \sum (EF_{CH_4,enteric,i} \times AP_i \times 10^{-7})$$

其中,$E_{CH_4,enteric}$ 表示动物肠道发酵甲烷的总排放量(万吨),$EF_{CH_4,enteric,i}$ 表示第 i 种动物的甲烷排放因子(千克/头),AP_i 表示第 i 种动物的数量(头/只)。

根据《省级温室气体清单编制指南》以及相关文献,选择动物存栏量数据对其肠道发酵甲烷排放量加以计算,数据来自《中国农村统计年鉴》。奶牛、非奶牛、山羊、绵羊、马、驴、骡及骆驼等动物的甲烷排放因子参考《省级温室气体清单编制指南(试行)》和《2006 年 IPCC 国家温室气体清单指南》中所采用的动物肠道发酵排放系数加以确定，猪的排放因子以《中国温室气体清单研究》中的 1.5 千克/头加以确定，具体牲畜肠道发酵的甲烷排放因子如表 3-5 所示。

表 3-5　　　　　　　　各牲畜肠道发酵的甲烷排放因子　　　　　　单位：千克/头

牲畜	排放因子	牲畜	排放因子	牲畜	排放因子	牲畜	排放因子
奶牛	85.0	非奶牛	71.0	猪	1.5	马	18
绵羊	8.6	山羊	8.9	驴/骡	10.0	骆驼	46

资料来源：《省级温室气体清单编制指南（试行）》和《2006 年 IPCC 国家温室气体清单指南》。

3.1.4　动物粪便管理甲烷和氧化亚氮

动物粪便管理是仅次于动物肠道发酵甲烷排放的第二大温室气体排放源，约占全球农业甲烷和氧化亚氮排放量的 7%[1]，甲烷和氧化亚氮会在粪便贮存和处理过程中被排放。其中甲烷是通过有机物质的厌氧分解中被释放出来，主要发生在粪便液态形式管理时，例如，在蓄水池中，而氮主要是以氨（NH_3）的形式释放到大气中，随后转化为氧化亚氮。

3.1.4.1　动物粪便管理甲烷排放

动物粪便管理甲烷排放是指在施入到土壤之前动物粪便贮存和处理过程中所产生的甲烷，动物粪便在贮存和处理过程中的甲烷排放因子取决于粪便特性、粪便管理方式、不同粪便管理方式使用比例以及当地气候条件等。动物粪便管理中甲烷的排放源包括奶牛、非奶牛、山羊、绵羊、猪、马、驴、骡、骆驼和家禽。动物粪便管理的甲烷排放可用公式表示为：

$$E_{CH_4,manure} = \sum \left(EF_{CH_4,manure,i} \times AP_i \times 10^{-7} \right)$$

---

① Aguirre-Villegas H A, Larson R A. Evaluating greenhouse gas emissions from dairy manure management practices using survey data and life cycle tools [J]. Clean. Prod, 2017 (143)：169-179.

其中，$E_{CH_4,manure}$ 表示动物粪便管理甲烷的总排放量（万吨），$EF_{CH_4,manure,i}$ 表示第 i 种动物的甲烷排放因子（千克/头），AP_i 表示第 i 种动物的数量（头/只）。根据《省级温室气体清单编制指南》推荐的数值确定各地区不同牲畜粪便管理的甲烷排放因子，具体牲畜粪便管理的甲烷排放因子如表 3-6 所示。

表 3-6　　　　　　　不同区域各牲畜粪便管理的甲烷排放因子　　　　单位：千克/头

区域	奶牛	非奶牛	绵羊	山羊	猪	家禽	马	驴/骡	骆驼
华北	7.46	2.82	0.25	0.17	3.12	0.01	1.09	0.60	1.28
东北	2.23	1.02	0.25	0.16	1.12	0.01	1.09	0.60	1.28
华东	8.33	3.31	0.26	0.28	5.08	0.02	1.64	0.90	1.92
中南	8.45	4.72	0.34	0.31	5.85	0.02	1.64	0.90	1.92
西南	6.51	3.21	0.48	0.53	4.18	0.02	1.64	0.90	1.92
西北	5.93	1.86	0.28	0.32	1.38	0.01	1.09	0.60	1.28

资料来源：《省级温室气体清单编制指南（试行）》。

3.1.4.2　动物粪便管理氧化亚氮排放

动物粪便管理氧化亚氮排放是指在施入到土壤之前动物粪便贮存和处理过程中所产生的氧化亚氮，动物粪便在贮存和处理过程中氧化亚氮的排放因子取决于不同动物每日排泄的粪便中氮的含量和不同粪便管理方式，动物粪便管理氧化亚氮的排放源与甲烷的排放源相似。动物粪便管理的氧化亚氮排放可用公式表示为：

$$E_{N_2O,manure} = \sum \left(EF_{N_2O,manure,i} \times AP_i \times 10^{-7} \right)$$

其中，$E_{N_2O,manure}$ 表示动物粪便管理氧化亚氮的总排放量（万吨），$EF_{N_2O,manure,i}$ 表示第 i 种动物的氧化亚氮排放因子（千克/头），AP_i 表示第 i 种动物的数量（头/只）。根据《省级温室气体清单编制指南》推荐的数值确定各地区不同牲畜粪便管理的氧化亚氮排放因子，具体牲畜粪便管理的氧化亚氮排放因子如表 3-7 所示。

表 3 - 7　　　　　不同区域各牲畜粪便管理的氧化亚氮排放因子　　　单位：千克/头

区域	奶牛	非奶牛	绵羊	山羊	猪	家禽	马	驴/骡	骆驼
华北	1.846	0.794	0.093	0.093	0.227	0.007	0.330	0.188	0.330
东北	1.096	0.913	0.057	0.057	0.266	0.007	0.330	0.188	0.330
华东	2.065	0.846	0.113	0.113	0.175	0.007	0.330	0.188	0.330
中南	1.710	0.805	0.106	0.106	0.157	0.007	0.330	0.188	0.330
西南	1.884	0.691	0.064	0.064	0.159	0.007	0.330	0.188	0.330
西北	1.447	0.545	0.074	0.074	0.195	0.007	0.330	0.188	0.330

资料来源：《省级温室气体清单编制指南（试行）》。

3.1.5　农业能源

张广胜和王珊珊（2014）研究发现农用能源引致的温室气体排放量所占的份额不断上升，除 1996～2001 年低于 10% 外，其余大部分年份均在 15% 左右，其中化石能源引致的温室气体排放量所占的份额下降，电力引致的温室气体排放所占的份额上升。[①] 不仅是在种植业和养殖业方面，渔业生产中所使用的能源也会引致大量温室气体排放，根据《中国渔业节能减排基本情况研究报告》表明，捕捞业中渔船所使用的燃油造成的碳排放量约占渔业总碳排放量的 70%。因此，本书依据《省级温室气体清单编制指南（试行）》中的碳排放参考系数和《中国能源统计年鉴》中的相关数据，测度农用能源消耗造成的温室气体排放量，具体是指农业部门不同燃料引致的温室气体排放量。农用能源包括原煤、焦炭、燃料油、汽油、柴油、煤油、天然气以及电力，其中由于中国电力以煤电为主，电力造成了较大的间接碳排放，单位供电具有较高的碳排放因子，故将电力纳入农用能源温室气体排放的核算体系中。农业部门不同燃料品种化石燃料碳排放参考系数如表 3 - 8 所示。

---

① 张广胜，王珊珊. 中国农业碳排放的结构、效率及其决定机制 [J]. 农业经济问题，2014，35（7）：18 - 26，110.

表 3 – 8   各燃料品种化石燃料碳排放参考系数

能源分类	平均低位发热量（千焦/千克）	折标准煤系数（千克标准煤/千克·立方米）	单位热值含碳量（吨碳/万亿焦耳）	碳氧化率（%）	二氧化碳排放系数（千克二氧化碳/千克标准煤）
原煤	20908	0.7134	26.37	0.94	1.9003
焦炭	28435	0.9714	29.42	0.93	2.8527
燃料油	41816	1.4286	21.10	0.98	3.1705
汽油	43070	1.4714	18.90	0.98	2.9251
柴油	42652	1.4571	20.20	0.98	3.0959
煤油	43070	1.4714	19.60	0.98	3.0333
天然气	38931	1.2143	15.32	0.99	2.1650

资料来源：《省级温室气体清单编制指南（试行）》和《综合能源计算通则》。

　　表 3 – 8 中所示的平均低位发热量和折标准煤系数参数数据来源于《综合能源计算通则》，单位热值含碳量和碳氧化率参数数据来自《省级温室气体清单编制指南》，其中单位热值含碳量为农业部门各燃料品种化石燃料的单位热值含碳量，二氧化碳排放系数计算公式为：二氧化碳排放系数 = 平均低位发热量 × 10^{-9} × 单位热值含碳量 × 碳氧化率 × 1000 × 3.66667。由于《中国能源统计年鉴》中提供的能源数据为能源实物量，故需通过标准煤折算系数进行换算。农业能源二氧化碳排放量计算公式可表示为：

$$C_t = \sum_{i=1}^{6} E_{it} \times f_i \times c_i$$

其中，C_t 表示第 t 年的农业能源二氧化碳排放总量（万吨）；E_{it} 表示第 t 年第 i 种农业能源的消费量（万吨）；f_i 表示第 i 种能源的标准煤折算系数（千克标准煤/千克）；c_i 为第 i 种能源的碳排放系数（千克二氧化碳/千克标准煤）。

　　农用电力引致的碳排放量为省级电力使用量与该区域供电平均碳排放因子的乘积，其中的农业用电指灌溉、排涝、机耕等农业机械作业用电，不包括照明和农产品加工业用电。为保证测算结果的科学性，采用《省级温室气体清单编制指南》中碳排放因子的推荐值，具体各区域单位供电平均二氧化碳排放因子如表 3 - 9 所示。

表 3 - 9　　　　　　各区域单位供电平均二氧化碳排放因子　　　单位：千克/千瓦时

区域	省（自治区、直辖市）	二氧化碳排放因子
华北	北京、天津、河北、山西、山东、内蒙古西部	1.246
东北	黑龙江、吉林、辽宁、内蒙古东部	1.096
华东	上海、江苏、浙江、福建、安徽	0.928
华中	河南、江西、湖北、湖南、四川、重庆	0.801
西北	陕西、甘肃、青海、宁夏、新疆	0.977
南方	广东、广西、云南、贵州	0.714
海南	海南	0.917

资料来源：《省级温室气体清单编制指南》。

3.1.6　农作物秸秆焚烧

联合国粮食及农业组织认为农作物秸秆焚烧的主要作物品种为玉米、小麦、水稻和甘蔗，其中的小麦、玉米和水稻是中国农作物秸秆来源的主要作物品种。[①] 因此，仅考虑小麦、玉米和水稻三种作物秸秆焚烧引致的温室气体排放。具体的计算公式可表示为：

$$E = \sum (P_i \times C_i \times R_i \times F_i \times EF_i)$$

其中，E 表示农作物秸秆焚烧的温室气体排放总量（万吨）；P_i 表示第 i 种作物的产量（万吨）；C_i 表示 i 作物的草谷比；R_i 表示 i 作物秸秆露天焚烧的比例（%）；F_i 表示 i 作物的燃烧效率（%）；EF_i 表示第 i 种作物秸秆露天焚烧的排放因子（克/千克）。根据国家发展和改革委员会官方发布的信息确定小麦、水稻和玉米的草谷比，具体如表 3 - 10 所示。

_____

① 李飞跃，汪建飞. 中国粮食作物秸秆焚烧排碳量及转化生物炭固碳量的估算 [J]. 农业工程学报，2013，29 (14)：1 - 7.

表 3 - 10   各区域小麦、水稻和玉米的草谷比

区域	省（自治区、直辖市）	小麦	水稻	玉米
华北	北京、天津、河北、山西、山东、内蒙古、河南	1.34	0.93	1.73
东北	黑龙江、吉林、辽宁	0.93	0.97	1.86
长江中下游	上海、江苏、浙江、安徽、湖南、湖北、江西	1.38	1.28	2.05
西北	陕西、甘肃、青海、宁夏、新疆	1.23	0.68	1.52
西南	四川、重庆、贵州、云南、西藏	0.97	1.00	1.29
南方	广东、广西、福建、海南	1.27	1.06	1.32

资料来源：国家发展和改革委员会官方数据。

根据《省级温室气体清单编制指南》，参考曹国良等（2007）学者的测试数据、彭立群等（2016）学者和王俊芳（2017）所使用的省级秸秆露天焚烧比例数据，确定小麦、水稻和玉米秸秆露天焚烧的比例，具体数据如表 3 - 11 所示。

表 3 - 11 各省（自治区、直辖市）小麦、水稻和玉米秸秆露天焚烧比例 单位：%

省份	小麦	水稻	玉米	省份	小麦	水稻	玉米	省份	小麦	水稻	玉米
北京	3.1	0	12.1	安徽	28.9	42.3	35.9	四川	16.2	25.6	28.8
天津	13.2	4.1	16.0	福建	35.3	17.8	13.9	贵州	4.6	3.4	4.3
河北	9.9	5.8	15.8	江西	23.8	26.8	17.2	云南	33.2	36.8	23.1
山西	36.0	8.4	25.3	山东	19.7	9.7	23.4	西藏	16.2	21.1	17.1
内蒙古	3.7	2.2	10.8	河南	34.8	19.7	19.3	陕西	13.4	6.2	22.0
辽宁	21.9	9.3	12.9	湖北	27.8	19.1	21.6	甘肃	6.7	8.5	15.1
吉林	12.7	18.1	13.5	湖南	47.2	43.2	39.1	青海	8.1	0	6.5
黑龙江	33.1	21.8	11.9	广东	42.1	40.4	37.7	宁夏	20.3	19.7	18.2
上海	27.7	26.2	24.6	广西	39.8	28.6	31.9	新疆	3.9	6.3	11.5
江苏	27.3	34.6	23.3	海南	0	34.8	31.1				
浙江	31.4	25.9	33.7	重庆	10.7	18.6	12.3				

资料来源：《省级温室气体清单编制指南（试行）》、曹国良等（2007）的测试数据、彭立群等（2016）和王俊芳（2017）所使用的研究数据。

根据张鹤丰（2009）的研究，确定小麦、水稻和玉米秸秆露天焚烧的效率分别为93%、93%和92%。由于一氧化碳和二氧化碳是秸秆露天焚烧的主要气态污染物①，故根据曹国良等（2007）学者和王俊芳（2017）的研究数据确定秸秆露天焚烧排放一氧化碳和二氧化碳的系数，具体小麦、水稻和玉米秸秆露天焚烧排放一氧化碳和二氧化碳的排放因子如表3－12所示。

表3－12　　　　小麦、水稻和玉米的秸秆露天焚烧一氧化碳和二氧化碳排放因子

单位：克/千克

类别	作物		
	小麦	水稻	玉米
一氧化碳	65	72	70
二氧化碳	1460	1460	1350

资料来源：曹国良等（2007）、王俊芳（2017）的研究数据。

3.1.7　土地利用变化和林业

土地利用变化和林业（land use change and forest，LUCF）温室气体清单，既包括森林采伐或毁林造成的二氧化碳等温室气体的排放，也包括森林生长过程中对二氧化碳等温室气体的吸收。当森林采伐或毁林的生物量损失超过森林生长的生物量增加，则为碳排放源，反之则为碳吸收汇。中国的土地类型通常可以分为林地、耕地、牧草地、水域、未利用地和建设用地等，其中林地又包括有林地、疏林地、灌木林地、未成林地、苗圃地、无立木林地、宜林地和林业辅助用地，故土地利用变化主要是指林地转化为非林地的过程。以《政府间气候变化专门委员会（IPCC）国家温室气体清单编制指南（1996年修订版）》为参考依据，结合中国土地利用变化与林业的实际特点，主要考虑两个方面土地利用变化所引起的二氧化碳吸收或排放，分别为森林和其

---

① 赵建宁，张贵龙，杨殿林. 中国粮食作物秸秆焚烧释放碳量的估算 [J]. 农业环境科学学报，2011，30（4）：812－816.

他木质生物质生物量碳储量变化以及森林转化碳排放。

3.1.7.1 森林和其他木质生物质生物量碳储量变化

通过计算由森林管理、采伐、薪炭材采集等活动影响而导致的生物量碳储量增加或减少，可以得到森林和其他木质生物质生物量碳储量的变化情况。其中，森林包括乔木林（林分）、竹林、经济林和国家有特别规定的灌木林，其他木质生物质包括不符合森林定义的疏林、散生木和四旁树。计算森林碳储量的方法包括生物量法、蓄积量法、碳密度法、碳平衡法等，其中多数方法属于纯自然科学范畴，虽然计算方法更具科学性，但研究对象主要侧重于微观领域且操作起来较为烦琐，并且在社会经济研究中，计算过程过于复杂、研究尺度过小，则不具备可操作性和现实意义。[①] 因此，本书将采用森林蓄积量法测算森林碳储量，这种方法测算出的森林碳储量与国家林草局公布的森林碳储量测算数据较为接近，准确率高达 90% 以上。[②] 森林资源碳储量包括林木碳储量、林地碳储量和林下植物碳储量，其中林木碳储量包括森林、疏林、散生木和四旁树，林下植物主要由灌木层、草木层和地被苔藓层等组成。森林资源储碳量可用公式表示为：

$$TC_F = S_i C_i + \alpha S_i C_i + \beta S_i C_i$$

$$C_i = V_i \delta \rho \gamma$$

$$TC_F = S_i V_i \delta \rho \gamma + \alpha S_i V_i \delta \rho \gamma + \beta S_i V_i \delta \rho \gamma = V_j \delta \rho \gamma + \alpha V_j \delta \rho \gamma + \beta V_j \delta \rho \gamma$$

其中，TC_F 表示森林资源碳储量（吨），包括林木固碳量、林下植物固碳量和林地固碳量；S_i 表示第 i 类森林的面积（公顷）；C_i 表示第 i 类森林的碳密度（吨/公顷）；V_i 表示第 i 类森林单位面积蓄积量（立方米）；α 表示林下植物固碳量转换系数；β 表示林地固碳量转换系数；δ 表示生物量扩大系数，即林木蓄积量转换成以林木为主体的生物蓄积量；ρ 表示生物量体积转换成生物

---

① 郗婷婷，李顺龙. 黑龙江省森林碳汇潜力分析 [J]. 林业经济问题，2006（6）：519 – 522，526.

② 张颖，潘静. 森林碳汇经济核算及资产负债表编制研究 [J]. 统计研究，2016，33（11）：71 – 76.

干质量系数,即容积密度;γ表示将生物干质量转换成固碳量的系数,即含碳率;$V_f = S_i V_i$,表示第i类森林的总蓄积量。

本书以联合国政府间气候变化专门委员会的默认参数值作为计算全国森林碳储量的换算系数,其中δ的取值为1.90;ρ的取值为0.5;γ的取值为0.5,含碳率一般为0.45或0.5,由于中国乔木树种的平均含碳率均大于0.45,阔叶树的平均含碳率大多低于0.5,针叶树的平均含碳率大部分大于0.5,所以用0.5的森林含碳率(转换系数)优于0.45的森林含碳率[1];α的取值为0.195;β的取值为1.244。[2] 数据来自《中国环境统计年鉴》《中国林业和草原统计年鉴》《中国森林资源清查》《中国林业统计年鉴》,但由于统计年鉴中对于森林面积的界定包括林下植物中的灌木林面积,林下植物固碳量也仅占森林固碳总量的8%[3],并且现有估算森林碳储量的研究多研究森林地上部分,对林地、林下植物碳储量的研究相对较少。因此,本节所研究的森林碳储量主要为活立木碳储量,仅指林木的活生物量,不包括枯死木、下木层、草木层、凋落物层、森林土壤层以及林木根系等的碳储量。

3.1.7.2 土地利用变化导致的温室气体排放变化

土地利用变化是造成温室气体排放的主要人类活动之一[4],其通过改变原有的土地覆被类型及其所承载的社会经济活动影响陆地生态系统的碳循环过程。一方面,土地利用类型的转换将导致温室气体的排放与转移。根据土地利用、土地利用变化和林业部门(LULUCF)和农业、林业与其他土地利用(AFPLU)领域温室气体清单估算报告(相关部分报告如表3-13所示)

---

① 马钦彦,陈遐林,王娟,等.华北主要森林类型建群种的含碳率分析 [J].北京林业大学学报,2002 (Z1):100-104.

② 张颖,李晓格,温亚利.碳达峰碳中和背景下中国森林碳汇潜力分析研究 [J].北京林业大学学报,2022,44 (1):38-47.

③ 李顺龙.森林碳汇经济问题研究 [D].哈尔滨:东北林业大学,2005.

④ Houghton R A. Revised estimates of the annual net flux of carbon to the atmosphere from changes in land use and land management 1850–2000 [J]. Tellus B: Chemical and Physical Meteorology, 2003, 55 (2): 378–390.

可知，森林土地、农田以及草原等土地类型的转变将会使温室气体出现较大的转移量，故后文仅估算林地、耕地以及草地土地类型变化导致的温室气体排放变化；另一方面，森林或草原火灾相当于毁林，被破坏的森林生物量一部分通过现地或异地燃烧排放到大气中，一部分如木产品和燃烧剩余物通过缓慢的分解过程释放到大气中。因此，将从以上这两方面估算土地利用变化导致的温室气体排放变化。

表 3 – 13 土地利用类型转变的碳排放因子

温室气体"源"和"汇"类型	二氧化碳净排放量与转移量	甲烷	一氧化二氮	氮氧化物	一氧化碳
土地利用类型总和	– 24594.33	4.04	0.03	1.00	35.38
森林土地	– 25513.17	2.24	0.02	0.56	19.62
1. 森林土地仍为森林土地	– 26767.89	0.98	0.01	0.24	8.56
2. 土地转变为森林土地	1254.72	1.26	0.01	0.31	11.05
农田	– 639.14	—	—	—	—
1. 农田仍为农田	– 671.12	—	—	—	—
2. 土地转变为农田	31.98	—	—	—	—
草原	706.91	1.80	0.01	0.45	15.76
1. 草原仍为草原	—	1.80	0.01	0.45	15.76
2. 土地转变为草原	706.91	—	—	—	—
湿地	0.72	—	—	—	—
1. 湿地仍为湿地	—	—	—	—	—
2. 土地转变为湿地	0.72	—	—	—	—
居住地	97.16	—	—	—	—
1. 居住地仍为居住地	—	—	—	—	—
2. 土地转变为居住地	97.16	—	—	—	—
其他土地	38.98	—	—	—	—
1. 其他土地仍为其他土地	—	—	—	—	—
2. 土地转变为其他土地	38.98	—	—	—	—

注：二氧化碳转移量标记为负号（ – ），二氧化碳排放量标记为正号（ + ）。
资料来源：李怒云，吕佳. 林业碳汇计量 [M]. 北京：中国林业出版社，2017。

（1）土地利用类型转换温室气体转移。

根据《IPCC 关于土地利用、土地利用变化和林业方面（LULUFU）的优良做法指南》可知，估算土地利用类型转换的温室气体转移量需结合人类活动发生数据（AD）与定量活动的每个单位碳排放因子（EF），土地利用类型转换温室气体转移量可用公式表示为：

$$CT = \Delta AD \times EF$$

其中，CT 表示温室气体转移量（吨）；AD 表示用地 i 的面积（公顷），具体包括耕地、林地、草地等用地类型；EF 表示用地 i 的碳排放因子（吨/公顷）。各土地利用类型具体的碳排放因子参考赖力（2010）研究中的土地利用变更调查数据，耕地、林地和牧草地的碳排放因子分别为 0.502、0.033 和 0.241[①]，相关数据来自《中国环境统计年鉴》及各省级统计年鉴。

（2）森林火灾温室气体排放。

林火是森林生态系统中一种重要的自然干扰，森林燃烧过程中将排放大量含碳气体，从而直接或间接地影响森林生态系统的碳循环和碳平衡[②]，森林火灾已成为温室气体的重要排放源之一。[③] 王效科等（2001）学者以中国的省、直辖市和自治区为计算单元，根据各省的森林生态系统生物量，估计森林火灾直接释放的总碳量，虽不及部分研究的针对性，即计算森林火灾中不同树种、不同林型、不同植被型、不同可燃物层次所排放的温室气体量，但基于现有数据，可充分了解各年份、各省火灾成灾面积释放的二氧化碳、一氧化碳和甲烷的排放量，极具全面性。据其研究结果可知，全国 1 公顷的森林火灾受害面积将平均释放 7.12 吨二氧化碳、0.93 吨一氧化碳以及 0.087 吨甲烷。因此，森林火灾的温室气体排放量可由森林火灾成灾面积乘以单位森林火灾成灾面积释放温室气体的参数得到，森林火灾的温室气体排放量可

①　赖力. 中国土地利用的碳排放效应研究 [D]. 南京：南京大学，2010.

②　Flannigan M D, Krawchuk M A, Groot W J, et al. Implications of changing climate for global wildland fire [J]. International Journal of Wildland Fire, 2009, 18 (5)：483 – 507.

③　Vilén T, Fernandes P M. Forest fires in Mediterranean countries：CO_2 emissions and mitigation possibilities through prescribed burning [J]. Environmental Management, 2011 (48)：558 – 567.

用公式表示为：

$$M = A_i \times EF_i$$

其中，M 表示森林火灾的温室气体排放量（吨）；A 表示森林火灾成灾面积（公顷）；i 表示生物组分，包括乔木层、林下层和枝落物层；则 EF_i 表示各生物组分 i 的碳排放因子（吨/公顷），相关数据来自国家统计局。由于前文对于森林和其他木质生物质生物量碳储量变化的估算中未考虑枯死木、下木层、草木层、凋落物层、森林土壤层以及林木根系等的碳储量，故使用乔木层的单位森林火灾成灾面积释放温室气体的参数进行计算，单位森林火灾成灾面积释放的温室气体的参数如表 3 – 14 所示。

表 3 – 14 　　　　单位森林火灾成灾面积释放的温室气体的参数　　　　单位：吨/公顷

温室气体种类	二氧化碳	一氧化碳	甲烷
乔木层	4. 76	0. 59	0. 061
下木层	0. 82	0. 12	0. 012
枯落物	1. 54	0. 22	0. 014
总量	7. 12	0. 93	0. 087

资料来源：王效科，冯宗炜，庄亚辉. 中国森林火灾释放的 CO_2、CO 和 CH_4 研究 [J]. 林业科学，2001 (1)：90 – 95.

3.2　中国农业碳排放量特征分析

3.2.1　中国农业碳排放量时序特征分析

根据前文的农业碳排放核算清单测算 2000～2020 年中国农业碳排放量（如表 3 – 15 所示）。中国农业碳排放量由 2000 年的 111793. 63 万吨增长到 2020 年的 123357. 66 万吨，年均增长率为 0. 49%。具体来说，稻田、农用地、动物肠道、动物粪便、农业能源、秸秆焚烧所产生的碳排放量波动较为剧烈，年均增长率分别为 - 0. 10%、1. 16%、- 1. 27%、- 0. 63%、2. 33% 和 2. 09%。从环比增速来看，农业碳排放总量的环比增长率受森林碳储量周期增加的影响，呈现出剧烈波动的态势。本书测算得到的中国农业碳排放量数据的变化趋势与现有研究成果基本一致，但由于本书对林业和渔业等碳排放量的考量，致使所得数据较现有仅测算种植业和畜牧业农业碳排放量的数据结果差距略大，不过仍在可接受范围内，与程琳琳（2018）基于《省级温室气体清单编制指南》测算得到的数据结果差别不大但略微偏小，这是由于其对农业碳排放量的测算未考虑农业碳汇。因此，可从侧面反映出本书所采用的中国农业碳排放核算清单具有一定的客观性和科学性。

表 3 – 15　　　　　　　　　　2000 ~ 2020 年中国农业碳排放量情况

年份	稻田（万吨二氧化碳当量）	农用地（万吨二氧化碳当量）	动物肠道（万吨二氧化碳当量）	动物粪便（万吨二氧化碳当量）	农业能源（万吨二氧化碳当量）	秸秆焚烧（万吨二氧化碳当量）	土地利用变化和林业（万吨二氧化碳当量）	碳排放总量（万吨二氧化碳当量）	环比增速（%）
2000	16256. 39	23415. 28	31484. 99	14032. 06	9847. 55	16921. 21	- 163. 85	111793. 63	—
2001	15587. 43	23301. 52	31916. 66	14185. 49	10335. 70	16909. 27	34. 48	112270. 56	0. 43
2002	15218. 72	22821. 27	32806. 39	14463. 21	10850. 84	16673. 57	- 53814. 96	59019. 04	- 47. 43
2003	14326. 57	21770. 01	34021. 11	14848. 92	9977. 50	15606. 94	164. 92	110715. 97	87. 59
2004	15316. 80	23442. 83	35285. 44	15382. 15	10514. 53	17348. 21	752. 23	118042. 20	6. 62
2005	15679. 21	23980. 82	36170. 83	15935. 51	13691. 30	17899. 63	- 194. 07	123163. 23	4. 34
2006	15758. 57	24714. 73	35693. 89	15551. 50	14092. 07	18672. 71	298. 27	124781. 75	1. 31
2007	22015. 57	24648. 93	27724. 33	13277. 95	14158. 22	19266. 63	7. 46	121099. 09	- 2. 95
2008	15664. 17	26690. 66	20410. 37	12469. 95	13254. 05	21399. 24	- 61895. 36	47993. 06	- 60. 37
2009	15879. 02	26080. 98	21101. 89	12731. 43	13665. 68	20312. 38	107. 82	109879. 20	128. 95
2010	15973. 27	26192. 45	27808. 87	13830. 45	14420. 29	20739. 67	18. 56	118983. 57	8. 29
2011	16045. 22	26827. 31	23350. 07	13160. 09	15627. 58	21717. 49	- 140. 08	116587. 69	- 2. 01
2012	16078. 67	27542. 41	23623. 34	13402. 93	16643. 33	22438. 49	- 72236. 86	47492. 30	- 59. 26
2013	16032. 39	27958. 29	23842. 48	13356. 30	15661. 78	22830. 98	813. 85	120496. 06	153. 72
2014	16157. 39	28680. 17	24568. 92	13362. 89	16180. 66	23097. 67	8. 16	122055. 86	1. 29

续表

年份	稻田（万吨二氧化碳当量）	农用地（万吨二氧化碳当量）	动物肠道（万吨二氧化碳当量）	动物粪便（万吨二氧化碳当量）	农业能源（万吨二氧化碳当量）	秸秆焚烧（万吨二氧化碳当量）	土地利用变化和林业（万吨二氧化碳当量）	碳排放总量（万吨二氧化碳当量）	环比增速（%）
2015	16096.42	28872.19	25273.99	13275.56	16798.66	23674.10	8.53	123999.44	1.59
2016	16064.15	29007.18	24901.19	12925.21	17036.73	25501.73	6.04	125442.23	1.16
2017	16312.21	29108.86	22584.73	12510.67	17582.89	25529.90	-115494.39	8134.87	-93.52
2018	16001.94	29116.80	22325.95	12246.24	15562.66	25326.17	-1068.87	119510.88	1369.12
2019	15696.58	28970.66	22668.87	10468.65	15413.61	25450.87	-2.13	118667.10	-0.71
2020	15923.17	29482.33	24359.93	12354.72	15609.05	25609.98	18.48	123357.66	3.95
年均增长率（%）	-0.10	1.16	-1.27	-0.63	2.33	2.09	—	0.49	—

注：负值表示净碳汇，正值表示净排放。

2000~2020 年中国农业碳排放量变动情况如图 3-2 所示。整体来看，中国农业碳排放量由 2000 年的 111957.49 万吨增长到 2020 年的 123339.18 万吨，年均增长率为 0.49%。[①] 中国农业碳排放量呈波动上升趋势，根据增速来看，可以具体分为三个阶段，分别为快速增长期（2000~2006 年）、快速下降期（2007~2009 年）和波动增长期（2010~2020 年）。在快速增长期，中国农业碳排放量从 111957.49 万吨增长到 124483.47 万吨，年均增长率为 1.78%，其中 2003 年的降幅为 2.02%，这主要是因为农民在负担过重的情况下逐渐弃耕务工，减少了农业生产资料的投入使用，从而在一定程度上抑制了农业碳排放量的增加。而受 2004 年中央一号文件颁布的"两减免，三补贴"政策的影响，农民务农积极性显著提高，加大了农业生产资料的投入使用，从而造成农业碳排放量的大幅增加。2004~2006 年出现了反弹回升，年均增长率为 4.04%。在快速下降期，2009 年中国农业碳排放量下降至 109771.38 万吨的低点，年均增长率为 -4.11%，这主要是受国家政策方针

[①] 由于森林碳储量的周期性以及活立木蓄积量清查统计的限制，使得土地利用和林业部分测算得到的碳排放量存在明显周期性，故本节在分析中国农业碳排放量的时序特征时未包含土地利用和林业部分。

的引导，2007 年召开的中共十七大强调了资源节约、生态环境保护的重要性，2008 年中央一号文件也明确指出要大力发展节约型农业，促进秸秆等副产品和生活废弃物资源化利用。① 因此，2008 年和 2009 年中国农业碳排放量呈现出明显的波谷。在波动增长期，农业碳排放量的变动相对剧烈，具体表现为 2016 年存在明显的波峰和 2019 年前后出现的倒 V 形。随着国家对低碳农业的重视，政府鼓励发展循环农业、生态农业，农业碳排放量也将随之发生改变，但年均增长率仅为 1.07%，整体处于缓慢增加的态势。

（万吨 二氧化碳当量）

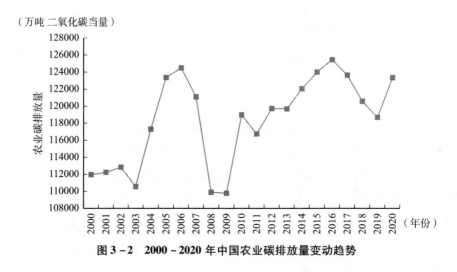

图 3 - 2　2000～2020 年中国农业碳排放量变动趋势

基于此，进一步分析不同农业温室气体来源引致的农业温室气体排放量的变动情况（如图 3 - 3 所示）。在稻田方面，除 2007 年高达 18.18% 外，其余年份所引致的碳排放量占比基本保持稳定，介于 12%～15% 之间，变动趋势可明显分为 2007 年前（2000～2006 年）和 2007 年后（2008～2020 年）两个阶段，这两个阶段占比均呈现缓慢下降的态势。在农用地方面，其所引致的碳排放量占比基本保持稳定，介于 19%～25% 之间，除 2008 年占比高达 24.29% 外，其余年份占比呈上升态势。在动物肠道发酵方面，其作为农业温

---

① 李波，张俊飚，李海鹏. 中国农业碳排放时空特征及影响因素分解 [J]. 中国人口·资源与环境，2011，21（8）：80-86.

室气体排放的最大源头，平均占比为 23%，但碳排放量占比呈明显下降趋势。2003 年占比最高达到 30.77%，2003～2008 年为快速下降期，占比下降至 18.57%，之后动物肠道发酵引致的碳排放量占比趋于稳定，基本保持在 20% 上下波动的水平。在动物粪便管理方面，其所引致的碳排放量占比呈现明显下降趋势，由 2000 年的 12.53% 降至 2020 年的 10.02%，期间的 2007 年和 2019 年出现明显的下降，尤其在 2019 年该占比降至 8.82% 的低点。当将动物肠道发酵与动物粪便管理引致的碳排放量作为畜禽碳排放加以统一考量时，2003 年畜禽碳排放量占比高达 44.21%，接近于农业碳排放总量的一半，但该占比有明显的下降趋势，即由 2000 年的 40.66% 迅速降至 2020 年的 29.77%，这种占比的变化说明畜牧业正在向绿色低碳发展转型。在农业能源方面，其所引致的碳排放量占比呈现明显增加的态势，由 2000 年的 8.80% 增加至 2020 年的 12.66%，其中 2017 年占比达到最高点 14.22%。在秸秆露天焚烧方面，其所引致的碳排放量占比变动相对较大，即由 2000 年的 15.11% 增至 2020 年的 20.76%，从 2008 年达到高点 19.47% 之后，秸秆露天焚烧引致的碳排放量占比就一直稳定在 20% 左右。

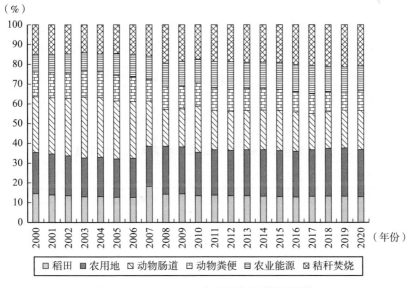

图 3-3 2000～2020 年中国农业碳排放结构

总体而言,2000~2020年中国农业碳排放量整体呈波动上升的特征,即"快速增长—快速下降—波动增长"的阶段性特征。其中2009年为样本考察期内农业碳排放量最低点,2016年为样本考察期内农业碳排放量最高点。就当前中国农业碳排放量变化趋势而言,未来几年,中国农业碳排放量仍将保持缓慢增长的态势。从不同温室气体来源看,动物肠道发酵仍然是农业碳排放的第一大源头,但除秸秆焚烧和农用地所引致的碳排放量占比有所提高外,其余各温室气体来源所引致的碳排放量占比均有所下降。

3.2.2 中国农业碳排放量空间特征分析

根据联合国粮食及农业组织的统计,农业生态系统可以抵消掉80%的因农业导致的温室气体排放,中国的福建、云南、陕西、重庆、内蒙古和海南等6个省份是农业生态系统抵消因农业导致的温室气体排放超过20%的省份。其中福建农业生态系统抵消温室气体排放量最多,其农业生态系统可抵消41.25%的因农业导致的温室气体排放,这与福建积极开展林业碳汇项目有关。福建自2016年建立碳市场以来,全省累计完成备案申请的林业碳汇项目123.9万亩,碳汇量347.3万吨,已成交283.9万吨,成交额为4182.9万元,成交量和成交额均居全国首位,并且福建还持续探索林业"碳票"等碳汇造林新模式。2000~2020年中国各省份不同温室气体来源的农业碳排放量均值如表3-16所示。

表3-16   2000~2020年各省份不同温室气体来源农业碳排放量

单位:万吨二氧化碳当量

省份	稻田	农用地	动物肠道	动物粪便	农业能源	秸秆焚烧	土地利用变化	碳排放总量
北京	0.91	59.31	65.42	45.97	113.68	16.60	-42.21	301.89
天津	12.31	72.06	79.59	53.10	152.47	45.74	-8.20	415.27
河北	51.14	1925.96	1396.49	697.05	615.16	767.04	-183.59	5452.84
山西	1.11	427.09	466.25	174.43	537.94	573.41	-155.34	2180.23

续表

省份	稻田	农用地	动物肠道	动物粪便	农业能源	秸秆焚烧	土地利用变化	碳排放总量
内蒙古	58.35	434.38	2292.02	555.29	661.31	406.74	-1103.67	4408.09
辽宁	242.07	186.08	816.11	353.36	621.41	447.61	-308.69	2666.64
吉林	196.12	294.00	917.98	276.45	362.63	852.87	-515.64	2900.05
黑龙江	1104.59	701.36	1184.62	354.84	1000.19	1224.67	-965.80	5570.27
上海	60.15	61.86	25.44	37.43	175.05	52.66	-11.73	412.59
江苏	1179.90	1413.48	288.93	436.83	880.38	1788.18	-134.30	5987.70
浙江	494.49	639.12	113.24	220.80	967.69	327.94	-422.62	2763.28
安徽	1206.72	1103.88	642.55	459.75	422.88	2079.80	-354.92	5915.58
福建	466.04	657.83	174.56	261.54	381.97	134.56	-856.66	2076.50
江西	1675.68	721.43	555.70	420.63	274.75	885.25	-675.81	4533.44
山东	173.13	1237.30	1756.06	1020.39	1009.08	1789.52	-158.98	6985.48
河南	345.79	1721.90	2308.55	1410.78	715.98	2842.44	-303.70	9345.44
湖北	1271.10	1023.91	653.63	638.17	792.79	875.83	-562.81	5255.43
湖南	2763.04	1065.82	983.83	1004.48	647.59	2093.41	-518.85	8558.17
广东	1279.82	1172.32	476.35	581.44	644.98	704.56	-649.40	4859.47
广西	1334.18	1286.15	834.25	695.61	224.85	596.84	-982.36	4971.88
海南	190.64	172.33	180.84	116.01	182.07	74.56	-205.13	916.45
重庆	274.07	404.99	302.88	291.10	328.49	183.03	-554.26	1784.56
四川	783.32	1324.06	1970.68	1149.53	559.52	962.25	-957.16	6749.36
贵州	272.53	534.79	1007.95	429.27	348.33	47.52	-617.34	2640.39
云南	402.84	683.56	1654.25	697.45	371.68	594.96	-1605.10	4404.74
西藏	0.38	4.03	1318.16	225.27	0	6.18	-505.70	1554.02
陕西	72.66	460.02	550.49	168.14	231.35	313.70	-395.83	1796.36
甘肃	2.83	51.40	1146.41	216.27	247.31	148.16	-210.74	1812.38
青海	0	6.57	1134.43	157.87	35.36	6.68	-40.69	1340.91
宁夏	43.37	31.00	293.29	56.76	42.79	92.17	-9.76	559.38
新疆	39.93	404.92	1643.55	306.96	589.57	156.89	-400.70	3141.82

注：负值表示净碳汇，正值表示净排放。

根据表 3-16 和图 3-4 可知，2000～2020 年农业碳排放量均值位居前五的省份为河南、湖南、山东、江苏和四川，安徽、河北、湖北、黑龙江和广东分列第六至第十位，排名前十的省份的农业碳排放量占全国总碳排放量的57.62%。北京、上海、天津、宁夏和海南分列倒数第一至倒数第五位，其中宁夏的年均增长率在所有省份中最高为4.57%，西藏、福建、重庆、青海和陕西分列倒数第六至倒数第十位，排名后十位省份的农业碳排放量占全国总碳排放量的9.94%。排名第一位的河南的农业碳排放量是排名倒数第一位的天津的30.96倍，省际农业碳排放量差异明显。中国农业碳排放量主要来自传统的农业大省，农业碳排放量位居前十的省份中，除广东外均为中国的粮食主产区，并且这九个省份也是中国的畜牧大省。中国传统农业大省（粮食主产区或畜牧大省）的农业碳排放量年均增长率均大于0，其中黑龙江和内蒙古为年均增长率最高和次高的省份，年均增长率分别为4.05%和3.92%。

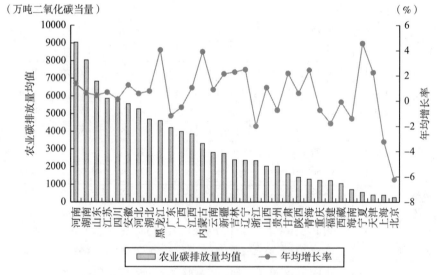

图3-4 2000～2020年各省份农业碳排放量及年均增长率

由于不同省份农业产业结构差异较大，导致其碳排放结构也各不相同。①

_____

① 土地利用变化和林业引致的农业碳排放量为净碳汇量，前文均用负号表示，但为方便明晰土地利用变化和林业碳源对农业碳排放结构影响的差异性，将碳汇量作为正值进行分析。

如图 3 - 5 所示,将这 31 个省份划分为以下四类:

(1) 畜牧养殖主导型地区。该类地区畜牧养殖的农业碳排放量占总农业碳排放量比重最高,具体包括河南、山东、四川、河北、内蒙古、云南、新疆、辽宁、贵州、甘肃、青海、西藏、宁夏、吉林和陕西,其中 80% 分布在中国的中西部地区。这些地区畜牧养殖的农业碳排放量在总农业碳排放量中的占比均高于 32%,其中青海和西藏的占比分别高达 93.54% 和 74.93%,其余地区如甘肃、宁夏、新疆和内蒙古等的农业碳排放量也有一半以上来自畜牧养殖,究其原因是这些地区的自然地理条件更适合发展畜牧养殖业。

(2) 农用能源主导型地区。该类地区农业碳排放主要源自农用能源消费和秸秆露天焚烧,具体包括北京、上海、天津、浙江、江苏和安徽。其中北京、上海、天津和浙江均为经济发展水平较高的省份,虽然其种植业或养殖业的生产规模较小,但其他环节对能源消耗较大,从而产生较大的农业碳排放量。江苏和安徽均为中国的粮食主产区,秸秆产量大,且秸秆焚烧产生的草木灰可作为肥料,其他秸秆处理的方式成本较高,故这两个地区农业碳排放受秸秆焚烧的影响较大。

(3) 综合因素主导型地区。该类地区有多种来源的农业碳排放量且各来源农业碳排放量占比较为平均,主要包括湖北、黑龙江、山西、海南、重庆和福建。其中湖北、黑龙江、山西和海南的畜牧养殖碳排放量占总农业碳排放量的比重相对较高,重庆和福建通过土地利用和林业引致的净碳汇量的占比相对较高。

(4) 稻田主导型地区。该类地区稻田的碳排放量占比较高甚至是该类地区最主要的碳排放来源,具体包括江西、湖南、广西和广东,这些地区的水稻种植在其农业产业结构中占据重要地位。其中湖南和江西稳居中国水稻种植面积第一大和第二大省份,而广西和广东主要是两季稻,所以这些地区水稻种植碳排放量占总碳排放量的比重较高,均可保持在 22% 以上,江西和湖南两省的占比更高,可达到 30% 以上。

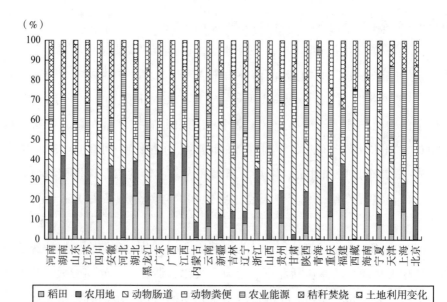

图 3-5　2000~2020 年各省份农业碳排放结构

为进一步把握区域间差异以及作为后文异质性分析检验的基础，参考程琳琳（2018）的研究，将中国 31 个省份划分为七大农区，该划分方法将更好地体现出中国农业发展的空间差异，七大农区分别代表的省份如表 3-17 所示。

表 3-17　　　　　　　　　中国七大农区划分

七大农区	省（自治区、直辖市）
青藏区	西藏、青海
西北及长城沿线区	新疆、宁夏、陕西、甘肃、山西、内蒙古
西南区	四川、重庆、云南、贵州、广西
华南区	福建、广东、海南
长江中下游区	上海、浙江、湖南、湖北、江西、江苏、安徽
东北区	辽宁、吉林、黑龙江
黄淮海区	北京、天津、河北、山东、河南

如表 3 - 18 所示，2000～2020 年长江中下游区农业碳排放量一直居于首位，其次为黄淮海区和西北及长城沿线区，青藏区农业碳排放量最小。从七大农区农业碳排放量整体变动趋势来看，西南区和华南区的农业碳排放量略有减少，分别减少了 0.35% 和 1.37%，其他五个农区均呈现显著增长的态势，尤以东北区和西北及长城沿线区最为明显，这两个农区的年均增长率分别为2.71% 和 1.97%。就具体农区而言，青藏区农业碳排放量一直是七个农区中最低的，除 2002 年西藏大规模碳汇量致使青藏区整体处于净碳汇外，其余年份青藏区农业碳排放量处于稳定波动的状态，相较于其他地区，青藏区各年份间的农业碳排放量差异最小。西北及长城沿线区、西南区、华南区以及长江中下游区受林业碳储量周期性变化的影响，均在 2002 年、2008 年、2012 年和 2017 年出现农业碳排放量大幅减少的情况，即农业生态系统抵消了一部分因农业导致的碳排放，且除了这四个年份外，其余年份这四个农区的变动趋势也大致相同，即在持续相对稳定的农业碳排放量的基础上略有增加。东北区虽也受林业碳储量周期性变化的影响，但在 2002 年农业碳排放量反而有所增加，产生 9858.64万吨的农业碳排放量，这是由于 2002 年发生的大兴安岭火灾，毁林致使的森林碳储量减少和林火致使的碳排放量增加造成的。除此之外，黑龙江、吉林和辽宁作为农业大省，农业碳排放量增长态势显著，由 2000 年的 7885.59 万吨增长至 2020 年的 13468.39 万吨。黄淮海区的农业碳排放量波动较小，介于 1.9 亿～2.9 亿吨之间，大致可以分为三个阶段：第一个阶段为 2000～2008 年，农业碳排放量先增加至 2005 年的 2.9 亿吨后下降；第二个阶段为2009～2012 年，农业碳排放量先增加至 2011 年的 2.5 亿吨后下降；第三阶段为 2013～2020 年，该阶段农业碳排放量基本保持在 2.5 亿吨上下波动。

表 3 - 18　　　　　　　2000～2020 年七大农区农业碳排放量情况

单位：万吨二氧化碳当量

年份	青藏区	西北及长城沿线区	西南区	华南区	长江中下游区	东北区	黄淮海区
2000	2564.86	11026.84	22848.89	9241.85	33983.78	7885.59	24241.83
2001	2895.62	10974.44	22817.23	9033.80	33281.53	8408.97	24858.96

续表

年份	青藏区	西北及长城沿线区	西南区	华南区	长江中下游区	东北区	黄淮海区
2002	-6948.19	5075.00	3998.24	438.59	21967.04	9858.64	24629.70
2003	2957.73	12293.16	23120.73	8336.11	30675.56	9025.58	24307.11
2004	2973.39	13326.02	24110.85	8466.91	33201.59	9815.81	26147.62
2005	3013.49	13973.78	24506.40	8796.98	34240.94	10031.26	28600.38
2006	3011.90	14490.76	24345.26	8803.65	35008.07	10896.97	28225.14
2007	3106.11	12861.18	21920.94	7858.83	39684.34	10622.25	25045.44
2008	3737.40	4264.54	-2867.62	4532.86	17549.18	-227.28	21093.98
2009	2382.02	12123.43	20364.08	7663.00	33656.63	10247.86	23442.18
2010	3115.32	13934.16	22628.36	8130.40	35064.40	11356.89	24754.04
2011	2850.41	13888.79	20138.82	7866.89	35224.11	11836.98	24781.69
2012	1810.27	1223.74	1765.74	-1945.97	25162.30	167.76	19308.46
2013	2694.64	15627.92	20679.60	7359.23	36091.06	12722.29	25321.34
2014	2840.79	15248.17	21153.08	7442.47	37097.92	12667.82	25605.61
2015	2855.70	15496.67	21863.29	7463.19	37161.93	13041.41	26117.25
2016	2885.52	15863.28	21410.06	7054.39	37179.95	13806.00	27243.03
2017	1779.95	-4112.18	-17396.53	-8159.88	17782.88	-3495.93	21736.57
2018	2696.17	14575.70	20662.85	6885.00	36776.60	13003.78	24910.78
2019	2888.23	15614.67	20181.57	6685.37	35495.86	13242.04	24559.37
2020	3207.90	16296.50	21286.47	7012.49	36983.88	13468.39	25102.02
平均值	2348.53	11622.22	17120.87	6141.25	32536.65	9446.81	24763.45
年均增长率	1.12%	1.97%	-0.35%	-1.37%	0.42%	2.71%	0.17%

如表3-19所示的七大农区农业碳排放结构，七大农区中除华南区和长江中下游区外，其他农区碳源均表现出"以畜牧业为主，其他碳源差异化分布"的特征，其畜牧业碳排放量占比均高于30%，而这两个农区碳源主要为种植业，涉及种植业的碳排放量超过一半。就不同碳源而言，南北方稻田碳排放存在显著差异，其中长江中下游区稻田碳排放量最多为8651.08万吨，

其次为西南区和华南区，青藏区稻田碳排放量最少为 0.38 万吨，但就碳源排放结构而言，长江中下游区和华南区的稻田碳排放量占比较高，分别为 23.96% 和 20.25%。农用地碳排放各区差距较大，长江中下游区、黄淮海区和西南区属于第一梯队，它们的碳排放量均高于 4000 万吨，西北及长城沿线区和东北区碳排放量相对较少，分别为 1808.81 万吨和 1181.44 万吨，青藏区碳排放量最少为 10.6 万吨，其农用地碳排放量占比也最小，其他农区的农用地碳排放量占比相对均衡。除东北区、青藏区和华南区畜牧业碳排放量相对较少以外，其他地区的碳排放量均较高，碳排放量均值为 8054.41 万吨。长江中下游地区的农业能源碳排放量位居首位高达 4161.13 万吨，青藏区最少仅为 35.36 万吨，其余各农区差别不大，农业能源碳排放量占比差异也不明显。长江中下游区的秸秆焚烧农业碳排放量最多为 8103.07 万吨，其次是黄淮海区为 5461.34 万吨。在秸秆焚烧碳排放结构方面，长江中下游区、东北区和黄淮海区碳排放量占比均在 20% 左右，除青藏区外其余各农区碳排放量占比在 10% 左右。土地利用变化和林业引致的净碳汇量最多的农区为西南区，其碳汇量高达 4716.22 万吨，其他农区差异不大，且除长江中下游区和黄淮区外，其他农区土地利用变化和林业的净碳汇量在农业总碳排放量中占比较高且差异不明显。

表 3-19　　　　　　　　　　七大农区农业碳排放结构

农区		稻田	农用地	动物肠道	动物粪便	农业能源	秸秆焚烧	土地利用变化
青藏区	碳排放量（万吨）	0.38	10.6	2452.59	383.14	35.36	12.86	546.39
	碳排放量占比（%）	0.01	0.31	71.27	11.13	1.03	0.37	15.88
西北及长城沿线区	碳排放量（万吨）	218.25	1808.81	6392.01	1477.85	2310.27	1691.07	2276.04
	碳排放量占比（%）	1.35	11.18	39.52	9.14	14.28	10.46	14.07

续表

农区		稻田	农用地	动物肠道	动物粪便	农业能源	秸秆焚烧	土地利用变化
西南区	碳排放量（万吨）	3066.94	4233.55	5770.01	3262.96	1832.87	2384.6	4716.22
	碳排放量占比（%）	12.14	16.76	22.84	12.91	7.25	9.44	18.67
华南区	碳排放量（万吨）	1936.5	2002.48	831.75	958.99	1209.02	913.68	1711.19
	碳排放量占比（%）	20.25	20.94	8.70	10.03	12.64	9.55	17.89
长江中下游区	碳排放量（万吨）	8651.08	6029.50	3263.32	3218.09	4161.13	8103.07	2681.04
	碳排放量占比（%）	23.96	16.70	9.04	8.91	11.52	22.44	7.43
东北区	碳排放量（万吨）	1542.78	1181.44	2918.71	984.65	1984.23	2525.15	1790.13
	碳排放量占比（%）	11.93	9.14	22.58	7.62	15.35	19.53	13.85
黄淮海区	碳排放量（万吨）	583.28	5016.53	5606.11	3227.29	2606.37	5461.34	696.68
	碳排放量占比（%）	2.51	21.63	24.17	13.91	11.24	23.54	3.00

注：土地利用变化引致的农业碳排放量为净碳汇量，前文均用负号表示，但为方便明晰土地利用变化和林业碳源在影响农业碳排放结构方面上的差异，将碳汇量作为正值加以考虑。

　　总体而言，2000～2020年农业碳排放量均值位居前五位的地区为河南、湖南、山东、江苏以及四川。就划分的七大农区而言，长江中下游地区农业碳排放量较高，是各类碳源的主要排放农区，西南区的畜牧业动物肠道发酵和粪便管理是其碳排放的重要来源，但同时土地利用变化和林业也给该农区带来了巨大碳汇量，故对高碳排放有一定转移效果。从整体来看，长江中下游区和华南区各类碳源碳排放分布相对均衡，其他农区以畜牧业碳排放为主。

3.3 中国农业碳生产率测度方法及结果

基于前文对于农业碳排放量的核算，测算 2000～2020 年的农业碳生产率。本节将从碳生产率定义角度出发测算出的农业碳生产率指标称为单要素农业碳生产率，将利用参数方法即随机前沿分析方法和利用非参数方法即数据包络分析方法测算出的农业碳生产率指标称为全要素农业碳生产率。

3.3.1 单要素农业碳生产率

参考伍国勇等（2020）学者的研究从定义角度出发，将单要素农业碳生产率用一定时期内农作物的总产值与其消耗碳源所排放的温室气体比值来表示。单要素农业碳生产率衡量了农业生产消耗单位碳资源能够带来的农业产出，即在农业碳排放约束下的农业生产力，该值越高则意味着该省份农业低碳化发展水平越高。单要素农业碳生产率凸显了农业碳排放与农业经济增长二者之间的演进关系，体现了碳生产率"降碳促经"的双重内涵，不仅有其独特性与创新性，而且能更好地体现出控制碳排放、促进碳减排的重要性，则借鉴程琳琳（2018）的做法，将单要素农业碳生产率指标的计算公式具体表示为：

$$CP_i = \frac{GDP_i}{CE_i}$$

其中，CP_i 表示 i 省的农业碳生产率；GDP_i 表示 i 省以不变价计算的农业总产值（亿元）；CE_i 表示 i 省农业碳排放总量（CO_{2e}）。

3.3.1.1 测度指标选取

根据前文对单要素农业碳生产率的定义，选择测算单要素农业碳生产率的测度指标，包括农业总产值和农业碳排放总量。农业总产值利用农林牧渔业总产值进行表示，且以 2000 年为基期进行不变价处理，以剔除其中价格变动因素对农业总产值的影响。农业碳排放总量用前文的测度结果进行表示，具体包括稻田甲烷、农用地氧化亚氮、动物肠道发酵甲烷、动物粪便管理甲烷和氧化亚氮、农业能源、农作物秸秆焚烧以及土地利用变化和林业等各碳源的温室气体排放，并将以上温室气体的排放统一转化为二氧化碳当量进行加总。

3.3.1.2 测算结果

由表 3-20 所示的 2000～2020 年中国单要素农业碳生产率可知，中国各省份农业碳生产率均呈现明显的增长态势，其中海南的年均增长率最高为 8.00%，上海的年均增长率最低为 0.41%。具体来看，2000 年农业碳生产率最高的省份为辽宁，其次为北京，西藏和青海位居倒数后两位，农业碳生产率仅分别为 0.0337 万元/吨和 0.0544 万元/吨。2020 年农业碳生产率最高的省份为北京，其次为海南，青海和西藏仍位居倒数后两位。2000～2020 年，中国农业碳生产率超过 0.50 万元/吨的地区有 14 个，主要分布在黄淮海区和华南区。超过农业碳生产率平均水平的省份有 12 个，其中多数农业大省均未超过平均水平，印证了中国农业粗放发展的现状。

表 3-20　　　　2000～2020 年中国单要素农业碳生产率变动情况

省份	2000 年（万元/吨）	2020 年（万元/吨）	均值（万元/吨）	增长率（%）
北京	0.5090	1.5959	0.9074	5.88
天津	0.4734	0.6205	0.5941	1.36
河北	0.2912	0.6757	0.4836	4.30
山西	0.1469	0.2991	0.2441	3.62
内蒙古	0.2031	0.2817	0.3070	1.65
辽宁	0.5214	0.8569	0.7460	2.51
吉林	0.2694	0.5632	0.4840	3.76

续表

省份	2000 年（万元/吨）	2020 年（万元/吨）	均值（万元/吨）	增长率（%）
黑龙江	0.1659	0.2690	0.2857	2.45
上海	0.3749	0.4071	0.4774	0.41
江苏	0.3285	0.5667	0.4812	2.76
浙江	0.3173	0.7079	0.5987	4.09
安徽	0.2109	0.3818	0.3232	3.01
福建	0.4472	1.3317	1.2874	5.61
江西	0.1558	0.3092	0.2712	3.49
山东	0.2773	0.6353	0.4419	4.23
河南	0.1991	0.4351	0.3148	3.99
湖北	0.2349	0.4943	0.3882	3.79
湖南	0.1371	0.2803	0.2148	3.64
广东	0.2766	0.7734	0.6068	5.28
广西	0.1196	0.4065	0.2830	6.31
海南	0.3151	1.4697	0.9726	8.00
重庆	0.2166	0.6467	0.5504	5.62
四川	0.2126	0.5277	0.4049	4.65
贵州	0.1331	0.4339	0.3352	6.09
云南	0.1596	0.4525	0.4703	5.35
西藏	0.0337	0.0909	0.0787	5.08
陕西	0.2738	0.7239	0.6300	4.98
甘肃	0.2233	0.4445	0.3781	3.50
青海	0.0544	0.0869	0.0741	2.37
宁夏	0.2729	0.3190	0.2906	0.78
新疆	0.1786	0.3839	0.3384	3.90

3.3.2 基于随机前沿分析的农业碳生产率

静态效率研究的是现有资源利用的有效程度，参数分析是通过参数估计及检验进行数据统计的分析过程，其随着生产前沿理论的产生被发展出来并被应用于效率评估，现阶段用于环境静态效率测度的参数方法只有随机前沿分析方法（stochastic frontier approach，SFA）。

3.3.2.1 随机前沿分析方法

（1）生产函数形式设定。

应用随机前沿分析（SFA）方法需先假设生产函数，其中最为常用的两种函数为柯布 – 道格拉斯生产函数（C-D 生产函数）和超对数生产函数（Trans-log 生产函数）。

C-D 生产函数是科布和道格拉斯（Cobb and Douglas，1928）于 20 世纪 30 年代初研究美国制造业资本和劳动投入对产量影响时得出的一种函数，其表达形式为：

$$Y = AK^{\alpha}L^{\beta}$$

其中，A 表示常数；α 和 β 分别表示资本 K 和劳动 L 的产出弹性。由于 A 为常数，无法考虑技术进步对经济增长的作用，且丁伯根（Tinbergen，1942）认为生产效率的提高不仅依赖于资本对劳动的替代，而且取决于技术进步，所以其认为 C-D 生产函数的形式应为：

$$Y = A_t K^{\alpha}L^{\beta}\mu$$

其中，A_t 表示第 t 期的技术水平；μ 表示随机干扰。

之后，克里斯滕森等（Christensen，Jorgenson and Lau，1973）提出 Trans-log 生产函数，该函数是一种更具一般性的变替代弹性生产函数，所以应用更为广泛，其具体函数表达形式为：

$$\ln y = \alpha + \sum_{i=1}^{n} \beta_i \ln x_i + \frac{1}{2} \sum_{i=1}^{n} \sum_{j=1}^{n} \gamma_{ij} \ln x_i \ln x_j$$

其中，y 表示产出要素；x_i 和 x_j 分别表示第 i 种和第 j 种投入要素；α 表示常数；β_i 和 γ_{ij} 分别表示待估参数。当 γ_{ij} 等于 0 时，Tans-log 生产函数就简化成 C-D 生产函数，所以 C-D 生产函数是 Trans-log 生产函数的特例。虽然 Trans-log 生产函数解决了 C-D 生产函数中技术进步的问题，但它也存在解释变量较多且解释变量之间存在相关性以及待估参数过多容易产生自由度不足、多重共线等问题。

（2）随机生产前沿模型。

阿吉纳等（Aginer，Lovell and Schmidt，1977）提出的随机前沿分析（SFA）方法将生产函数的误差项分为随机误差和技术无效率两部分，基本模型可表达为：

$$y_{it} = f(x_{it}, t, \beta) \exp(\gamma_{it} - \mu_{it}) = \exp(\beta_0 + \beta_1 \ln x_{it}) \times \exp(\gamma_{it}) \times \exp(-\mu_{it})$$

其中，y_{it} 表示产出变量；x_{it} 表示投入变量；β 表示待估参数；t 表示时间趋势项；$\gamma_{it} \sim N(0, \delta_\gamma^2)$ 表示不可控因素对技术效率的影响；$\mu_{it} \sim N^+(0, \delta_\mu^2)$ 表示技术效率损失情况。γ_{it} 与 μ_{it} 相互独立，并与解释变量 x_{it} 相互独立。由此，技术效率水平可表示为：

$$TE_{it} = \frac{y_{it}}{f(x_{it}, t, \beta) \exp(\gamma_{it})} = \exp(-\mu_{it})$$

当 $\mu = 0$ 时，$TE = 1$，表示被测个体处于生产前沿面，即为技术效率状态；当 $\mu > 0$ 时，表示被测个体处于生产前沿面下方，即为非技术效率状态。

（3）环境效率随机前沿模型。

在环境效率随机前沿模型中，环境指标被作为一种投入要素去考虑其对经济产出的影响，此时生产投入要素不仅包括土地、劳动、资本等传统要素，还包括环境要素。[1][2] 环境效率是指在技术水平、正常投入和产出保持不变的情况下，最大限度实现最小环境要素投入量与环境要素实际投入量的比值（PEE）。环境效率高时需要通过改进技术来减少环境要素投入，环境效率低时表明在一定技术水平下，可利用现有技术减少环境要素投入。采用 Translog 生产函数测算环境效率的公式为：

$$\ln y_{it} = \beta_0 + \sum_j \beta_j \ln x_{itj} + \beta_z \ln z_{it} + \frac{1}{2} \sum_j \sum_k \beta_{jk} \ln x_{itj} \ln x_{itk} + \frac{1}{2} \beta_{zz} (\ln z_{it})^2$$
$$+ \sum_j \beta_{jz} \ln x_{itj} \ln z_{it} + \gamma_{it} - \mu_{it}$$

① Battese G E, Coelli T J. Frontier production functions, technical efficiency and panel data: With application to paddy farmers in India [J]. Journal of Productivity Analysis, 1992 (3): 153–169.

② Stevens P A. Accounting for background variables in stochastic frontiers analysis [M]. National Inst. of Economic and Social Research, 2004.

其中，j 和 k 表示传统要素投入种类，当 $j = k$ 时，则 $\beta_{jk} = \beta_{kj}$；z 表示环境要素投入种类；当 $\mu_{it} = 0$ 时，投入产出处于生产前沿面上，表示在保持传统要素投入及产出不变的情况下，用可能最小（有效）的农业碳排放量 z_{it}^c 替代当前的农业碳排放量 c_{it}，此时有 $Y = f(x_{it}, z_{it}^c)$，上式可变为：

$$\ln y_{it} = \beta_0 + \sum_j \beta_j \ln x_{itj} + \beta_z \ln z_{it}^c + \frac{1}{2} \sum_j \sum_k \beta_{jk} \ln x_{itj} \ln x_{itk}$$

$$+ \frac{1}{2} \beta_{zz} (\ln z_{it}^c)^2 + \sum_j \beta_{jz} \ln x_{itj} \ln z_{it} + \gamma_{it}$$

将两个公式相减，可得：

$$\beta_z (\ln z_{it}^c - \ln z_{it}) + \frac{1}{2} \beta_{zz} [(\ln z_{it}^c)^2 - (\ln z_{it})^2] + \sum_j \beta_{jz} \ln x_{itj} (\ln z_{it}^c - \ln z_{it}) + \mu_{it} = 0$$

$$\frac{1}{2} \beta_{zz} (\ln z_{it}^c - \ln z_{it})^2 + (\beta_z + \sum_j \beta_{jz} \ln x_{itj} + \beta_{zz} \ln z_{it})(\ln z_{it}^c - \ln z_{it}) + \mu_{it} = 0$$

将 $\ln PEE_{it} = \ln z_{it}^c - \ln z_{it}$ 代入上式，则有：

$$\ln PEE_{it} = \frac{-(\beta_z + \sum_j \beta_{jz} \ln x_{itj} + \beta_{zz} \ln z_{it}) \pm \sqrt{(\beta_z + \sum_j \beta_{jz} \ln x_{itj} + \beta_{zz} \ln z_{it})^2 - 2\beta_{zz} \mu_{it}}}{\beta_{zz}}$$

对上式求解，由于环境效率的取值范围为 $0 \sim 1$，故舍弃大于 1 的值。

（4）假设检验。

使用环境效率随机前沿模型前需要检验生产函数是否合适以及是否存在无效项。利用广义似然比（LR）检验采用超越对数函数的随机前沿生产函数模型是否合适，LR 统计量的计算公式为：

$$LR = -2[\ln L(H_0) - \ln L(H_1)] \sim \chi^2(J)$$

其中，$\ln L(H_0)$ 和 $\ln L(H_1)$ 分别表示有约束和无约束下的对数似然函数的最大化值；J 表示约束个数。如果 LR 统计量超过临界值 $\chi_{1-\alpha}^2(J)$，则在 α 的显著水平上拒绝 H_0。

检验无效项是否存在，需要计算 λ，$\lambda = \sigma_\mu^2 / \sigma^2$，其中 μ 和 γ 的方差分别为 σ_μ 和 σ_γ，$\sigma^2 = \sigma_\gamma^2 + \sigma_\mu^2$。当 λ 越接近 0，则不存在技术无效率，是随机误差引致的生产函数偏离前沿面；当 λ 越接近 1，则存在技术无效率，是技术

无效率引致的生产函数偏离前沿面。

3.3.2.2 模型设定与指标选取

基于张军等（2004）和李谷成等（2014）的研究，选取劳动力投入、农地投入、农业资本投入以及农业碳排放量等四类投入指标。劳动力投入以第一产业从业人数来表示；农地投入以农用地面积来表示，它是指直接用于农产品生产的土地面积，包括农作物播种面积、园地面积、森林面积、牧草场面积、水产养殖面积等；农业资本投入以农业资本存量表示，以2000 年基准价格作为基期，采用永续盘存法进行测算[1]，其计算公式可表达为：

$$K_t = K_{t-1}(1 - \delta) + I_t = K_{t-1} + I_t - D_t$$

其中，K_t 表示 t 期农业资本存量；K_{t-1} 表示 $t-1$ 期农业资本存量；δ 表示资本折旧率；I_t 表示 t 期农业固定资本总额；D_t 表示 t 期固定资产折旧额。其中，I_t 用农业固定资产投资在全社会固定资产投资的比重乘以全社会固定资本形成总额衡量；D_t 用农业固定资产折旧替代，即用农业固定资产投资在全社会固定资产投资的比重与全部固定资产折旧的乘积衡量。基期农业资本存量按照霍尔和琼斯（Hall and Jones，1999）的做法，采用基期固定资本形成总额除以农业投资（几何）平均增长率与折旧率之和的做法，用公式可表示为：

$$K_{基期} = \frac{I_{基期}}{\delta + g_t}$$

其中，根据吴方卫（1999）的研究将 δ 折旧率设定为 5.42% ；g_t 表示 2000 ~ 2020 年农业实际增产总值的几何平均增长率。模型所选取的投入与产出指标具体说明如表 3 – 21 所示。

---

① 李谷成. 资本深化、人地比例与中国农业生产率增长：一个生产函数分析框架［J］. 中国农村经济，2015（1）：14 – 30，72.

表 3 – 21 投入与产出指标的选取

	类型	含义	单位	数据来源
产出指标	农林牧渔总产值	以 2000 年为基期的农林牧渔业实际总产值	亿元	《中国农村统计年鉴》
投入指标	农业碳排放量	农业净碳排放量	万吨	前文计算所得
	劳动力投入	第一产业从业人员数量	万人	《中国城市统计年鉴》及中国和各省份统计年鉴
	农业资本投入	农业资本存量	亿元	《中国固定资产投资统计年鉴》《中国统计年鉴》《中国国内生产总值核算历史资料：1952—2004》
	农地投入	农用地面积	万公顷	《中国农村统计年鉴》

3.3.2.3 测算结果

利用随机前沿分析方法测度的全要素农业碳生产率结果如表 3 – 22 所示，可知 2000～2020 年中国各省份的农业碳生产率均有所改善，其中西藏改善幅度最大为 3.26%，青海和宁夏的农业碳生产率也有较大提高，这些省份农业碳生产率较低，故而提升空间和发展潜力较大。2000 年农业碳生产率最高的地区为山东，其次为江苏，它们与西藏和青海等农业碳生产率最低和次低的省份相比差距异常明显，2020 年农业碳生产率排名分布与 2000 年无异。2000 年农业碳生产率高于均值的省份有 12 个，而到 2020 年增加至 13 个省份。从分布结构而言，2000～2020 年中国各省份农业碳生产率差距明显，呈现"东高西低、南高北低"的特征，农业碳生产率较高的省份主要分布在长江中下游区和黄淮海区，农业碳生产率较低的省份主要分布在青藏区和西北及长城沿线区。

表 3 – 22 2000～2020 年基于随机前沿分析的中国全要素农业碳生产率变动情况

省份	2000 年	2020 年	均值	增长率（%）
北京	0.1687	0.2163	0.1913	1.25
天津	0.1771	0.2256	0.2010	1.22

续表

省份	2000 年	2020 年	均值	增长率（%）
河北	0.6031	0.6472	0.6255	0.35
山西	0.1432	0.1879	0.1651	1.37
内蒙古	0.1106	0.1504	0.1299	1.55
辽宁	0.4860	0.5375	0.5119	0.51
吉林	0.2912	0.3459	0.3171	0.87
黑龙江	0.2047	0.2554	0.2291	1.11
上海	0.1635	0.2105	0.1866	1.27
江苏	0.8951	0.9090	0.9022	0.08
浙江	0.4360	0.4896	0.4620	0.58
安徽	0.5153	0.5652	0.5405	0.46
福建	0.4326	0.4863	0.4594	0.59
江西	0.3160	0.3711	0.3446	0.81
山东	0.9517	0.9583	0.9551	0.03
河南	0.8355	0.8567	0.8463	0.13
湖北	0.4668	0.5192	0.4932	0.53
湖南	0.4831	0.5348	0.5091	0.51
广东	0.7070	0.7421	0.7242	0.24
广西	0.3450	0.4003	0.3717	0.75
海南	0.3111	0.3662	0.3376	0.82
重庆	0.2146	0.2660	0.2402	1.08
四川	0.4719	0.5240	0.4972	0.53
贵州	0.1970	0.2472	0.2208	1.14
云南	0.2791	0.3336	0.3064	0.90
西藏	0.0102	0.0193	0.0146	3.26
陕西	0.1954	0.2454	0.2189	1.15
甘肃	0.1307	0.1737	0.1510	1.43
青海	0.0138	0.0251	0.0191	3.04
宁夏	0.0574	0.0856	0.0709	2.02
新疆	0.1199	0.1613	0.1401	1.49

3.3.3 基于数据包络分析的农业碳生产率

非参数方法是另一种环境静态效率测算方法，对比参数方法，它不需要估计生产函数，也不需要对数据进行无量纲化处理，所以被广泛应用。非参数方法主要包括数据包络分析法和无界分析法，本书使用最为广泛的数据包络分析法进行效率分析。

3.3.3.1 数据包络分析方法

数据包络分析方法（data envelopment analysis，DEA）由查恩斯等（Charnes，Cooper and Karwan et al.，1979）提出，其与随机前沿分析方法有很多不同，尤其是它的基本假设复杂度较低，不需要设定具体函数形式就可测算生产率，且其可以处理多产出的情况。在选择模型时可发现方向距离函数更加适合本书对农业碳生产率的计算，其测算结果表示的是在维持既定产出情况下碳排放减少的最大程度，满足了在增加产出的同时减少要素投入这一条件。

方向距离函数模型是径向 DEA 模型的一般化表达。[①] 假定一个决策单元（DMU）在投入 n 种要素后，有 m 种产出，则此时的生产可能集可表达为：

$$p(x) = \begin{cases} \sum_{i=1}^{i} \gamma_i y_{itm} \geqslant y_{itm} \\ \sum_{i=1}^{j} \gamma_i x_{itn} < x_{itn} \end{cases}$$

其中，γ_i 表示决策单元观察值的权重，权重加总为 1。方向距离函数可表达为：

$$\vec{D}(x, y; -g_x, g_y) = \sup\{\eta: (x - \beta g_x, y + \beta g_y) \in p(x)\}$$

---

① Chung Y H, Färe R, Grosskopf S. Productivity and undesirable outputs: A directional distance function approach [J]. Journal of Environmental Management, 1997, 51 (3): 229 – 240.

其中，$g = (-g_x, g_y)$ 表示方向向量。当 $\eta = 0$ 时，样本处于生产前沿面上，即每个决策单元达到最优生产水平，且 η 越大，生产效率越低。但是当投入过多或产出不够时，即投入或产出存在非零的松弛变量时，方向距离函数会高估决策单元的效率。

在本书利用方向距离函数模型求农业碳生产率中，投入向量为 x，包括农业碳排放量、劳动力投入、农业资本投入和农地投入；产出向量为 y，用农林牧渔总产值表示。增加约束条件 $\sum (\gamma_i + \mu_i) = 1$，得到规模报酬可变的方向距离函数。此时，在不增加其他投入，如劳动 L、土地 S、资本 K 的条件下，决策单元产出增加和农业碳排放量减少的最大程度为 $\max\beta$，约束条件包括 $\sum_{i=1}^{i} \gamma_i y_i \geq (1+\beta) y_i$，$\sum_{i=1}^{i} (\gamma_i + \mu_i) L_i \leq L_i$，$\sum_{i=1}^{i} (\gamma_i + \mu_i) K_i \leq K_i$，$\sum_{i=1}^{i} (\gamma_i + \mu_i) S_i \leq S_i$，$\sum_{i=1}^{i} (\gamma_i + \mu_i) C_i \leq (1-\beta) C_i$，$\gamma_i + \mu_i \geq 0$ 且 $\sum_{i=1}^{i} (\gamma_i + \mu_i) = 1$。$\max\beta$ 越大，则表示其他条件不变时产出增加和农业碳排放量减少的潜力越大，即农业碳生产率相对越低。

由此，通过方向距离函数计算得到的 Malmquist 农业碳生产率可表示为：

$$M = \frac{\overrightarrow{D_{t+1}}(x_{t+1}, y_{t+1}; -g_x, g_y)}{\overrightarrow{D}(x_t, y_t; -g_x, g_y)}$$

3.3.3.2 测算结果

利用数据包络分析方法测算的全要素农业碳生产率结果如表 3 – 23 所示，可知 2000 ~ 2020 年中国全部省份的农业碳生产率均在 1 左右，各省份农业碳生产率无明显差异，且各年份间变动较小，农业碳生产率得到改善和未得到改善的省份各占一半。其中，吉林、上海、安徽、湖南、广州和贵州等省份的农业碳生产率低于 1，说明有变差的趋势。2000 ~ 2001 年农业碳生产率最高的省份为海南，其次为江苏，其与宁夏和湖南等农业碳生产率最低和次低的省份相比差异不明显，但与 2019 ~ 2020 年农业碳生产率排名分布差异明显。2019 ~ 2020 年农业碳生产率最高的省份为福建，其次为河南，农业碳生

产率最低和次低的省份分别为上海和海南。2000～2001 年共有 16 个省份的
农业碳生产率高于均值，到了 2019～2020 年增至 25 个省份。

表 3－23　　2000～2020 年基于数据包络分析的中国全要素农业碳生产率变动情况

省份	2000～2001 年	2019～2020 年	均值	增长率（%）
北京	1.0000	0.916	1.0110	－0.46
天津	1.0000	1.0000	1.0022	0.00
河北	1.0082	1.0058	1.0135	－0.01
山西	0.9921	0.9974	1.0113	0.03
内蒙古	1.0101	1.0079	1.0140	－0.01
辽宁	1.0066	1.0078	1.0266	0.01
吉林	1.0000	1.0114	0.9967	0.06
黑龙江	1.0056	1.0199	1.0638	0.07
上海	1.0000	0.7799	0.9890	－1.30
江苏	1.0322	1.0000	1.0016	－0.17
浙江	1.0000	1.0000	1.1516	0.00
安徽	1.0180	1.0021	0.9896	－0.08
福建	0.9587	1.0910	1.0242	0.68
江西	1.0000	1.0273	1.0136	0.14
山东	0.9976	1.0296	1.0068	0.17
河南	1.0168	1.0360	1.0093	0.10
湖北	1.0054	0.9920	1.0118	－0.07
湖南	0.9489	0.9952	0.9972	0.25
广东	1.0000	1.0035	0.9769	0.02
广西	1.0058	0.9994	1.0107	－0.03
海南	1.1268	0.8680	1.0506	－1.36
重庆	1.0077	1.0008	1.0313	－0.04
四川	1.0082	0.9994	1.0041	－0.05
贵州	0.9951	0.9971	0.9877	0.01
云南	1.0142	1.0007	1.0146	－0.07
西藏	1.0000	1.0022	1.0023	0.01

省份	2000~2001 年	2019~2020 年	均值	增长率（%）
陕西	1.0248	0.9993	1.0571	-0.13
甘肃	1.0193	0.997	1.0064	-0.12
青海	0.9859	0.9912	1.0018	0.03
宁夏	0.9248	0.9861	1.0138	0.34
新疆	1.0111	1.0044	1.4078	-0.03

3.4 不同测算方法及其结果对比分析

基于前文利用不同分析方法测算出的单要素农业碳生产率和全要素农业碳生产率，需要考虑后续研究中使用哪种测算结果更为科学合理。因此，从各种测算结果的差异性入手，结合本书研究目的及后文研究设计，选择一种农业碳生产率作为核心变量。通过对不同测算方法及其结果对比分析可知：

（1）测算难易程度不同。单要素农业碳生产率是两个指标的比值，无须构建生产函数，测算难度较小，而利用随机前沿分析方法和数据包络分析方法测算的全要素农业碳生产率涉及多个投入产出指标，且需要专业性软件加以计算，测算过程较为复杂，难度也相对较高。

（2）取值范围存在差异。单要素农业碳生产率作为农业总产值与农业碳排放量的比值指标，其取值范围受两者大小的影响，因此无特定取值范围。随机前沿分析方法计算所得的全要素农业碳生产率的取值范围为 0~1。数据包络分析方法计算所得的全要素农业碳生产率在 1 附近上下波动。比较而言，单要素农业碳生产率和随机前沿分析方法计算所得的全要素农业碳生产率的省际差异与年际差异较为明显，而数据包络分析方法计算所得的全要素农业碳生产率波动最小，差异变动最为细微。

（3）经济含义不同。单要素农业碳生产率仅关注农业经济增长与农业碳排放之间的关系，不存在与其他要素之间的关系，经济含义较为单一，能够更加直观地体现出"降碳促经"的双重目标，也是世界气候大会和国际碳减排责任安排的重要评价指标。随机前沿分析方法和数据包络分析方法计算的全要素农业碳生产率均可揭示农业生产要素和环境要素投入与农业经济产出之间的关系，但随机前沿分析方法中技术无效性和随机因素会导致效率较低，因此更加注重考虑随机因素，而数据包络分析方法将产出偏差均归于技术无效，考虑了各投入要素之间的替代变化关系。

（4）排序功能略有不同。在这里排序功能是指不同测算方法计算的农业碳生产率能否客观反映地区间的差异程度，利用 Spearman 秩相关系数考察后的结果如表 3 - 24 所示。单要素农业碳生产率与随机前沿分析方法计算的全要素农业碳生产率和数据包络分析方法计算的全要素农业碳生产率之间的相关系数分别为 0.354 和 0.232，均在 1% 水平下显著，这表明单要素农业碳生产率与随机前沿分析方法和数据包络分析方法计算的全要素农业碳生产率在排序上均具有较强的一致性，能够较好反映地区间的差异情况。

表 3 - 24　　　　单要素农业碳生产率和全要素农业碳生产率的 Spearman 相关矩阵统计结果

测算方法	单要素农业碳生产率	基于随机前沿分析的全要素农业碳生产率	基于数据包络分析的全要素农业碳生产率
单要素农业碳生产率	1.000	0.354 ***	0.232 ***
基于随机前沿分析的全要素农业碳生产率	0.354 ***	1.000	- 0.008
基于数据包络分析的全要素农业碳生产率	0.232 ***	- 0.008	1.000

注：*** 表示在1%的水平下显著。

进一步分析可知，随机前沿分析方法计算的全要素农业碳生产率与数据包络分析方法计算的全要素农业碳生产率的相关系数为负值，且不显著。究其原因或与模型生产函数的选择不同有关①，当选择至强有效前沿最小距离

---

① 王玲. 环境效率测度的比较研究 [D]. 重庆：重庆大学，2014.

模型时，这两种方法计算得到的环境效率结果在排序上具有较高的一致性。①
但本书认为对农业碳生产率的测算更适合选择使用方向距离函数模型，因此
使得两种方法计算得到的全要素农业碳生产率差异较大。

　　虽然从理论上来说，全要素框架下测算的农业碳生产率是更为贴切的评
价指标，但是由于在节能减排政策实施中多基于单要素农业碳生产率指标设
定工作目标，且数据获取较困难，存在统计口径不一致等问题，所以单要素
农业碳生产率存在一定优势，不过单要素农业碳生产率与全要素农业碳生产
率在测算结果的排序方面具有较强的一致性。因此，本书将单要素农业碳生
产率作为研究对象。一方面，与国际社会以碳强度来衡量减排责任的惯例相
一致，便于进行现实比较，满足中国减排的事实要求；另一方面，弥补数据
质量问题带来的缺陷，减少测算全要素农业碳生产率时选取指标的主观性，
进一步避免出现内生性问题。虽然如此，但考虑各类算法均有其优劣性，所
以在以单要素农业碳生产率作为核心变量进行后续研究的基础上，将全要素
农业碳生产率作为稳健性检验的替换变量，以使研究结果更加科学、合理。

3.5　本章小结

　　本章以《中国温室气体清单研究》《省级温室气体清单编制指南（试
行）》为依据，借鉴联合国政府间气候变化专门委员会（IPCC）、粮食及农业
组织（FAO）等机构的已有做法，并参考学者们的相关研究成果，确定中国
农业碳排放核算清单和核算体系，计算 2000～2020 年中国 31 个省份的农业
碳排放量并分析其时序及空间特征，最终基于农业碳排放量测算农业碳生产
率。本章得到的主要结论如下：

　　（1）2000～2020 年中国农业碳排放量整体呈波动上升的特征，即"快速
增长—快速下降—波动增长"的阶段性特征。从不同温室气体来源看，动物

① 马大来. 中国区域碳排放效率及其影响因素的空间计量研究［D］. 重庆：重庆大学，2015.

肠道发酵仍然是农业碳排放的第一大源头。此外,除秸秆焚烧和农用地所引致的碳排放量占比有所提高外,其余各温室气体来源引致的碳排放量占比均有所下降。

(2) 2000~2020 年农业碳排放量均值位居前五位的地区为河南、湖南、山东、江苏以及四川。就七大农区进行划分而言,长江中下游地区农业碳排放量较高,是各类碳源的主要排放农区。从整体来看,长江中下游区和华南区各类碳源碳排放分布相对均衡,其他农区以畜牧业碳排放为主。

(3) 2000~2020 年中国各省份的农业碳生产率均呈现增长态势,其中海南的单要素农业碳生产率年均增长率最高为 8.00%,西藏的全要素农业碳生产率年均增长率最高为 3.26%。从地区分布而言,2000~2020 年中国各省份农业碳生产率差距明显,呈现"东高西低、南高北低"的特征。农业碳生产率较高的省份主要分布在长江中下游区和黄淮海区,农业碳生产率较低的省份主要分布在青藏区、西北及长城沿线区。由于各类算法均有其优劣性,在结合当前中国社会经济以及农业发展所处阶段,并考虑满足低碳目标的现实需要下,后文将单要素农业碳生产率作为主要研究对象。

农产品进口贸易对农业碳生产率
影响的直接效应

对外贸易是中国经济增长的重要源泉，进口贸易能直接影响国内生产要素的供给不足，激发国内生产动力并提供先进技术，其中的农产品贸易一直以来都是中国对外贸易的重要领域。农产品进口贸易不仅可在满足消费需求的基础上促进农业经济发展，而且农产品进口贸易可在一定程度上缓解农业生产活动的环境外部性，有利于农业绿色低碳发展。由于农业碳生产率可作为衡量农业低碳发展的重要指标，所以本章将利用农业碳生产率指标表示"农业经济增长"水平与"农业碳减排"水平的投入产出效率，考虑农产品进口贸易对农业经济增长和环境外部性的影响。本书在第 3 章测算得到的 31 个省份农业碳生产率的基础上，首先分析中国农产品进口贸易现状，之后对农产品进口贸易对农业碳生产率的直接影响与非线性关系进行数理推导与理论分析，最后基于理论分析利用动态面板模型、动态面板门槛模型以及动态面板分位数模型进行实证检验，以明确农产品进口贸易对农业碳生产率影响的直接效应。本章各节的研究内容为：第 1 节分析中国农产品进口贸易现状；第 2 节理论分析农产品进口贸易对农业碳生产率的影响；第 3 节实证检验农产品进口贸易对农业碳生产率的影响；第 4 节总结本章的重要结论。

4.1 中国农产品进口贸易现状分析

中国作为传统的农业大国，农产品进出口贸易在整体进出口贸易中占有十分重要的地位，且农产品国际贸易发展迅速，农产品进出口贸易总额仅次于美国位居世界第二。中国的贸易模式由最早的以出口为主向进出口平衡转变，并在稳定出口的同时主动扩大进口。中国作为世界第一大农产品消费国，农产品进口贸易是中国弥补国内供给不足的长期有效手段，这致使中国农产品进口贸易规模不断扩大。从 2011 年开始，中国成为世界农产品第一大进口国，2022 年农产品进口额更是高达 15746.08 亿元，同比增长 7.4%。[①] 为具体了解中国农产品进口贸易现状，本节利用 2000～2020 年中国农产品进口贸易数据，统计分析中国农产品进口贸易规模和地区结构，计算分析中国各省份的农产品进口贸易依存度，并结合国家粮食安全战略的背景下，充分考虑二者间的关系，以作为后文实证分析及现实政策提出的基础。

4.1.1 中国农产品进口贸易规模分析

整体来看，中国农产品进口贸易额呈快速增长的趋势（如图 4 - 1 所示），农产品进口贸易额从 2000 年的 826.70 亿元增长到 2020 年的 11786.12 亿元，年均增长率为 14.21%。2001 年，农产品进口贸易额有轻微减少；2009 年，由于国际农产品市场价格较上年相比有明显下降，故当年农产品进口贸易额同比下降 12.04%[②]；2015 年，受国内需求低迷及大宗商品价格持续走低等因素的影响，农产品进口贸易额也出现了较小幅度的减少。但除了以

---

① 根据联合国商品贸易统计数据库（UN Comtrade Database）计算得到。
② 陈劲松. 2009 年中国农村经济形势分析与 2010 年展望 [J]. 中国农村经济，2010（2）：4 - 11，56.

上三个年份，其余各年农产品进口贸易额均有所增加，并且在加入世贸组织后受开放政策的影响，2004 年农产品进口贸易额的增长率高达 70.12%。

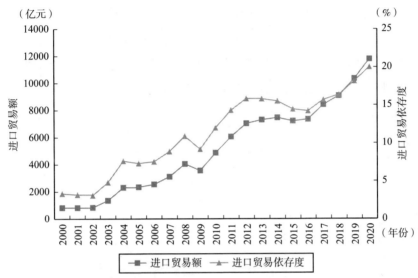

图 4 - 1　2000 ~ 2020 年中国农产品进口贸易额及依存度变化趋势

资料来源：联合国商品贸易统计数据库（UN Comtrade Database）。

4.1.2　中国农产品进口贸易地区结构分析

就中国各省份农产品进口贸易情况而言，山东、广东、北京、上海和江苏为农产品进口贸易的主要省份，其中，山东和广东的农产品进口贸易额分别为 16088.96 亿元和 15745.91 亿元。从国内区域分布看，东部沿海地区是中国农产品进口贸易的主力区域。2000 年北京的农产品进口贸易额最高为 217.74 亿元，占农产品进口贸易总额的 26.34%，山东、广东、北京、上海和江苏等五个省份农产品进口贸易额占农产品进口贸易总额的 71.66%；2020 年上海的农产品进口贸易额最高为 1805.30 亿元，占农产品进口贸易总额的 15.32%，山东、广东、北京、上海和江苏等五个省份农产品进口贸易额占农产品进口贸易总额的 60.98%，由此说明中国开展农产品进口贸易的省份分布从相对集中转变为相对均衡。就具体的省份而言（如图4-2所示），上海、江苏和广东的农产品进口贸易水平处于持续增长的态势；山东的农产品进口贸易额在2009~2014年明显增加，但2015年农产品进口贸易额迅速减少而后又缓慢增加，造成这种现象的原因包括进口结构不合理、受大宗商品量价齐跌的负面影响、经济发展由高速进入中高速阶段以及市场需求放缓等；北京的农产品进口贸易存在波动增长的趋势，由于北京拥有众多国有大型粮食企业，其在北京农产品进口贸易中扮演着重要角色，所以北京农产品进口受其影响波动变化明显。

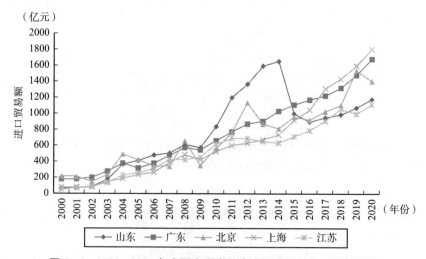

图4-2 2000~2020年中国主要省份农产品进口贸易额变化趋势

资料来源：中国商务部贸易司和《中国农业年鉴》。

通过对比中国七大农区农产品进口贸易占比情况可知（如图4-3所示），中国区域性进口贸易发展不平衡且各农区农产品进口贸易占比已基本趋于稳定，其中黄淮海区和长江中下游区农产品进口贸易额占全国进口贸易总额的67.46%，而青藏区占比不足1%。黄淮海区农产品进口贸易额从2000年的345.69亿元增加到2020年的3749.59亿元，增长了9倍多；长江中下游区农产品进口贸易额从2000年的196.41亿元增加到2020年的4178.73亿元，增长了 20 倍多。

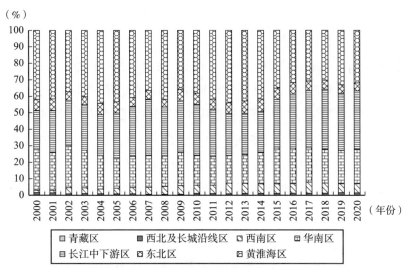

图 4-3 2000~2020 年中国七大农区农产品进口贸易额分布结构

资料来源：中国商务部贸易司《中国农业年鉴》。

4.1.3 中国农产品进口贸易依存度

进口贸易依存度是指一个国家或地区的贸易总额在该国或该地区国内生产总值中所占的比重，其计算公式为进口贸易依存度 =（进口贸易总额/GDP）× 100%，故本书中农产品进口贸易依存度是指该省份农产品进口贸易额占该省份农业总产值的比重。农产品进口贸易依存度的高低主要说明了该省份农业经济发展对农产品进口贸易依赖程度的大小。

如图 4-1 所示，2000~2020 年中国农产品进口贸易依存度与进口贸易额呈现相对一致的变化趋势，农产品进口贸易依存度由 2000 年的 3.32% 增加到 2020 年的 20%，年均增长率为 9.40%。上海、北京、天津三个直辖市是中国农产品进口贸易依存度最高的地区，其中上海和北京的农产品进口贸易依存度均值分别为 406.97% 和 209.22%。2000 年北京的农产品进口贸易依存度为全国最高的111.55%，2020年上海的农产品进口贸易依存度为全国最高的406.97%，其他农产品进口贸易规模较大的省份如山东、广东、浙江、江苏的农产品进口贸易依存度也较高（如表4-1所示），说明中国农业经济发展越来越依赖农产品进口贸易，且农产品进口贸易开放程度也在不断提高。但这种对国际农产品市场过度依赖的现状，也会对农产品加工业以及国内农产品价格产生不利影响，不利于中国国内农业生产，所以在进行农产品进口贸易时还应考虑如何将"中国人的饭碗牢牢端在自己手中"，即需要考虑国家粮食安全与农产品进口贸易间的关系。在七大农区中，长江中下游区和黄淮海区的农产品进口贸易依存度较高，且随着农产品对外贸易的不断发展，各农区农产品进口贸易依存度都有所提高，长江中下游区提升最快，其次是西南区。

表4-1　　　　　2000~2020年中国各省份农产品进口贸易依存度　　　单位：%

省份	2000年	2020年	均值	省份	2000年	2020年	均值
北京	111.55	823.02	309.22	山东	2.87	23.70	19.85
天津	13.06	260.73	88.86	河南	0.59	1.69	1.81
河北	1.94	8.30	4.89	湖北	0.20	1.70	0.84
山西	0.24	0.35	0.54	湖南	0.31	8.86	1.67
内蒙古	0.54	4.69	1.70	广东	10.89	47.22	26.90
辽宁	4.47	16.06	11.21	广西	0.35	15.79	9.98
吉林	1.12	3.29	2.60	海南	0.90	4.04	1.24
黑龙江	0.98	5.79	4.24	重庆	0.00	9.63	4.39
上海	36.95	1477.82	406.97	四川	0.34	1.66	0.83
江苏	2.69	30.86	17.50	贵州	0.47	0.21	0.10
浙江	5.38	37.12	17.90	云南	0.28	5.88	3.17
安徽	0.19	12.71	3.65	西藏	0.89	1.07	0.34
福建	2.13	33.37	14.83	陕西	0.20	3.26	0.96
江西	0.08	0.51	0.32	甘肃	0.38	0.80	0.29

续表

省份	2000 年	2020 年	均值	省份	2000 年	2020 年	均值
青海	0.14	0.37	0.15	新疆	1.37	3.25	2.25
宁夏	0.42	0.47	0.38	—	—	—	—

4.1.4 农产品进口贸易与中国粮食安全

国际上关于粮食安全的标准有三条线，分别是谷物自给率达到 95% 以上、人均粮食占有量 400 斤以上和粮食储备达到本年度消费 18% 以上。从这三个指标看，中国粮食均已达到安全标准以上。根据武拉平（2019）对粮食安全内涵的概括，需着重从以下两方面考虑农产品进口贸易与粮食安全的关系：一方面，要明确不同农产品在中国国内的自给程度和优先序，以明确不同农产品进口规模和进口顺序；另一方面，要均衡有序地释放农产品进口需求，进口要适量、适度、适时，有增、有稳、有控，与消费需求相适应，与产业发展相协调。① 因此，根据本书的研究目标，本节重点分析农产品进口贸易与粮食安全之间的关系。具体而言，在分析粮食安全背景下的农产品进口贸易时，从农产品进口贸易产品结构和农产品进口贸易与农业发展耦合协调度两个方面入手。

图 4-4 显示，中国农产品进口贸易规模最大的产品为大豆，进口占比约为 78%，自给率仅约为 18%，其进口来源的 90% 集中在美国、巴西和阿根廷三个国家。根据《中国农业展望报告（2023—2032）》预期，大豆自给率将持续提高，且 2023 年将达到 30% 左右，由此而言，中国大豆进口量将呈现下降趋势。除此之外，基于需求的农产品进口贸易与农业产业发展耦合协调度在不断提高，即中国农产品进口贸易与农业发展相协调，与农产品消费需求相适应。因此，中国在农产品适度进口方面存在一定空间。

---

① 乔金亮. 稳农业需扩大有效投资［N］. 经济日报，2022-06-21（005）.

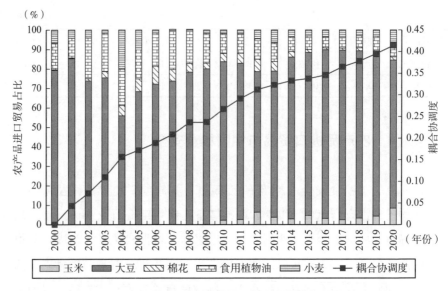

图 4 - 4　2000～2020 年粮食安全背景下中国主要农产品进口贸易情况

4.2　农产品进口贸易对农业
碳生产率影响的理论分析

4.2.1　农产品进口贸易对农业碳生产率的直接影响

　　农产品贸易双方通过交换农产品实现二者福利的提升，这是农产品对外贸易的初衷，其中农产品进口贸易通过调节供需关系、降低环境压力使本国福利得到提升。具体而言，农产品进口可降低本国农业单位产出的要素投入强度，尤其是进口资源密集型农产品，减少农业碳排放量并最终对农业碳生产率产生积极影响。农产品进口贸易通过影响要素配置来影响农业碳生产率，农业企业在生产过程中需要投入资本、劳动力等要素，同时需要投入初级农产品参与到生产环节中去，这时农业企业将面临从国内购买初级农产品还是从国外进口初级农产品的选择。借鉴罗德里格和笠原（Rodrigue and Kasahara，2004）的理论分析模型重新设定生产函数，在该生产函数中时间是离散的，所以农业企业的生产函数可以表示为：

$$Y_{it} = e^{w_{it}} K_{it}^{\beta_k} L_{it}^{\beta_l} E_{it}^{\beta_e} \Big[\int_0^{N(d_{it})} x(j)^{\frac{\gamma-1}{\gamma}} dj \Big]^{\frac{\beta_x \gamma}{\gamma-1}}$$

其中，Y_{it} 表示农业企业 i 在 t 时期的总产出；w_{it} 表示对农业碳生产率的冲击；K_{it} 表示资本要素投入；L_{it} 表示劳动要素投入；E_{it} 表示环境要素投入，在这里用二氧化碳排放量表示；β_k、β_l 和 β_e 分别表示资本要素、劳动要素和环境要素的配置参数，其均大于 0；$x(j)$ 表示 j 种类的初级农产品投入；γ 表示初级农产品投入的替代弹性，设定 γ 大于 1；$N(d_{it})$ 表示可供农业企业 i 选择的初级农产品范围的集合，具体可表示为：

$$N(d_{it}) = \begin{cases} N_{h,t}, & d_{it}=0 \\ N_{f,t}, & d_{it}=1 \end{cases}$$

其中，$N_{h,t}$ 表示本国生产的所有初级农产品的集合；$N_{f,t}$ 表示可从国外进口的初级农产品的集合；d_{it} 表示农业企业的进口决策，即当 d_{it} 等于 1 时，则表示进行农产品进口贸易；当 d_{it} 等于 0 时，则表示不进行农产品进口贸易。由于必然存在可从国外进口而本国未生产的初级农产品，因此存在 $N_{h,t}$ 大于 $N_{f,t}$，即 $N_{h,t}/N_{f,t} \geq 1$，其也可以表示本国与其他国家在初级农产品生产能力上的差异。

假设均衡状态时，初级农产品的生产水平为 $\bar{x}$，即 $x(j)=\bar{x}$，可简化如下：

$$Y_{it} = e^{w_{it}} N(d_{it})^{\frac{\beta_x}{\gamma-1}} K_{it}^{\beta_k} L_{it}^{\beta_l} E_{it}^{\beta_e}$$

其中，$X_{it} = N(d_{it})\bar{x}$。根据前文对农业碳生产率概念的界定，将农业碳生产率定义为：$A_{it} = \dfrac{Y_{it}}{X_{it}^{\beta_x} K_{it}^{\beta_k} L_{it}^{\beta_l} E_{it}^{\beta_e}}$，可得：

$$\ln A(d_{it}, w) = \frac{\beta_x}{\gamma-1} \ln [N(d_{it})] + w_{it}$$

结合模型假设可知，$\beta_x/(\gamma-1)$ 大于 0，说明进口农产品的数量与农业碳生产率呈正相关关系，这与新贸易理论中贸易会对生产率产生正向影响的观点相类似，据此提出假设 1。

假设 1：农产品进口贸易正向影响农业碳生产率。

4.2.2 农产品进口贸易与农业碳生产率的非线性关系

收入是衡量地区经济水平的重要指标，环境库兹涅茨假说认为经济发展水平会在一定程度上影响污染排放，收入与环境污染之间可能存在倒 U 形关系，即只有当收入达到一定的水平时，污染排放才会出现下降，所以经济发展水平有可能影响贸易的环境效应。在农业领域，农业碳排放量增加与农业经济增长间具有倒 U 形的非线性关系。① 这种非线性关系不仅会体现在碳排放上，还会体现在碳排放强度上。由于碳生产率是碳排放强度的倒数，所以碳生产率存在 U 形发展的趋势。首先，在经济发展初级阶段，经济规模的迅速扩张会导致碳排放量的快速增加，碳排放强度位于高点，此时碳生产率将会处于一个较低水平；其次，在经济发展中级阶段，经济规模进一步扩张，碳排放量虽也有所增加，但增速放缓，碳排放强度开始逐步下降，此时碳生产率将会处于改善阶段，即"相对减排"阶段；最后，在经济发展高级阶段，经济发展达到相当高的水平，此时技术进步和结构优化会促使碳生产率不断提高，此阶段为"绝对减排"阶段。综上可知，碳生产率存在明显的阶段性特征和结构性门槛特征，且碳生产率、碳排放和碳排放强度与经济发展均呈现曲线关系特征。由于农业碳排放与农业经济增长间存在非线性关系，所以由此可推断在农业领域，农业碳生产率也会有此类特征。

因此，本书认为农产品进口贸易与农业碳生产率存在以经济发展水平为门槛的非线性关系。具体来说，农产品进口贸易的经济发展水平门槛效应主要产生于以下三个方面：第一，经济发展水平的提高将促进居民增强环境意识②，增加对低碳农产品或无污染农产品的需求，重视农产品生产过程中的

---

① 曾大林，纪凡荣，李山峰. 中国省际低碳农业发展的实证分析 [J]. 中国人口·资源与环境，2013，23（11）：30 – 35.

② 欧阳斌，袁正，陈静思. 我国城市居民环境意识、环保行为测量及影响因素分析 [J]. 经济地理，2015，35（11）：179 – 183.

污染排放，进而使进口以及生产的农产品含污量下降，最终对农业碳生产率产生影响；第二，经济发展水平通过农业产业结构影响农产品进口贸易的环境效应，人均收入水平的提高会改变居民的农产品消费结构①，农产品进口贸易结构以及农业生产结构的调整会影响农业碳排放，进而根据经济发展水平对农业碳生产率产生异质影响；第三，经济发展水平通过影响农产品进口贸易的技术溢出效应作用于生态环境，现有研究表明进口贸易通过促进生产技术和环保技术在国家间的转移影响环境污染物的排放②，但是不同的经济发展水平会使农产品进口贸易的溢出效应存在差异。具体来说，经济发展水平较高的地区对技术的吸收消化能力较强，可通过技术进步降低农业碳排放量，提高农业碳生产率；经济发展水平较低的地区由于条件不足可能无法有效承接农产品进口贸易的技术溢出效应，从而导致污染水平较高的农业生产进一步加剧农业环境污染，不利于农业碳生产率的提高，据此提出假设 2。

假设 2：农产品进口贸易与农业碳生产率之间存在经济发展水平的门槛效应，当经济发展达到门槛水平时，农产品进口贸易对农业碳生产率的影响将由抑制转为促进。

4.3　农产品进口贸易对农业碳生产率影响的实证检验

4.3.1　变量选取与模型设定

4.3.1.1　变量选取

农业碳生产率较农业绿色全要素生产率而言，更侧重于农业绿色低碳转

---

① 李哲敏. 中国城乡居民食物消费及营养发展研究 [D]. 北京：中国农业科学院，2007.

② 徐圆，陈亚丽. 国际贸易的环境技术效应：基于技术溢出视角的研究 [J]. 中国人口·资源与环境，2014，24（1）：148－156.

型过程与提质增效。虽然这两者在内容含义及测算方面存在一定不同，但在本质上均是对经济发展问题的回答，所以影响农业绿色全要素生产率的因素在一定程度上可能影响农业碳生产率。除此之外，农业碳生产率是农业生产率的子集，所以影响农业生产率的因素在一定程度上也可能影响农业碳生产率。因此，根据上一节的理论分析与研究假说，并结合研究对象和内容，选取 2000~2020 年中国 31 个省份的面板数据作为实证样本，相关变量选取如下：

（1）农业碳生产率。本书的第 3 章已计算单要素农业碳生产率和全要素农业碳生产率，将单要素农业碳生产率作为衡量农业低碳化发展的重要指标。

（2）农产品进口贸易。选择农产品进口贸易规模和农产品进口贸易依存度两个指标衡量农产品进口贸易，具体数据已在本书第 4.1 节中加以计算。

（3）人均收入水平。利用不变价全国居民人均可支配收入表示，以 2000 年为基期使用 CPI 指数对全国居民人均可支配收入进行不变价处理。

（4）农业产业集聚。在很大程度上，农业产业集聚的形成可通过技术溢出与规模效应影响农业碳生产率，具体表现为以下三种效应：一是绿色技术的溢出效应和社会效应，农业产业集聚将有利于绿色生产技术和低碳减排技术的应用与推广[1]；二是集中监管克服污染的累积效应，农业产业集聚会加重污染水平，引致更为严格的环境管制[2]，但同时农业产业集聚将使得污染处理设备共享，降低环境成本；三是清洁化的结构效应，基于集聚外部性理论，农业产业集聚将优化农业产业结构。以上三种效应均有利于提高农业碳生产率。现有很多衡量农业产业集聚的方法，如区位熵指数、空间基尼系数等，其中，区位熵指数能消除不同地区在经济、人口等因素上的差异，同时

---

① Phillips P W B, Ryan C D, Karwandy J, et al. The Saskatoon agricultural biotechnology cluster [J]. Handbook of Research on Innovation and Clusters：Cases and Policies, 2008 (2)：239.

② Chong Z, Qin C, Ye X. Environmental regulation, economic network and sustainable growth of urban agglomerations in China [J]. Sustainability, 2016, 8 (5)：467.

还能真实反映出要素在地理空间分布上的特征[①]，故选择区位熵指数方法测度农业产业集聚程度。区位熵指数方法可衡量某一区域要素的空间分布，反映某一产业部门专业化程度以及某一区域在高层次地区的地位和作用，具体计算公式可表示为：$AA_{it} = (y_{it}/y_t)/(Y_{it}/Y_t)$。其中，$AA_{it}$表示农业产业集聚程度；$y_{it}$表示$i$省第$t$年的农业产值；$y_t$表示全国第$t$年的农业产值；$Y_{it}$表示$i$省第$t$年所有产业的总产值；$Y_t$表示全国第$t$年所有产业的总产值。比值大于1则代表农业在该省内产生了集聚现象，比值越大说明集聚现象越明显。

（5）城镇化水平。中国的城镇化推动大量农村劳动力向城市转移，使农业生产方式逐渐从劳动密集型转变为以机械能源为代表的资源消耗型[②]，从而对农业碳生产率产生影响，并且城镇化发展可以拉动农产品消费需求，引致农业劳动生产率的提高和农户资本的积累。除此之外，城镇化的发展也将促进先进技术流动，通过农业技术进步影响农业碳生产率的变动。但是与此同时，城镇化将侵占农业劳动力、资本等要素，从而因抑制农业发展使农业碳生产率下降。城镇化最明显的特征是人口从乡村转移到城镇，故在本书中主要考虑人口迁移的影响，利用非农人口与总人口的比重来衡量，具体计算公式为：城镇化水平 = 非农人口数量/年末总人口。

（6）财政支农水平。国家对农业投入的增加是推动中国农业生产率增长的四大驱动因素之一[③]，财政支农对农业碳生产率的作用效应有三种：一是激励与约束效应，财政支农的激励效应可提高农业劳动生产力和农业科技水平，从而提升农业碳生产率，而约束效应是一种反激励，通过对农业生态环境破坏行为进行责任和成本约束来提升农业碳生产率；二是资源配置效应，政府利用财政支农政策引导农业资源实现合理配置，从而影响农业碳生产率；

---

① 杨仁发. 产业集聚与地区工资差距：基于我国269个城市的实证研究 [J]. 管理世界，2013（8）：41 - 52.

② Sadorsky P. Do urbanization and industrialization affect energy intensity in developing countries? [J]. Energy Economics，2013（37）：52 - 59.

③ 黄季焜. 农业供给侧结构性改革的关键问题：政府职能和市场作用 [J]. 中国农村经济，2018（2）：2 - 14.

三是外部性内在化，政府通过财政支农政策将农业外部性污染内在化，如对循环农业生产进行补贴、积极开展农业碳汇交易等，推动农业绿色转型，从而提升农业碳生产率。为反映国家对该省份的财政支农力度，利用各省财政支农支出占该省财政总支出的比例表示，具体计算公式为：财政支农水平＝财政支农资金/财政年总支出。由于在样本时期内中国农业财政支出统计口径发生了调整，参考方鸿（2011）、肖育才和姜晓萍（2017）的研究，在数据可获得的基础上，选择2000～2006年各省支援农村生产支出和农林水利气象等部门事业费、农业综合开发、农业基本建设支出等项目的总额以及2007～2020年农林水事务支出作为财政支农支出，并以2000年作为基期进行不变价处理。①

（7）农村人力资本。人力资本作为农业碳生产率增长的"永动机"，其对农业碳生产率的作用机理包括内在效应和外在效应两种：农村人力资本对农业碳生产率的内在效应体现在人力资本自身的知识与技术存量上，农村人力资本质量的提高，将有利于实现农业技术进步，从而提高农业碳生产率；农村人力资本对农业碳生产率的外在效应体现在人力资本的边际报酬不一定递减，即其可利用人力资本存量的增加优化资源配置，从而提高农业碳生产率。由于农村人力资本的数据无法直接获得，参考韩海彬和张莉（2015）所使用的年限法，利用农村劳动力平均受教育年限来衡量，将各省农村劳动力不同受教育程度的人口比重与相应受教育程度的教育年限相乘，以此得到各省农村劳动力的平均受教育年限。其中不同受教育程度的教育年限分别为：文盲与半文盲为0年，小学为6年，初中为9年，高中和中专均为12年，大专及以上为15.5年。具体的计算公式可表示为：农村劳动力平均受教育年限＝小学比重×6＋初中比重×9＋高中和中专比重×12＋大专及以上比重×15.5。

（8）工业化水平。工业化的发展可以为农业提供现代化的机械设备以及先进的绿色环保生产技术，促进农业生产实现碳减排，尤其是在国家大力推进工业反哺农业的背景下，工业化水平的提高将更有利于农业碳生产率的提高。利用工业增加值占GDP的比重对其加以表示，具体计算公式为：工业化

---

① 肖锐. 财政支农对农业绿色生产率的影响研究 [D]. 武汉：中南财经政法大学，2018.

水平 = 工业增加值/GDP，以 2000 年作为基期对工业增加值和 GDP 进行不变价处理。

（9）农村金融支持。农村金融支持可为农业绿色技术创新活动提供融资便利[1]，并且在农村金融支持下，更多的金融资源将被配置于绿色低碳农业发展领域，从而有利于农业生产绿色发展水平和农业碳生产率的提高。[2] 除此之外，农村金融发展也将带动教育等相关公共事业投入的增加，有利于农民科技素质和应用能力的提高，从而通过农业技术进步实现农业碳生产率的提高。[3] 现有研究一般从农村金融发展规模、农村金融发展结构以及农村金融发展效率三个方面测度农村金融发展水平。由于农村金融发展规模有一定的趋势代表性，且本文主要侧重于农村金融在农业领域的支持力度，故仅用农村金融发展规模表示农村金融支持，具体计算公式为：农村金融发展规模 = 农业贷款/农业总产值。[4]

（10）农业信息化水平。农业信息化可以通过两种效应提高农业碳生产率：一是技术效应，通过云计算、卫星遥感管理等信息化手段管理农业生产活动以合理利用有限资源，使农业生产方式由粗放型转为集约型，从而提高农业生产效率和农业碳生产率[5]；二是市场效应，以互联网和数字信息技术为支撑的电商平台能够高效对接供需信息，实现农业生产要素的优化配置，从而提高农业碳生产率。[6] 现有研究一般利用多指标构建评价体系来衡量农业信息化水平，其余研究也会使用互联网普及率、农村电话、黑白电视和彩

---

[1] Boot A W A, Thakor A V. Banking scope and financial innovation [J]. The Review of Financial Studies，1997，10（4）：1099 – 1131.

[2] 鲁钊阳. 农村金融发展与农业碳排放关系区域差异实证研究 [J]. 思想战线，2013，39（2）：119 – 123.

[3] 肖干，徐鲲. 农村金融发展对农业科技进步贡献率的影响：基于省级动态面板数据模型的实证研究 [J]. 农业技术经济，2012（8）：87 – 95.

[4] 尹雷，沈毅. 农村金融发展对中国农业全要素生产率的影响：是技术进步还是技术效率——基于省级动态面板数据的 GMM 估计 [J]. 财贸研究，2014，25（2）：32 – 40.

[5] 宁朝山. 数字经济、要素市场化与经济高质量发展 [J]. 长白学刊，2021（1）：114 – 120.

[6] 周绍东. "互联网 +"推动的农业生产方式变革：基于马克思主义政治经济学视角的探究 [J]. 中国农村观察，2016（6）：75 – 85，97.

电的拥有量、投递线路等变量来衡量农业信息化水平，但由于本书研究时间跨度较大，且互联网普及率无法代表农村情况以及电视电话拥有量指标的过时，本书参考刘帅（2021）的研究，使用农村宽带接入户数来衡量农业信息化水平。由于数据获取的有限性，利用 ARIMA 填补法补全数据缺失值。

具体变量的选取与数据来源如表 4-2 所示。

表 4-2 变量说明与数据来源

变量类别	变量名称	符号	具体计算公式	数据来源
被解释变量	农业碳生产率	CP	农业总产值/农业碳排放量（万元/吨）	本书第 3 章测算
核心解释变量	农产品进口贸易额	IMT	人民币对美元汇价折算后的农产品进口贸易额（亿元）	《中国农业年鉴》《中国农村统计年鉴》《中国统计年鉴》
	农产品进口贸易依存度	IM	农产品进口贸易额/农业总产值（%）	
门槛变量	人均收入水平	IC	不变价全国居民人均可支配收入（元）	《中国劳动统计年鉴》
控制变量	农业产业集聚	AA	$AA_{it} = (y_{it}/y_t)/(Y_{it}/Y_t)$	《中国农村统计年鉴》
	城镇化水平	UL	非农人口数量/年末总人口数量（%）	《中国农村统计年鉴》
	财政支农水平	AFI	财政支农资金/财政年总支出（%）	《新中国六十年统计资料汇编》及国家统计局公开数据
	农村人力资本	HC	农村劳动力平均受教育年限（年）	《中国人口与就业统计年鉴》
	工业化水平	IL	工业增加值/国内生产总值（%）	国家统计局公开数据
	农村金融支持	RF	农业贷款/农业总产值（%）	《新中国六十年统计资料汇编》《中国金融年鉴》《中国农村金融服务报告》《中国统计年鉴》
	农业信息化水平	AI	农村宽带接入户数（万户）	《中国统计年鉴》

表4-2中所选变量的描述性统计情况如表4-3所示。

表4-3 变量的描述性统计结果

变量名称	观测值	均值	标准差	最小值	最大值
农业碳生产率（CP）	651	0.681	5.275	-35.115	132.958
农产品进口贸易额（IMT）	651	167.003	306.117	7.97×10^{-5}	1805.302
农产品进口贸易依存度（IM）	651	0.310	1.215	1.08×10^{-6}	14.778
人均收入水平（IC）	651	5031.805	2528.176	2290	16806.350
农业产业集聚（AA）	651	1.204	0.601	0.048	3.621
城镇化水平（UL）	651	51.118	15.741	18.930	89.600
财政支农水平（AFI）	651	0.096	0.039	0.009	0.207
农村人力资本（HC）	651	7.248	0.941	2.236	9.660
工业化水平（IL）	651	0.469	0.157	0.077	1.134
农村金融支持（RF）	651	0.597	0.511	0	3.159
农业信息化水平（AI）	651	3.966	1.740	0	7.257

4.3.1.2 模型设定

考虑到农业碳排放自身的连续性会带来滞后效应，故农业碳生产率也具有一定的惯性和滞后性，即其当期结果会受到上一期结果的影响，并且农产品进口贸易和农业碳排放量之间可能存在反向因果关系导致的内生性问题。因此，为减少估计误差，在模型中引入农业碳生产率的滞后一阶变量作为工具变量，使用系统广义矩估计（system-GMM）有效解决动态面板模型中的内生性问题。基于前文理论分析提出的假设1：农产品进口贸易正向影响农业碳生产率，构建基准回归模型，具体可表示为：

$$CP_{it} = \alpha_0 + \alpha_1 CP_{it-1} + \alpha_2 IMT_{it} + \alpha_3 AA_{it} + \alpha_4 UL_{it} + \alpha_5 AFI_{it} + \alpha_6 HC_{it}$$
$$+ \alpha_7 IL_{it} + \alpha_8 RF_{it} + \alpha_9 AI_{it} + \delta_t + \mu_i + \varepsilon_{it} \quad (4.1)$$

$$CP_{it} = \alpha_0 + \alpha_1 CP_{it-1} + \alpha_2 IM_{it} + \alpha_3 AA_{it} + \alpha_4 UL_{it} + \alpha_5 AFI_{it} + \alpha_6 HC_{it}$$
$$+ \alpha_7 IL_{it} + \alpha_8 RF_{it} + \alpha_9 AI_{it} + \delta_t + \mu_i + \varepsilon_{it} \quad (4.2)$$

其中，i 表示省份；t 表示年份；$\alpha_1 \sim \alpha_{10}$ 表示待估参数；α_0 表示常数项；δ_t、μ_i 和 ε_{it} 分别表示非观测的时间固定效应、地区固定效应和随机误差项。

汉森（Hansen，1999）提出的门槛回归模型为静态门槛模型，其要求解释变量严格外生，但在外生性限制无法满足时，卡纳和汉森（Caner and Hansen，2004）针对含有内生解释变量和外生门槛变量的截面数据，提出估计门槛参数的二阶段最小二乘法（2SLS）和系统 GMM 估计方法，克雷默等（Kremer，Bick and Nautz，2013）又进一步将以上方法运用到面板数据中。因此，基于前文理论分析提出的假设 2：农产品进口贸易与农业碳生产率之间存在经济发展水平的门槛效应，参照克雷默等（Kremer，Bick and Nautz，2013）的理论基础解决面板门槛模型中存在的内生性问题，构建以人均收入水平为门槛变量的动态面板门槛回归模型，模型具体设定如下：

$$CP_{it} = \alpha_0 + \alpha_1 CP_{it-1} + \alpha_2 IMT_{it} \times I(\ln IC_{it} \leq \theta_1) + \cdots + I(\theta_{n-1} < \ln IC_{it} \leq \theta_n)$$
$$+ \alpha_3 Z_{it} + \delta_t + \mu_i + \varepsilon_{it} \tag{4.3}$$

$$CP_{it} = \alpha_0 + \alpha_1 CP_{it-1} + \alpha_2 IM_{it} \times I(\ln IC_{it} \leq \theta_1) + \cdots + I(\theta_{n-1} < \ln IC_{it} \leq \theta_n)$$
$$+ \alpha_3 Z_{it} + \delta_t + \mu_i + \varepsilon_{it} \tag{4.4}$$

其中，θ 表示门槛值；$I(\cdot)$ 表示指示函数，括号内相应的条件成立时取值为 1，否则取值为 0。

4.3.2 实证结果及分析

4.3.2.1 农产品进口贸易对农业碳生产率的影响效应

基于全国层面样本数据，运用系统 GMM 方法对所构建的动态面板模型进行参数估计，采用稳健标准误处理以消除异方差对模型造成的影响，模型估计结果如表 4-4 所示。可知所有模型均通过 10% 显著性水平的 Hansen 检验，即无法拒绝工具变量过度识别的原假设即所有工具变量均是外生的，说明模型中选取的工具变量是有效的。并且二阶序列相关检验结果 AR（2）表明不存在自相关问题，说明模型存在的内生性问题得以克服，设定的动态回归模型是合理的。表 4-4 中利用 OLS 和 FE 估计方法对动态面板模型进行估计的结果仅作为参考，可以发现系统 GMM 估计结果基本处于混合 OLS 与 FE 估计的参数值之间，表明系统 GMM 的估计结果未因弱工具变量问题而导致严重偏误。综上所述，本书利用系统 GMM 估计的结果稳健可靠。因此，从模型（1）和模型（2）的估计结果可知，核心解释变量 IMT 和 IM 的影响系数显著为正，即验证了前文所提假设 1：农产品进口贸易正向影响农业碳生产率。据此，下一章将深入分析这种正向作用的影响机制。

表 4-4　　　　　农产品进口贸易对农业碳生产率影响的估计结果

变量	系统 GMM		OLS		FE	
	（1）	（2）	（3）	（4）	（5）	（6）
$CP（-1）$	-0.024 ***	-0.020 ***	-0.010 *	-0.007 *	-0.061 ***	-0.061 ***
	(0.003)	(0.001)	(0.006)	(0.004)	(0.008)	(0.009)
lnIMT	0.137 ***		0.173 *		0.076	
	(0.038)		(0.101)		(0.221)	
IM		0.303 ***		0.126 *		-0.245
		(0.069)		(0.075)		(0.343)
AA	0.468 ***	0.912 **	0.676	0.641	2.132	2.128
	(0.081)	(0.395)	(0.629)	(0.630)	(2.943)	(2.884)
UL	-0.002	0.021 ***	0.007	0.008	-0.039	-0.019
	(0.003)	(0.002)	(0.012)	(0.010)	(0.036)	(0.034)
AFI	-0.720 **	-2.129 ***	-1.107	-0.495	-8.474	-9.090
	(0.365)	(0.303)	(8.687)	(9.283)	(19.412)	(20.235)
HC	0.192 ***	-0.040 **	0.038	0.027	-0.193	-0.017
	(0.030)	(0.020)	(0.239)	(0.251)	(0.272)	(0.315)
IL	0.455 ***	0.124	0.478	0.539	1.993	1.943
	(0.173)	(0.084)	(0.850)	(0.933)	(1.834)	(1.871)
RF	0.502 ***	0.579 ***	0.721	0.594	0.806	0.955
	(0.178)	(0.069)	(1.018)	(0.993)	(1.251)	(1.472)

续表

变量	系统 GMM		OLS		FE	
	(1)	(2)	(3)	(4)	(5)	(6)
ln*AI*	0.013 (0.027)	0.114 *** (0.026)	−0.006 (0.068)	0.042 (0.072)	0.554 (0.555)	0.557 (0.575)
常数项	−2.324 *** (0.261)	−1.971 *** (0.445)	−1.993 (1.651)	−1.038 (1.791)	−1.600 (3.695)	−4.576 (6.174)
AR (2)	0.238	0.248				
Hansen 检验	1.000	0.976				

注：*** 、** 、* 分别表示在 1%、5%、10% 的水平下显著，括号内为稳健标准误；AR (2) 和 Hansen 检验显示的为 p 值。

在此基础上，为分析农产品进口贸易对农业碳生产率影响的区域差异，本书将按照前文提及的七个农区划分中国的 31 个省份。以青藏区为参照系，引入西北及长城沿线区、西南区、华南区、长江中下游区、东北区以及黄淮海区六个虚拟变量，根据前文的研究同样使用系统 GMM 方法对动态面板模型进行估计，估计结果如表 4 - 5 和表 4 - 6 所示。根据估计结果可知，农产品进口贸易对农业碳生产率的影响存在明显的区域差异。农产品进口贸易规模会促进西北及长城沿线区和黄淮海区农业碳生产率的提高，会抑制长江中下游区农业碳生产率的提高。农产品进口贸易依存度也会促进西北及长城沿线区和黄淮海区农业碳生产率的提高，会抑制华南区、长江中下游区和东北区农业碳生产率的提高。其中无论是农产品进口贸易规模还是依存度均对长江中下游区的农业碳生产率产生负向影响，这是由于农产品进口贸易在一定程度上会促进经济增长，而区域经济发展水平是影响增排的因素之一。[①] 即使农产品进口贸易会提高农业生产效率，但经济增长对消费需求的扩大仍会导致农业碳排放量的增加，进而抵消并抑制农业碳生产率的提高。除此之外，

————————

① 胡婉玲，张金鑫，王红玲. 中国农业碳排放特征及影响因素研究 [J]. 统计与决策，2020，36 (5)：56 - 62.

根据各地区影响的差异情况可以发现，农产品进口贸易对农业碳生产率的影响会随区域经济发展水平呈现倒 N 形，即经济发展水平趋于中间水平的地区农产品进口贸易会促进农业碳生产率的提高，经济发展水平较低和较高的地区农产品进口贸易将抑制农业碳生产率的提高。据此得到的结论与前文提出的假设 2 有所不同，故后文将进一步深入探索农产品进口贸易与农业碳生产率的非线性关系，以对假设 2 加以验证。

表 4－5　　　七个农区农产品进口贸易规模对农业碳生产率影响的区域差异

变量	青藏区	西北及长城沿线区	西南区	华南区	长江中下游区	东北区	黄淮海区
lnIMT	1.104 (2.166)	0.822 * (0.467)	−0.716 (0.529)	−0.387 (1.210)	−1.019 ** (0.425)	−0.676 (0.730)	2.207 ** (0.895)
CP（−1）	−0.030 *** (0.006)						
AA	1.063 ** (0.491)						
UL	0.712 (0.895)						
AFI	−0.917 (3.024)						
HC	−0.228 ** (0.096)						
IL	0.120 (0.383)						
RF	−0.251 (0.624)						
lnAI	0.339 (0.177)						

续表

变量	青藏区	西北及长城沿线区	西南区	华南区	长江中下游区	东北区	黄淮海区
常数项				−3.387 (3.133)			
AR（2）				0.322			
Hansen 检验				0.854			

注：***、**、*分别表示在1%、5%、10%的水平下显著，括号内为稳健标准误；AR（2）和 Hansen 检验显示的为 p 值。

表4-6　七个农区农产品进口贸易依存度对农业碳生产率影响的区域差异

变量	青藏区	西北及长城沿线区	西南区	华南区	长江中下游区	东北区	黄淮海区
IM	51.737 (119.613)	121.140 ** (59.719)	7.165 (22.833)	−28.552 * (16.409)	−6.115 ** (2.792)	−66.397 ** (33.443)	6.739 *** (2.234)
$CP（-1）$				−0.025 *** (0.005)			
AA				−0.054 (0.375)			
UL				0.125 (0.596)			
AFI				−0.069 (3.463)			
HC				−0.220 ** (0.109)			
IL				0.944 * (0.482)			
RF				0.925 ** (0.451)			

续表

变量	青藏区	西北及长城沿线区	西南区	华南区	长江中下游区	东北区	黄淮海区
ln*AI*				0.154 (0.151)			
常数项				0.457 (2.114)			
AR（2）				0.440			
Hansen 检验			0.817				

注：***、**、* 分别表示在 1%、5%、10% 的水平下显著，括号内为稳健标准误；AR（2）和 Hansen 检验显示的为 p 值。

  本书主要采用变量替换的方式进行稳健性检验，具体来说就是利用基于 SFA 和 DEA 的全要素农业碳生产率作为因变量替换单要素农业碳生产率，运用替代因变量进行模型估计的结果如表 4 – 7 所示，可知农产品进口贸易会促进农业碳生产率的提高，估计结果与前文的基准回归结果一致，表明本书的研究结论具有较好的稳健性。

表 4 – 7 农产品进口贸易对农业碳生产率影响的稳健性检验估计结果

变量	基于 SFA 的全要素农业碳生产率		基于 DEA 的全要素农业碳生产率	
	（1）	（2）	（3）	（4）
CP（ – 1）	– 0.016 *** (0.002)	– 0.023 *** (0.002)	– 0.219 *** (0.005)	– 0.165 *** (0.004)
ln*IMT*	0.073 *** (0.016)		0.037 *** (0.007)	
IM		0.121 *** (0.027)		0.012 *** (0.003)
AA	0.863 ** (0.413)	0.576 *** (0.070)	0.145 *** (0.021)	0.048 ** (0.024)
UL	0.015 *** (0.003)	0.002 (0.002)	0.041 (0.061)	– 0.002 (0.002)

续表

变量	基于 SFA 的全要素农业碳生产率		基于 DEA 的全要素农业碳生产率	
	（1）	（2）	（3）	（4）
AFI	-0.457 * (0.259)	-0.744 * (0.412)	-1.713 *** (0.233)	-0.468 *** (0.143)
HC	-0.038 * (0.022)	0.091 *** (0.024)	-0.064 *** (0.011)	-0.006 (0.012)
IL	0.327 *** (0.116)	0.868 *** (0.161)	0.204 *** (0.049)	0.145 ** (0.058)
RF	0.485 *** (0.134)	0.468 *** (0.143)	0.172 *** (0.051)	0.091 *** (0.030)
lnAI	0.040 ** (0.017)	0.043 * (0.023)	-0.011 * (0.006)	0.006 (0.011)
常数项	-1.743 *** (0.461)	-1.225 *** (0.213)	1.260 *** (0.192)	1.226 *** (0.107)
AR（2）	0.318	0.230	0.247	0.342
Hansen 检验	0.896	1.000	0.959	0.907

注：*** 、** 、* 分别表示在1%、5%、10%的水平下显著，括号内为稳健标准误；AR（2）和 Hansen 检验显示的为 p 值。

4.3.2.2 农产品进口贸易对农业碳生产率的门槛效应

前文基于线性角度分析了农产品进口贸易对农业碳生产率的影响，证实了农产品进口贸易对农业碳生产率有增长效应，这一结论是在区域同质化的假定条件下得出的，故进一步考虑区域异质性情况，发现农产品进口贸易对农业碳生产率的影响会随区域经济发展水平呈现倒 N 形，所以参考克雷默等（Kremer，Bick and Nautz，2013）的研究进行门槛效应分析，明确农产品进口贸易与农业碳生产率之间的非线性关系。

建立面板门槛模型的首要步骤是确定门槛效应以及门槛值的存在性和显

著性，由表 4 - 8 可知，在门槛效应检验方面，人均收入水平①所代表的经济发展水平计算出来的静态和动态面板门槛模型的 F 统计值分别为 10.77 和 15.28，拒绝"不存在门槛效应"的原假设，即农产品进口贸易存在明显的门槛效应且通过显著性检验。从门槛值来看，人均收入水平的门槛值分别为 9473.695 元和 8872.190 元。2020 年中国人均收入水平的平均值为 6334.02 元②，即中国人均收入水平并未达到的门槛值，故经济发展水平仍存在较大的发展空间。

表 4 - 8　　　　　　　　门槛值估计及显著性检验结果

模型	门槛变量	门槛数量	F 值	门槛值	95% 置信区间
静态模型	人均收入水平	单一门槛	10.77 *	9473.695	[9064.090，9516.130]
动态模型	人均收入水平	单一门槛	15.28 ***	8872.190	[3000.393，8977.662]

注：表中的 F 值和相关临界值、95% 的置信区间均采用自举法反复抽样 1000 次得到的结果，*** 、** 、* 分别表示在 1% 、5% 、10% 的水平下显著。

　　基于所得到的门槛值对农产品进口贸易对农业碳生产率的门槛应进行参数估计，模型估计结果如表 4 - 9 所示，其中动态面板门槛模型的估计系数大于静态面板门槛模型的估计系数，说明动态面板门槛模型的使用克服了由变量内生性引起的估计误差，得到的估计结果较为准确。由动态面板门槛模型的估计结果可知：当人均收入水平低于门槛值 8872.190 时，农产品进口贸易规模和依存度的影响系数分别为 0.036 和 0.324，且分别通过 1% 和 5% 显著性水平的检验，表明在第一门槛区间内，农产品进口贸易对农业碳生产率具有显著的正向促进作用；当人均收入高于 8872.19 元时，农产品进口贸易规模的影响系数为 0.025，且通过 1% 显著性水平的检验，表明在第二门槛区间内，农产品进口贸易对农业碳生产率也具有显著的正向促进作用，但促进作

① 本书中所指的人均收入水平均为以 2000 年为基期的实际人均收入水平。
② 根据《中国劳动统计年鉴》整理计算。

用较第一门槛区间略低。由此可见，农产品进口贸易对农业碳生产率的影响会受到地区经济发展水平的约束，即随着实际人均收入水平的提高，农产品进口贸易对农业碳生产率的拉动作用将有所减弱。造成这种情况的原因可能在于在低经济发展水平阶段，农产品进口贸易以高能耗、高污染的初级农产品为主，以满足消费者对农产品的基本消费需求，此时通过农产品进口贸易将会使农业碳排放量有所减少，从而提高农业碳生产率；而在高经济发展水平阶段，农产品消费需求会随经济发展水平的提高发生调整，农产品进口贸易转变为以进口清洁环保型的高端农产品为主，技术进步以及生产结构的调整将促进农业生产率的提高，但长期以来的农业生产仍以能源消耗和环境污染为代价，从而对农业碳生产率起到的增长作用有限。因此，可得到农产品进口贸易与农业碳生产率之间存在经济发展的门槛效应，当经济发展达到门槛水平时，农产品进口贸易对农业碳生产率的促进作用将有所下降这一结论。

表4-9   农产品进口贸易对农业碳生产率影响的门槛效应估计结果：

经济发展水平

变量	动态面板门槛模型		静态面板门槛模型	
	ln*IMT*	*IM*	ln*IMT*	*IM*
CP（-1）	-0.255 *** (0.003)	-0.155 *** (0.006)	-0.162 *** (0.041)	-0.147 *** (0.041)
IC_1	0.036 *** (0.003)	0.324 ** (0.162)	0.014 ** (0.006)	0.258 * (0.156)
IC_2	0.025 *** (0.007)	0.002 (0.012)	0.002 (0.006)	0.006 (0.004)
AA	0.197 ** (0.077)	0.054 (0.087)	-0.027 (0.025)	-0.005 (0.025)
UL	0.002 ** (0.001)	0.004 *** (0.001)	0.001 (0.001)	0.002 ** (0.001)
AFI	0.521 *** (0.087)	0.363 ** (0.133)	0.197 (0.148)	0.264 * (0.149)

续表

变量	动态面板门槛模型		静态面板门槛模型	
	ln*IMT*	*IM*	ln*IMT*	*IM*
HC	− 0. 082 *** (0. 010)	− 0. 069 *** (0. 012)	− 0. 015 (0. 039)	− 0. 025 ** (0. 012)
IL	− 0. 028 (0. 023)	0. 074 *** (0. 016)	− 0. 016 (0. 039)	0. 012 (0. 041)
RF	− 0. 032 (0. 028)	0. 012 (0. 015)	0. 004 (0. 009)	− 0. 004 (0. 010)
ln*AI*	− 0. 013 *** (0. 004)	− 0. 012 * (0. 007)	− 0. 007 (0. 007)	− 0. 005 (0. 007)
常数项	0. 572 *** (0. 101)	0. 600 *** (0. 093)	0. 470 *** (0. 079)	0. 470 *** (0. 074)

注：IC_1 和 IC_2 分别为不同面板门槛区间内分别以 ln*IMT* 和 *IM* 作为解释变量的估计系数。
*** 、** 、* 分别表示在 1% 、5% 、10% 的水平下显著，括号内为稳健标准误。

利用动态面板门槛模型进行实证检验后所得结论与假设 2 不同，这可能
与农产品进口贸易对农业碳生产率影响的内在机理有关。根据理论分析可知，
农产品进口贸易带来的技术溢出将提高农业碳生产率，而农业生产结构以及
规模的变化可能会降低农业碳生产率，这就会在一定程度上缓解农产品进口
贸易对农业碳生产率的促进作用，从而可印证所得结论，故在下一章将进一
步分析农产品进口贸易对农业碳生产率的影响机制，以对这一原因加以证实。
除此之外，所得结论也与前文研究各地区异质性影响时所得结论略有不同。
具体而言，东北区和华南区作为各省份年均人均收入水平低于 8872. 19 元的
区域，其农产品进口贸易对农业碳生产率的影响应为负效应，但动态面板门
槛模型估计结果却为正效应，究其原因是东北区的黑龙江、吉林、辽宁三个
省份的农业生产模式为资源输出型，所以农产品进口贸易对农业碳生产率的
影响可能更为复杂，而华南区由于海南和广东人均收入水平相差较大，长江
中下游区由于上海和安徽人均收入水平相差较大，所以也可能会对区域内农

产品进口贸易与农业碳生产率的关系产生影响。

在前文得到的实证结论的基础上，进一步结合动态面板分位数模型，分析在不同人均收入水平门槛条件下农产品进口贸易对农业碳生产率的非线性影响，25%、50%和75%处的分位数回归结果如表4-10所示。在人均收入门槛条件下，农产品进口贸易对农业碳生产率的影响存在显著差异。当人均收入低于门槛值时，即处于低经济发展水平时，农产品进口贸易对于在25%、50%和75%分位数处的农业碳生产率均具有显著的正向影响。低经济发展水平地区间联动作用效应比较明显，且农业碳生产率越高的省份农产品进口贸易对农业碳生产率的促进作用越强，即在75%分位数处的系数大于25%分位数处的系数，本身农业碳生产率较高的省份更有利于持续提升农业碳生产率。当人均收入高于门槛值时，即处于高经济发展水平时，除农产品进口贸易规模对于在75%分位数处的农业碳生产率有显著影响外，其余情况没有显著影响，具体对应的省份为天津、广东和浙江，这三个省份受到农产品进口贸易对农业碳生产率产生的促进作用将更为明显。

表4-10　　　　农产品进口贸易对农业碳生产率影响的分位数回归结果

类别		变量	分位数		
			$\tau = 25\%$	$\tau = 50\%$	$\tau = 75\%$
低经济发展水平（人均收入低于门槛值）	lnIMT	CP (-1)	-0.020 (0.022)	-0.001 (0.024)	-0.001 (0.026)
		lnIMT	0.037 *** (0.008)	0.054 *** (0.010)	0.106 *** (0.009)
		控制变量	已控制	已控制	已控制
	IM	CP (-1)	-0.009 (0.023)	-0.012 (0.028)	-0.014 (0.042)
		IM	0.466 *** (0.106)	0.461 ** (0.203)	1.137 *** (0.265)
		控制变量	已控制	已控制	已控制

续表

类别		变量	分位数		
			$\tau = 25\%$	$\tau = 50\%$	$\tau = 75\%$
高经济发展水平（人均收入高于门槛值）	ln*IMT*	*CP*（-1）	0.998 (0.694)	1.000 * (0.532)	0.065 (0.417)
		ln*IMT*	-0.001 (0.051)	0.001 (0.066)	0.130 ** (0.060)
		控制变量	已控制	已控制	已控制
	IM	*CP*（-1）	-0.001 (0.009)	-0.001 (0.015)	0.018 (0.019)
		IM	-0.001 (0.009)	-0.001 (0.015)	0.018 (0.019)
		控制变量	已控制	已控制	已控制

注： ***、**、* 分别表示在1%、5%、10%的水平下显著，括号内为稳健标准误。

4.4 本章小结

本章利用中国省级面板数据，构建动态面板模型、动态面板门槛模型以及动态面板分位数模型实证检验农产品进口贸易对农业碳生产率影响的直接效应。本章得到的主要结论如下：

（1）整体来看，中国农产品进口贸易呈快速增长趋势，其中山东、广东、北京、上海和江苏为农产品进口贸易的主要省份。中国区域性农产品进口贸易发展不平衡，上海、北京和天津是中国农产品进口贸易依存度最高的省份，黄淮海区和长江中下游区是主要开展农产品进口贸易的地区。长期以来，大豆进口贸易在中国粮食安全战略中处于重要地位，进口贸易依存度较高，中国农产品进口贸易与农业协调发展的水平在不断提高。

（2）农产品进口贸易正向影响农业碳生产率，且农产品进口贸易对农业碳生产率的影响存在明显的区域差异，其中农产品进口贸易会促进西北及长城沿线区和黄淮海区农业碳生产率的提高，会抑制长江中下游区农业碳生产率的提高。

（3）农产品进口贸易对农业碳生产率的影响显著存在基于经济发展水平的单门槛效应，其门槛值为实际人均收入8872.19元，当经济发展达到门槛水平时，农产品进口贸易对农业碳生产率的促进作用将有所下降。

（4）在不同经济发展门槛条件下，农产品进口贸易对不同分位点处的农业碳生产率有不同的影响。低经济发展水平地区间联动作用效应较明显，农业碳生产率越高的省份农产品进口贸易对农业碳生产率的促进作用越强，高经济发展水平地区中的天津、广东和浙江受到农产品进口贸易对农业碳生产率产生的促进作用更为明显。

第 5 章

农产品进口贸易对农业碳生产率
影响的间接效应

　　根据上一章的研究发现农产品进口贸易正向影响农业碳生产率，并且农产品进口贸易对农业碳生产率的影响显著存在基于经济发展水平的单门槛效应，当经济发展达到门槛水平时，农产品进口贸易对农业碳生产率的促进作用将有所下降，这一结论与第 4 章提出的假设 2 有所不同，所以本章将通过探究农产品进口贸易影响农业碳生产率的机制，明确各机理直接影响以及相互影响的作用效应，以再次印证所得结论。本章将首先从理论层面分析农产品进口贸易对农业碳生产率的影响机制，包括替代效应、结构效应、技术效应的影响机理以及环境规制对各效应的调节作用，之后基于理论分析利用多重中介效应模型、有调节的多重中介效应模型以及动态面板门槛模型进行实证检验，以明确农产品进口贸易对农业碳生产率的影响机制。本章各节的研究内容为：第 1 节理论分析农产品进口贸易对农业碳生产率的影响机制；第 2 节实证检验农产品进口贸易对农业碳生产率的影响机制；第 3 节总结本章的重要结论。

5.1　农产品进口贸易对农业碳生产率
影响机制的理论分析

格罗斯曼和克鲁格（Grossman and Krueger，1991）首次提出贸易通过规模效应、结构效应和技术效应对环境产生影响。其中,规模效应是指贸易带动生产规模的扩大,所使用的生产要素增加;结构效应是指贸易推动国内产业结构发生改变;技术效应是指贸易引致先进技术的创新和传播。除对以上三大传统效应的划分外,还可以归纳为收入效应、政策效应等更为细致的划分,但由于三大效应是最早且被众多学者广泛接受的划分方式,并且一些较为经典的研究模型如安特维勒等(Antweiler, Copeland and Taylor, 2001)构建的贸易 - 环境一般均衡理论模型也是从这三个效应入手对机理进行分解分析的,故本书着重从规模效应、结构效应和技术效应三个方面考虑农产品进口贸易对农业碳生产率的影响机理。由于其中的规模效应主要是指进口贸易导致的生产要素投入的减少以及生产规模的缩小,故称之为替代效应更能反映关系特征。因此,农产品进口贸易影响农业碳生产率的具体作用机制可概括为对污染型农产品的替代效应、有利于资源优化配置的结构效应以及通过进口中间品等渠道实现的技术效应,农产品进口贸易作用于农业碳生产率的机制如图5-1所示。具体而言,进口高能耗农产品可以替代国内相应农业生产并有利于产业结构调整,进口优质农产品带来的技术溢出也可以实现技术进步和产业升级,由此从源头上降低了生产所需的劳动力、资本、环境等要素的投入,最终提高农业碳生产率。接下来将分别就农产品进口贸易影响农业碳生产率的三种效应做具体机理分析。

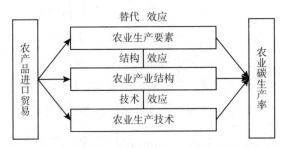

图 5 - 1　农产品进口贸易作用于农业碳生产率的机制

5.1.1　替代效应的影响机理分析

农产品进口贸易的替代效应对农业碳生产率的影响可从农业碳生产率自

身含义的角度出发，即农业经济发展和农业碳排放。在农业经济发展方面，农产品进口贸易会对其产生正负两种效应。第一，负效应具体体现为大量农产品进口贸易会替代国内投资，抑制国内农业生产发展，从而产生进口投资挤出效应，即当增加一个单位的进口流入时，会导致国内投资增加小于一个单位或引起国内投资的减少。进口贸易对国内产业的挤出机制具体可以表现为：一方面，当进口贸易产品借助技术、政策等比较优势进入已有较多国内投资的国内市场时，将挤占国内市场，给国内企业带来巨大压力，甚至将国内企业挤出国内市场；另一方面，当进口贸易产品大量涌入没有较多国内投资的国内市场时，将迅速占据国内市场，抑制国内企业对国内市场的投资。就农产品进口贸易而言，大量进口农产品将挤占并冲击国内农产品市场，造成国内农产品需求减少、国内农产品价格下跌的情况，导致农产品生产者积极性不高，降低农产品国内供给，消费者可购买的国内农产品减少。因此，大规模的农产品进口贸易会对农产品的生产与消费产生挤出效应。但由于中国开展的农产品进口贸易主要考虑其对国内市场供求平衡的作用，即在粮食安全的背景下始终坚持适度进口，所以出现过度进口农产品挤压国内农业生产部门生存空间、抑制农业生产部门发展的概率较小。第二，正效应具体体现在农产品进口贸易可以填补国内农业产需缺口，保证农产品供需链的正常运转，促进产需平衡，缓解国内农产品生产压力，形成良好平衡的发展态势。[1] 基于农业经济增长的局部均衡，从农业发展理论来看，短期内农产品进口贸易会通过影响国内农产品价格来调节农业生产，对农业经济增长产生短期冲击，但是从长期看，农产品生产的专业化程度会逐步形成具有比较优势的国际分工，基于此开展的农产品进口贸易将有利于农业生产资料的合理配置和农业产业结构的优化调整[2]，以此提高农业生产效率，促进农业经济增长。

在农业碳排放方面，农产品进口贸易不仅简单指农产品在国际市场上的

---

① 倪洪兴. 农业贸易政策选择应注意的六大误区 [J]. 农业经济问题，2008，342（6）：27 – 32.

② Melitz MJ. The impact of trade on intra-industry reallocations and aggregate industry productivity [J]. Econometrica，2003（71）：1695 – 1725.

跨国界流动，还意味着相关农业生产要素在国际市场的跨国界流动。从投入要素来看，农产品进口贸易会影响国内农业生产中投入要素的使用，改变包括土地、劳动力和资本在内的农业生产要素的投入使用数量。这就在一定程度上减少了国内生产农产品的资源消耗，减缓了农业碳排放污染致使的环境恶化，起到保护国内自然环境以及维护农业可持续发展的目的①，在减少生产要素投入和控制环境负面产出两个方面均会致使农业碳排放的减少。在粮食安全的背景下，根据农业碳生产率的含义综合来看，农产品进口贸易将在减少农业碳排放的基础上更有利于促进农业经济增长，故基于前文对替代效应的影响机理分析提出假设3。

假设3：农产品进口贸易通过减少农业生产要素投入提高农业碳生产率。

5.1.2 结构效应的影响机理分析

在中国大量进口农产品的过程中，其农业生产结构将发生很大变化②，具体表现为以下两个方面：一方面，农产品进口贸易通过调整产业要素构成对产业结构产生最直接的影响。根据资源禀赋理论，由于各地区农业资源禀赋不同，农产品专业化生产也会存在一定差异。在自由贸易的情况下，农产品进口贸易会使农业生产从没有比较优势的产品转向有比较优势的产品，从而促进农业生产结构的调整与优化。③ 例如，中国进口大豆会使豆农减少生产不具有比较优势的大豆，转向生产具有更高经济效益以及比较优势的小麦、水稻、玉米等，并且进口大豆、棉花以及糖料作物也会促使农业种植区域集聚形成几大主产区，促进农业生产结构的空间调整。④ 另一方面，农产品进

---

① 刘颖. 进口农产品对国内农业影响的双面效应分析 [J]. 农业经济，2014，331 (12)：111–113.

② 戴鹏. 中国农产品进口影响的实证研究 [D]. 北京：中国农业大学，2015.

③ 黄季焜，徐志刚，李宁辉，Scott Rozelle. 贸易自由化与中国的农业、贫困和公平 [J]. 农业经济问题，2005 (7)：9–15，79.

④ 江涛，姜荣春，王军. 从大豆产业开放及其产业格局演变看粮食安全 [J]. 国际贸易，2012 (2)：45–49，53.

口贸易会通过为农业产业结构调整提供机会、信息和方向指导而对调整农业生产结构产生间接影响。例如，大豆进口贸易在客观上可作为退耕还林等产业结构调整的外在条件，为农业产业结构战略调整提供机会。[①] 除此之外，根据产品生命周期理论和雁行产业发展理论，农产品进口国在国际贸易中可通过国际分工和国际交换发现本国的比较优势，可通过国际交流合作掌握农产品的市场变化信息，从而根据本国的比较优势以及国际市场上农产品贸易结构的变化趋势主动调整国内农业生产结构，以促使国内农业产业结构优化升级并提高本国农产品的国际竞争力。[②]

总体而言，进口大量异质性农产品会促进农产品供给结构的调整，推动农产品由低水平供需平衡发展为高水平供需平衡，并且带来的市场需求与利润将激励农业企业主动完善生产结构，以此成为推动生产率增长的关键。农产品进口贸易还会通过影响农业资源配置和农业产业结构调整引致农业环境质量变化。由于农业产业结构的调整将改变农业生产中农业生产要素的投入使用情况，一方面，农业产业结构调整的外部不经济性不利于环境质量的改善，如化肥、农药等使用量的增加；另一方面，在受到环境规制等政策标准的约束下，农业产业结构调整将会倾向于绿色农业，使低技术高排放的农业生产逐步实现低碳转型，此时农业产业结构调整将有利于环境质量的改善。由于农业环境规制政策中如环境命令要求、环境法规法律等强制性政策工具使用度较高，且农业强制性政策工具对农业经济发展促进作用明显[③]，故在环境政策的引导下农业产业结构将更倾向于向低碳环保农业调整，提高农业碳生产率。因此，基于前文对结构效应的影响机理分析提出假设 4。

假设 4：农产品进口贸易通过调整农业产业结构提高农业碳生产率。

---

① 蒋兴红，王征兵. 中国农产品国际贸易结构特征及其变动分析 [J]. 理论探讨，2013（3）：103 - 106.

② 潘晔，张振，苗海民. 农业国际贸易对国内产业结构影响机制研究 [J]. 经济问题，2019（5）：115 - 121.

③ 付彤昕. 农业政策对区域农业经济发展的影响研究 [D]. 重庆：重庆大学，2022.

5.1.3 技术效应的影响机理分析

进口贸易的技术效应对生产率的影响路径可以分为两种：一种是通过技术进步实现规模经济以提高生产效率；另一种是通过提高要素使用效率，进而提高生产率。[①] 进口贸易的技术效应又具体可分为两类。第一类是自主创新效应。进口贸易意味着东道国企业需要和国内外企业进行竞争，这种竞争对东道国企业的影响具有两面性：一方面，进口贸易会挤占本国产品的市场份额，使生产规模缩减、生产率下降，并且竞争还会使生产成本增加，从而也将导致生产率下降。[②] 尤其是在短期内，在竞争压力下进行的大规模生产将加大污染物排放，产生严重的环境问题，由此将不利于提高碳生产率，但是在长期，竞争所带来的负效应将会逐渐消失。另一方面，竞争将导致一些技术水平落后或生产率低下的企业被淘汰，这些企业落后的生产方式造成的高能耗、高污染的环境问题也会在一定程度上得到缓解，并且竞争也会迫使本国企业加大技术研发投入来革新生产技术，从而增强产品国际竞争力以期不被轻易取代。第二类是知识溢出效应，即各国通过贸易吸收其他国家先进的技术资源。一般来说，两国的技术水平差距越大，由此带来的知识溢出效应的作用越强。贸易进口国由于直接使用物化的国外研发产品，不必再支付额外的研发费用，即以较低成本甚至零成本获得国外先进研发成果，极大提升了进口国的技术水平和生产效率。同时，进口贸易增加了进口国的技术存量和知识存量，使其可以通过模仿等方式快速引进并吸收先进技术，并通过示范效应自主进行技术创新。在农产品领域，通过农产品进口贸易既可获得他国高质量的最终农产品，还可以获得富有技术含量的农产品，如此，他国的研发行为将通过进口贸易渠道输入到本国国内，对本国的农业生产效率产

---

① 王少剑，黄永源. 中国城市碳排放强度的空间溢出效应及驱动因素 [J]. 地理学报，2019，74 (6)：1131-1148.

② 钱学锋，范冬梅，黄汉民. 进口竞争与中国制造业企业的成本加成 [J]. 世界经济，2016，39 (3)：71-94.

生直接或间接的影响，并且先进技术和生产设备的引进，将进一步刺激本国提高农业生产技术水平，即保证在产出不变的前提条件下，消耗更少的能源资本，产出更少的污染排放，最终在改善环境质量的同时提高农业碳生产率。

然而，农产品进口贸易的技术效应也可能会阻碍农业碳生产率的提高。[①]一方面，当农产品进口国学习能力较弱时，将很难破解进口产品中所包含的先进技术，而且还会出现因在破解进口产品技术时投入过多的人力和资金导致的生产效率低下的情况[②]；另一方面，过度进口农产品将导致进口依赖，此时不但不能促进农业生产技术进步，反而会导致生产率降低或停滞不前。由于中国经济发展水平较高，作为进口国的学习能力较强，且在主要粮食作物中只有大豆的进口依赖程度较高，故基于前文对技术效应的影响机理分析提出假设 5。

假设 5：农产品进口贸易通过自主创新和知识溢出提高农业碳生产率。

5.1.4 环境规制调节作用的理论分析

根据现有研究可知，环境规制在贸易与环境中的调节作用尚未得到一致结论，针对农产品进口贸易方面的研究也未作深入探讨。由于农产品进口贸易通过替代效应、结构效应以及技术效应影响农业碳生产率，所以环境规制可能会通过调节这三种效应来影响农业碳生产率，具体而言：

（1）环境规制通过调节农产品进口贸易的替代效应而影响农业碳生产率。农产品进口贸易的增加将减少农业生产过程中的资源消耗和污染物排放，此时在严厉的环境规制下可能会出现以下两种情况：一是环境治理成本增加。具体包括农业机械设备购买或升级、农业生产废弃物回收、清洁生产要素购买以及环境修复等成本均会有所增加，对农业生产要素投入使用情况的影响

---

① 何元庆. 对外开放与 TFP 增长：基于中国省际面板数据的经验研究 [J]. 经济学（季刊），2007（4）：1127 - 1142.

② 陈昊，赵春明. 进口贸易是否抑制了技术进步：状态空间模型的再检验 [J]. 经济理论与经济管理，2012（2）：47 - 53.

不得而知。一方面，农业生产者可能会因为生产成本的增加降低化肥、农药等利用率低、污染排放高的投入要素的使用强度①，此时环境规制起到了正向调节作用；另一方面，农业生产者利润率的减少，可能会促使其加大农业生产要素的投入使用，以期弥补环境治理成本带来的经济损失，此时环境规制就呈现出负向调节作用。二是环境规制强度的提高将产生挤出效应。降低农业生产者的人力资本投资成本，限制农业劳动力提升其农业清洁生产技术的吸收能力和相关知识的获取能力②，从而产生负向调节作用。

（2）环境规制通过调节农产品进口贸易的结构效应而影响农业碳生产率。在环境规制相对宽松的情况下，资源消耗较大、环境污染较严重的农产品会具有比较优势，故国内生产将更加倾向于农业污染品，在农产品进口贸易中为满足消费需求将更多进口农业清洁品，这将不利于农产品进口贸易对农业产业结构的优化调整。而随着环境规制强度的不断提升，比较优势的变化将致使国内生产更多的农业清洁品，从而环境规制会正向调节农产品进口贸易对农业产业结构的调整，促进农业产业结构优化升级以提高农业碳生产率。

（3）环境规制通过调节农产品进口贸易的技术效应而影响农业碳生产率。农产品进口贸易通过自主创新和绿色技术溢出提高农业绿色生产技术水平，严厉的环境规制会加剧农业企业间的竞争，以致倒逼农业企业研发绿色技术或通过学习模仿先进农业绿色生产技术，帮助提高自身生产技术水平，此时环境规制将起到正向调节作用。但随着环境规制的强度达到某一临界值时，不同环境规制对进口贸易技术效应的调节作用将有所差别③，环境规制对进口贸易技术效应的调节作用可能呈 U 形等非线性走势。④ 由于中国作为

---

① Cochard F, Willinger M, Xepapadeas A. Efficiency of non-point source pollution instruments: An experimental study [J]. Environmental and Resource Economics, 2005 (30): 393 – 422.

② Shadbegian R J, Gray W B. Pollution abatement expenditures and plant-level productivity: A production function approach [J]. Ecological Economics, 2005, 54 (2 – 3): 196 – 208.

③ 郭艳，张群，吴石磊. 国际贸易、环境规制与中国的技术创新 [J]. 上海经济研究，2013，25 (1): 122 – 129.

④ 马淑琴，戴军，温怀德. 贸易开放、环境规制与绿色技术进步：基于中国省际数据的空间计量分析 [J]. 国际贸易问题，2019 (10): 132 – 145.

后发国家，农业生产技术较为落后，虽然增加环境规制强度会通过创新激励效应提高农业生产技术，但自身因素的限制会造成严厉环境规制出现"拔高"作用，并且对一些绿色技术不达标生产行为的遏制，短期内也将不利于企业技术创新和生产要素配置。[①] 因此，基于环境规制调节作用的理论分析，提出假设 6，并进一步提出假设 7。

假设 6：环境规制对农产品进口贸易与农业碳生产率关系的调节作用是非线性的。

假设 7：环境规制正向调节农产品进口贸易的替代效应、结构效应与技术效应而影响农业碳生产率，即环境规制强度越高越有利于农业生产要素投入减少、农业产业结构优化以及农业生产技术进步。

5.2 农产品进口贸易对农业碳生产率影响机制的实证检验

5.2.1 变量选取与数据来源

根据上一节的理论分析与研究假说，选取 2000～2020 年中国 31 个省份的面板数据作为实证样本，关键变量与控制变量选取与前文相同，而农产品进口贸易对农业碳生产率影响机理分析的其他相关变量选取如下：

（1）农业生产要素。利用主成分分析法综合评价农业生产要素的投入情况，形成农业生产要素投入量综合指标以衡量农业生产要素投入。农业生产要素投入主要包括物质要素投入和劳动要素投入两个部分：物质生产要素投入部分包括化肥、有机肥、农家肥、农药、套袋和地膜等物化投入；劳动生

---

① 汪萍，蔡玲. 出口产品质量与中国城市绿色转型发展：基于绿色全要素生产率的研究 [J]. 生态经济，2022，38（8）：72-79.

产要素投入部分包括在整个农业生产过程中所投入的劳动力[①]，且伴随农业机械化水平的快速发展，农机投入也应作为重要的农业生产要素加以考虑。由于中国耕地保护制度逐渐严格，需遵行耕地总量动态平衡制度，土地投入要素即农用地面积受政策影响较大且不易变更，故不采纳部分文献中将土地投入纳入农业生产投入要素中的做法。因此，根据数据可获得性，基于主成分分析法对化肥、农药、农用塑料薄膜和农机投入等物化投入要素以及劳动力投入作为主要农业生产要素变量进行合成，按年份在保证成分的特征根累积贡献率均高于 80% 且所有特征值均大于 1 的情况下，提取了 1 个主成分，根据各成分得分系数和原始变量的标准化值，计算获得农业生产要素投入量综合指标。

（2）农业产业结构。农业产业结构是指农业各产业的构成及各产业间的联系与比例关系，即农、林、牧、渔业间的构成及比例关系，而农业产业结构升级是农业资源在农、林、牧、渔业间的优化配置对农业产业结构水平和效率的提高[②]，因此可利用农业产业结构升级衡量农业产业结构优化程度。农业产业结构优化是农、林、牧、渔业结构调整直至农业资源配置效率达到最优的动态过程，故农业产业结构升级程度可衡量农业产业结构的调整过程。本书参考匡远配和周凌（2016）的测算方法，利用泰尔指数（TL）计算农业产业结构升级，具体计算公式可表示为：$TL = \sum_{i=1}^{n} \left(\frac{Y_i}{Y} \right) \ln \left(\frac{Y_i/L_i}{Y/L} \right)$，其中 Y_i 表示各行业（农、林、牧、渔）总产值；L_i 表示各行业（农、林、牧、渔）从业人数；$\frac{Y_i}{Y}$ 表示产出结构；$\frac{Y}{L}$ 表示生产效率。由于农、林、牧、渔各行业从业人数数据无法获得，本书参考江艳军和黄英（2019）的做法使用各行业增加值与中间消耗的比值来表示该行业的生产效率。

---

① 杨海钰，蔡文聪，赵素彦，等．霜冻灾害对苹果种植户生产要素投入影响的倒 U 型关系：基于农业保险调节效应的实证分析 [J]．干旱区资源与环境，2022，36（6）：81 - 88.

② 马玉婷，高强，杨旭丹．农村劳动力老龄化与农业产业结构升级：理论机制与实证检验 [J]．华中农业大学学报（社会科学版），2023（2）：69 - 79.

（3）农业生产技术。现有研究中衡量农业生产技术水平的方法较多，较为流行的是利用投入产出计算技术进步全要素生产率来表示农业生产技术水平，但由于全要素生产率不能将非技术因素完全区分开，而经济增长是由多种因素投入产生的，故所得的技术进步将会与现实经济情况有所出入，用它衡量农业生产技术水平可能存在一定的高估情况。[①] 除此之外，研发经费也被视为衡量技术进步的重要指标，但由于农业部门的研发经费较难获得，且研发经费的投入不能反映农业技术实践情况，故在考虑数据可得性后，选择采用陈锡文等（2011）学者的测算方法，利用农业生产的结果表示农业技术水平，即依据农业从业人员人均产值来测算农业技术水平，具体计算公式可表示为：农业生产技术水平＝农林牧渔业总产值/第一产业实际就业人数，其中农林牧渔业总产值以 2000 年为基期做可比价处理，以减少农产品价格变动带来的影响。

选取变量的具体说明与数据来源如表 5 - 1 所示。

表 5 - 1   变量说明与数据来源

变量名称	符号	具体计算公式	数据来源
农业生产要素	EPF	主成分分析法获得的农业生产要素投入量综合指标	国家统计局、国家粮食局公开数据和《农产品成本收益年鉴》
农业产业结构	STR	泰尔指数：$TL = \sum_{i=1}^{n} \left(\dfrac{Y_i}{Y} \right) \ln \left(\dfrac{Y_i/L_i}{Y/L} \right)$	《中国统计年鉴》《中国农业统计年鉴》《中国农村统计年鉴》
农业生产技术	TE	农业生产技术水平＝农林牧渔业总产值/第一产业就业人数	《中国农村统计年鉴》

表 5 - 1 中所选变量的描述性统计情况如表 5 - 2 所示。

---

① 马轶群. 农产品贸易、农业技术进步与中国区域间农民收入差距 [J]. 国际贸易问题, 2018 (6)：41 - 53.

表 5 - 2 变量的描述性统计结果

变量名称	观测值	均值	标准差	最小值	最大值
农业生产要素（EPF）	651	8.74×10^{-8}	0.984	-1.339	3.287
农业产业结构（STR）	651	0.399	0.145	0	1
农业生产技术（TE）	651	27.780	66.628	0.743	622.458

5.2.2 模型设定

根据前文分析可知，农产品进口贸易对农业碳生产率的影响效应主要包括替代效应、结构效应和技术效应，且这三种效应之间是有机联系的，具体而言：第一，结构效应会促进农业产业结构调整和优化，改变农业生产投入要素的使用，使资源配置更为合理，与替代效应一起作用于农业生产要素的投入使用，最终共同作用于农业碳生产率；第二，技术效应可通过结构效应发挥影响作用，农产品进口贸易的技术效应一方面可带来绿色农业生产技术，另一方面可激励绿色农业生产技术的改进与创新，由此形成的比较优势产品将促进农业产业结构的调整，进一步发挥结构效应的作用；第三，技术效应可以通过农业生产技术的进步直接作用于农业生产要素的投入使用，影响替代效应作用的发挥，从而提高农业碳生产率。由此可知，农产品进口贸易通过三大效应作为中介机理影响农业碳生产率，且农业生产要素、农业产业结构以及农业生产技术这三个中介变量之间存在交互关系。因此，本书将构建多重中介效应模型对农产品进口贸易影响农业碳生产率的间接效应进行实证检验。

将前文已构建的动态面板估计模型作为总效应方程，遵循王磊（2019）的设计思路构建链式多重中介效应模型，进一步检验农产品进口贸易对农业碳生产率的内在传导机制，模型具体设定如下：

$$CP_{it} = \alpha_0 + \alpha_1 CP_{it-1} + \alpha_2 IMT_{it} + \alpha_3 Z_{it} + \rho_{it} \tag{5.1}$$

$$TE_{it} = \beta_0 + \beta_1 TE_{it-1} + \beta_2 IMT_{it} + \beta_3 Z_{it} + \theta_{it} \tag{5.2}$$

$$STR_{it} = \gamma_0 + \gamma_1 STR_{it-1} + \gamma_2 IMT_{it} + \gamma_3 TE_{it} + \gamma_4 Z_{it} + \epsilon_{it} \tag{5.3}$$

$$EPF_{it} = \sigma_0 + \sigma_1 EPF_{it-1} + \sigma_2 IMT_{it} + \sigma_3 TE_{it} + \sigma_4 STR + \sigma_5 Z_{it} + \vartheta_{it} \quad (5.4)$$

$$CP_{it} = \delta_0 + \delta_1 CP_{it-1} + \delta_2 IMT_{it} + \delta_3 TE_{it} + \delta_4 STR_{it} + \delta_5 EPF_{it} + \delta_6 Z_{it} + \tau_{it} \quad (5.5)$$

其中，i 表示省份；t 表示年份；Z_{it} 表示与前文相同的控制变量；$\alpha_0 \sim \alpha_3$、$\beta_0 \sim \beta_3$、$\gamma_0 \sim \gamma_4$、$\sigma_0 \sim \sigma_5$ 以及 $\delta_0 \sim \delta_6$ 表示待估参数；ρ_{it}、θ_{it}、ϵ_{it}、ϑ_{it} 和 τ_{it} 表示随机误差项。农产品进口贸易依存度 IM 作为核心变量的多重中介效应模型的设定与其同理。

5.2.3　实证结果及分析

本书使用分步估计的方法估计中介效应，具体包括以下三步：第一步，估计总效应方程（5.1）中解释变量与被解释变量的相关关系，只有当解释变量与被解释变量存在显著相关关系时，才需进行下一步的中介效应检验，否则将没有意义；第二步，基于第一步得到的相关关系，估计中介方程（5.2）、方程（5.3）和方程（5.4）中解释变量与中介变量的相关关系以及中介变量与中介变量的交互关系，只有当解释变量与中介变量具有相关关系时，即存在该中介效应时，才需进行下一步的中介效应检验，否则也将没有意义；第三步，基于第二步得到的中介关系与中介交互关系，通过估计方程（5.5），在考虑中介变量的作用下同时确定解释变量与被解释变量间的关系。根据中介效应三步法的估计结果，当相关系数均呈显著时，说明理论分析得到的三个中介效应均存在；当某项相关系数不显著时，则说明该中介效应不存在。除此之外，若解释变量在方程（5.1）中显著但在方程（5.5）中不显著，说明该模型为完全中介效应，即除模型中的中介变量外，不存在其他直接效应或中介效应；若解释变量在方程（5.1）和方程（5.5）中均显著，则说明该模型为部分中介效应，即除模型中的中介变量外，还存在其他直接效应或中介效应。农产品进口贸易对农业碳生产率的影响机制回归结果如表 5-3 和表 5-4 所示，根据表中数据可知，所有模型均通过 10% 显著性水平的 Hansen 检验，即无法拒绝工具变量过度识别的原假设，说明模型中选取的工具变量是有效的，且二阶序列相关检验结果 AR（2）表明不存在自相关问题，说明模型存在的内生性问题得以克服，模型设定是合理的。

表 5 - 3　　　农产品进口贸易规模对农业碳生产率影响机制的估计结果

变量	CP	lnTE	STR	EPF	CP
CP（-1）	-0.016*** (0.002)				-0.027*** (0.005)
lnTE（-1）		0.986*** (0.034)			
STR（-1）			0.457*** (0.014)		
EPF（-1）				0.903*** (0.038)	
lnIMT	0.121*** (0.027)	0.017** (0.007)	0.014** (0.006)	-0.014* (0.008)	0.099* (0.057)
lnTE			0.033*** (0.010)	-0.074*** (0.022)	0.407* (0.223)
STR				-0.017 (0.021)	-0.667*** (0.169)
EPF					-0.584*** (0.162)
AA	0.863** (0.413)	-0.001 (0.010)	0.016 (0.014)	-0.011 (0.009)	0.213 (0.131)
UL	0.015*** (0.003)	-0.001 (0.002)	-0.004*** (0.001)	0.002** (0.001)	-0.009 (0.007)
AFI	-0.457* (0.259)	0.189*** (0.062)	-0.318*** (0.111)	0.033 (0.079)	-0.032 (0.575)
HC	-0.038* (0.022)	-0.231*** (0.081)	-0.072 (0.075)	-0.139** (0.057)	0.001 (0.072)
IL	0.327*** (0.116)	0.095*** (0.028)	0.129** (0.049)	0.058* (0.033)	0.451** (0.197)
RF	0.485*** (0.134)	0.025* (0.015)	-0.022 (0.021)	0.036** (0.018)	0.331** (0.151)

续表

变量	CP	lnTE	STR	EPF	CP
lnAI	0.040 ** (0.017)	0.019 (0.012)	0.009 * (0.005)	0.014 * (0.008)	0.116 ** (0.044)
常数项	− 1.743 *** (0.461)	0.375 *** (0.134)	0.350 ** (0.152)	0.265 ** (0.117)	− 0.378 (0.394)
AR（2）	0.318	0.200	0.280	0.207	0.275
Hansen 检验	0.829	0.902	1.000	1.000	1.000

注：*** 、** 、* 分别表示在 1%、5%、10% 的水平下显著，括号内为稳健标准误；AR（2）和 Hansen 检验显示的为 p 值。

表 5 – 4　农产品进口贸易依存度对农业碳生产率影响机制的估计结果

变量	CP	lnTE	STR	EPF	CP
CP（−1）	− 0.023 *** (0.002)				− 0.021 ** (0.009)
lnTE（−1）		0.980 *** (0.043)			
STR（−1）			0.490 *** (0.013)		
EPF（−1）				0.660 *** (0.150)	
IM	0.073 *** (0.016)	0.022 *** (0.004)	0.003 * (0.002)	0.011 ** (0.005)	− 0.104 ** (0.040)
lnTE			0.030 *** (0.009)	− 0.048 (0.039)	0.004 ** (0.002)
STR				0.006 (0.012)	− 0.667 ** (0.295)
EPF					0.011 (0.452)
AA	0.576 *** (0.070)	0.034 (0.032)	0.004 (0.012)	− 0.147 ** (0.069)	0.414 *** (0.095)

续表

变量	CP	lnTE	STR	EPF	CP
UL	0.002 (0.002)	0.001 (0.002)	-0.003*** (0.001)	0.001 (0.001)	-0.019* (0.010)
AFI	-0.744* (0.412)	0.192*** (0.064)	-0.258*** (0.086)	0.287** (0.107)	-1.836** (0.702)
HC	0.091*** (0.024)	-0.353*** (0.078)	-0.012 (0.039)	-0.219** (0.108)	0.359*** (0.071)
IL	0.868*** (0.161)	0.159*** (0.029)	0.101*** (0.023)	0.017 (0.026)	0.338* (0.191)
RF	0.468*** (0.143)	0.005 (0.015)	-0.029** (0.012)	-0.005 (0.018)	0.185 (0.260)
lnAI	0.043* (0.023)	0.024** (0.011)	0.015*** (0.004)	0.017 (0.012)	0.139* (0.078)
常数项	-1.225*** (0.213)	0.473*** (0.113)	0.242*** (0.084)	0.631** (0.260)	-2.829*** (0.671)
AR（2）	0.230	0.201	0.207	0.193	0.340
Hansen 检验	0.896	0.980	0.892	1.000	0.886

注：***、**、* 分别表示在 1%、5%、10% 的水平下显著，括号内为稳健标准误；AR（2）和 Hansen 检验显示的为 p 值。

根据表 5-3 和表 5-4 中的农业生产技术中介效应回归结果可知，农业生产技术的一阶滞后变量在 1% 水平下显著为正，表明农业生产技术交流存在长期性，农产品进口贸易对农业生产技术有显著的正向影响，即农产品进口贸易将会通过自主创新或技术溢出促进中国农业生产技术的提高；根据农业产业结构中介效应回归结果可知，农业产业结构的一阶滞后变量在 1% 水平下显著为正，表明农林牧渔各产业结构升级的迭代过程存在惯性，农产品进口贸易与农业生产技术均显著正向影响农业产业结构，说明农产品进口贸易的增加以及农业生产技术水平的提升均会促进农业产业结构优化升级；根据农业生产要素中介效应回归结果可知，农业生产要素的一阶滞后变量在

1% 水平下显著为正，表明在农业生产中农业生产要素的投入情况会受上期生产情况的影响，农产品进口贸易对农业生产要素的影响略有不同，农产品进口规模的扩大将使投入的农业生产要素减少，但对农产品进口贸易越依赖越会使农业生产要素投入增加，并且农业生产技术的进步也会促使农业生产要素投入的减少，即农业生产技术水平的提升将提高生产要素利用率。根据综合方程回归结果可知，农产品进口贸易对农业碳生产率有显著正向影响，农业生产技术水平的提升将促进农业碳生产率的提高，农业产业结构的升级将抑制农业碳生产率的提高，这一结论与程琳琳等（2016）学者的研究相类似，农业产业升级将扩大农业碳排放，而农业生产总值较农业碳排放而言增长较慢，从而必然会导致农业碳生产率的下降[1]，农业生产要素投入的增加也将抑制农业碳生产率的提高。值得注意的是，农产品进口贸易依存度与农业碳生产率呈负向相关，这是受农产品进口开放度与农业产业结构相关关系的影响造成的，所以对农产品进口的过分依赖将不利于农业碳生产率的提高。

综上所述，可以得到以下结论：农产品进口贸易通过减少农业生产要素投入提高农业碳生产率，假设 3 得到验证；农产品进口贸易通过调整农业产业结构降低农业碳生产率，虽然这与本书提出的假设 4 不同，但是与现有研究观点较为一致[2]；农产品进口贸易通过提升农业生产技术水平提高农业碳生产率，假设 5 得到验证。此外，在总效应方程（5.1）和综合方程（5.5）中农产品进口贸易与农业碳生产率均存在显著的相关关系，则说明模型为部分中介效应，即除替代效应、结构效应与技术效应外，还有其他直接效应或中介效应存在，这可能就包括巴特拉等（Batra，Beladi and Frasca，1998）、艾布勒和肖特尔（Abler and Shortle，1998）以及帕纳约托（Panayotou，2000）等学者提到的运输效应等非传统中介效应。

基于此，进一步研究效应大小以及效应路径，以明确各机理直接影响以

---

① 陈银娥，陈薇. 农业机械化、产业升级与农业碳排放关系研究：基于动态面板数据模型的经验分析 [J]. 农业技术经济，2018（5）：122 – 133.

② 金芳，金荣学. 农业产业结构变迁对绿色全要素生产率增长的空间效应分析 [J]. 华中农业大学学报（社会科学版），2020（1）：124 – 134，168 – 169.

及相互影响的作用关系。由于现实经济含义的需要以及更便于对比中介效应，后文将着重分析农产品进口贸易规模对农业碳生产率影响的间接效应。农产品进口贸易对农业碳生产率的替代效应、结构效应以及技术效应分别为0.0064、0.0093和0.0069，即总体中介效应为0.0226，则这三个中介效应在总体中介效应中的占比分别为28.32%、41.15%和30.53%，对比可知农业产业结构调整产生的中介效应最高。一般而言，替代效应与技术效应产生的正向中介效应高于结构效应产生的负向遮掩效应，最终农产品进口贸易正向影响农业碳生产率，但这种影响的大小将随各中介效应的大小发生改变，这间接解释了为何上一章得到的相关结论与假设2有所不同，之后将通过分析影响机制的异质性进一步对此加以验证。农产品进口贸易对农业碳生产率的影响系数为0.121，则农产品进口贸易对农业碳生产率影响的直接效应为0.0984，该值与综合回归方程中的系数较为一致，说明除中介效应外，农产品进口贸易也会对农业碳生产率产生直接效应，主要体现为农产品贸易带动的农业经济增长。

5.2.4 异质性分析

为进一步考察农产品进口贸易对农业碳生产率的影响机制是否具有异质性，以及印证前文农产品进口贸易对农业碳生产率的门槛效应的相关结论，按照第4章的经济发展水平门槛值，即实际人均年收入8872.19元，将31个省份的样本划分为高经济发展水平地区和低经济发展水平地区这2个子样本，分别进行中介效应检验。

根据表5-5和表5-6的中介效应回归结果可知，农产品进口贸易对农业生产技术有显著的正向影响，且高经济发展水平地区更容易吸收农产品进口贸易的技术溢出。无论经济发展水平高低，农产品进口贸易对农业产业结构均会产生一定的优化作用，在高经济发展水平地区，农业生产技术将会促进农业产业结构升级，但是在低经济发展水平地区，由于存在农业技术推广人员不足、劳动力整体素质不高、农业产业结构调整意识不强、投入资金不足、风险规避不够、农业专业合作组织发展缓慢等问题，可能会出现农业技术进步不利于农业产业结构调整的现象①。农产品进口贸易对农业生产要素的影响在高经济发展水平地区与低经济发展水平地区具有较大不同，在高经济发展水平地区，农产品进口贸易会导致农业生产要素投入的增加，这主要是由于高经济发展水平促进的进出口贸易会加快产业集聚，在产业集聚的作用下资金、劳动力、技术等生产要素投入也将随之增加②。而在低经济发展水平地区，农产品进口贸易将减少农业生产中的要素投入，这与中国整体的实际情况相符，即随着进口农产品的流入会减少部分在农业生产上的投资，并且农业技术进步会有利于农业生产要素利用率的提高，从而使生产要素的投入减少。根据综合方程回归结果可知，在高经济发展水平地区，只有农业技术进步可以促进农业碳生产率的提高，而在低经济发展水平地区，农业技术进步和农业生产要素投入的减少均有利于农业碳生产率的提高。综上所述，在高经济发展水平地区，农产品进口贸易通过提升农业生产技术水平提高农业碳生产率，技术效应为主要中介效应；在低经济发展水平地区，农产品进口贸易通过减少农业生产要素投入以及提升农业生产技术水平提高农业碳生产率，即以替代效应和技术效应作为影响路径，其效应水平分别为 0.0105 和 0.0141，总体中介效应为 0.0246，其中替代效应和技术效应在总体中介效应中的占比分别为 42.68% 和 67.32%，农产品进口贸易对农业碳生产率影响的直接效应为 0.0734。

表 5-5　农产品进口贸易对农业碳生产率影响机制的估计结果：高经济发展水平地区

变量	CP	$\ln TE$	STR	EPF	CP
CP (-1)	-0.023 *** (0.002)				-0.027 *** (0.004)

① 刘余莲. 农业技术进步对农业产业结构调整影响的研究 [D]. 长沙：湖南农业大学，2008.
② 孟子恒，朱海燕，刘学忠. 农业产业集聚对农业经济增长的影响研究：基于苹果产业的实证分析 [J]. 中国农业资源与区划，2022，43（2）：231-239.

续表

变量	CP	lnTE	STR	EPF	CP
lnTE（−1）		0. 700 *** （0. 014）			
STR（−1）			0. 268 *** （0. 007）		
EPF（−1）				0. 436 *** （0. 026）	
lnIMT	− 0. 062 * （0. 035）	0. 211 *** （0. 007）	0. 071 *** （0. 005）	0. 117 *** （0. 009）	0. 845 *** （0. 255）
lnTE			0. 035 *** （0. 007）	− 0. 255 *** （0. 012）	2. 114 * （1. 230）
STR				− 0. 324 *** （0. 028）	0. 252 （1. 436）
EPF					4. 645 （2. 950）
控制变量	已控制	已控制	已控制	已控制	已控制
AR（2）	0. 199	0. 732	0. 284	0. 296	0. 218
Hansen 检验	0. 623	0. 328	0. 556	0. 524	0. 462

注：***、**、* 分别表示在1%、5%、10%的水平下显著，括号内为稳健标准误；AR（2）和 Hansen 检验显示的为 p 值。

表 5 - 6　农产品进口贸易对农业碳生产率影响机制的估计结果：低经济发展水平地区

变量	CP	lnTE	STR	EPF	CP
CP（−1）	− 0. 016 *** （0. 002）				− 0. 026 *** （0. 004）
lnTE（−1）		1. 067 *** （0. 007）			
STR（−1）			0. 240 *** （0. 011）		
EPF（−1）				0. 976 *** （0. 011）	

续表

变量	CP	lnTE	STR	EPF	CP
ln*IMT*	0.121 *** (0.027)	0.461 *** (0.087)	0.012 ** (0.005)	−0.007 * (0.004)	0.173 *** (0.063)
ln*TE*			0.001 (0.001)	0.022 ** (0.009)	0.353 * (0.208)
STR				0.022 ** (0.008)	−0.107 (0.103)
EPF					−0.582 * (0.350)
控制变量	已控制	已控制	已控制	已控制	已控制
AR（2）	0.318	0.259	0.255	0.190	0.273
Hansen 检验	0.678	0.806	0.919	1.000	0.731

注：*** 、** 、* 分别表示在 1%、5%、10% 的水平下显著，括号内为稳健标准误；AR（2）和 Hansen 检验显示的为 p 值。

根据异质性分析可知，在低经济发展水平地区，农产品进口贸易将通过农业生产要素投入减少和农业生产技术进步提高农业碳生产率，而随着经济发展水平的提升，农产品进口贸易将只依赖农业生产技术进步促进农业碳生产率的提高，所以增长的程度略有下降。通过论证农产品进口贸易对农业碳生产率影响的作用机理，进一步印证了农产品进口贸易对农业碳生产率的影响显著存在基于经济发展水平的单门槛效应，当经济发展达到门槛水平时，农产品进口贸易对农业碳生产率的促进作用将有所下降。

5.2.5 稳健性检验

为保证实证结果的可靠性，本书从以下两个方面进行稳健性检验：

（1）替换中介变量重新检验中介效应，主要替换代表农业产业结构和农业生产技术的中介变量。由于畜牧业的碳排放量占农业整体碳排量的比重较大，故基于现有文献采用畜牧业产值与第一产业产值的比值表示农业产业结构。① 利用农业科技投入实际数额表示农业生产技术水平，参考李强和刘冬梅（2011）的做法使用各省农业科技存量衡量农业科技投入实际数额。根据表 5 - 7 替换部分中介变量后的估计结果可知，主要变量的系数与表 5 - 3 中的估计结果保持一致，且均在 10% 水平下显著，说明前文结论具有一定的稳健性。

表 5 - 7　　　农产品进口贸易对农业碳生产率影响机制的估计结果：替换中介变量

变量	CP	$\ln TE$	STR	EPF	CP
CP（ - 1）	- 0. 008 ** （0. 003）				- 0. 008 （0. 006）
$\ln TE$（ - 1）		1. 051 *** （0. 009）			
STR（ - 1）			0. 440 *** （0. 017）		
EPF（ - 1）				0. 889 *** （0. 130）	
$\ln IMT$	0. 136 *** （0. 001）	0. 040 *** （0. 008）	0. 021 *** （0. 003）	- 0. 018 ** （0. 009）	0. 123 ** （0. 062）
$\ln TE$			- 0. 028 ** （0. 011）	- 0. 065 ** （0. 029）	0. 215 * （0. 130）
STR				- 0. 029 * （0. 016）	- 0. 713 ** （0. 305）
EPF					- 0. 357 * （0. 214）
控制变量	已控制	已控制	已控制	已控制	已控制
AR（2）	0. 211	0. 243	0. 228	0. 331	0. 345
Hansen 检验	0. 923	0. 824	0. 995	0. 746	0. 740

　　注：*** 、** 、* 分别表示在 1% 、5% 、10% 的水平下显著，括号内为稳健标准误；AR（2）和 Hansen 检验显示的为 p 值。

---

① 潘丹. 考虑资源环境因素的中国农业生产率研究 [D]. 南京：南京农业大学，2012.

（2）替换被解释变量重新检验中介效应，具体来说就是利用基于 SFA 的全要素农业碳生产率作为被解释变量替换单要素农业碳生产率，替代被解释变量进行模型估计的结果如表 5-8 所示，主要变量的系数也与表 5-3 中的回归结果保持一致，也可说明本书的结论具有较好的稳健性。

表 5-8　农产品进口贸易对农业碳生产率影响机制的估计结果：替换被解释变量

变量	CP	lnTE	STR	EPF	CP
CP（-1）	0.998 *** (0.001)				1.001 *** (0.002)
lnTE（-1）		0.996 *** (0.024)			
STR（-1）			0.283 *** (0.016)		
EPF（-1）				0.429 * (0.247)	
lnIMT	0.005 ** (0.002)	0.011 ** (0.005)	0.024 *** (0.007)	0.014 * (0.008)	0.007 * (0.004)
lnTE			0.029 * (0.017)	0.059 * (0.031)	0.026 ** (0.012)
STR				-0.022 * (0.013)	-0.038 ** (0.014)
EPF					-0.089 *** (0.031)
控制变量	已控制	已控制	已控制	已控制	已控制
AR（2）	0.306	0.203	0.256	0.292	0.690
Hansen 检验	0.923	1.000	0.900	0.824	0.634

注：***、**、* 分别表示在 1%、5%、10% 的水平下显著，括号内为稳健标准误；AR（2）和 Hansen 检验显示的为 p 值。

5.2.6　环境规制调节作用检验

现有研究对于关键变量环境规制的选取有以下四种衡量标准：一是用污染物作为环境规制的替代变量。一般会使用化肥施用量、土地过剩氮含量以及单位面积污染强度进行表示[1]，但是环境污染程度越强代表环境规制措施的强度越小，这种反向关系的表达将不便于直观说明变量间的经济含义。二是选取剔除通胀因素的化肥价格作为环境规制强度的代理变量。[2] 虽然这种方式从成本角度出发克服了政策强度度量过程中的困难，但是现阶段美联储加息、宏观经济收紧、大宗商品价格回落以及地缘政治冲突等客观因素均会对化肥价格产生影响，其并不能很好地体现出如化肥农药减量化政策等环境规制的强度。三是利用环境污染治理投资总额来衡量环境规制。[3] 但是环境污染治理投资领域包括水资源开发和整合、碳排放减缓技术研发、生态建设及气候变化等四个方面，并不能很好代表农业领域环境规制情况，且工业环境污染治理也是中国环境规制的重点。四是以农业污染防控和环境保护的政策数量作为衡量变量。在中国农业领域的环境规制工具中，以法律法规为主的命令控制型规制占据主导地位。[4] 本书在考虑各种衡量方式优势及研究目的后，选择从公共政策角度出发，利用地方性环境法规、地方性环境规章以及地方性环境标准的数量总和衡量环境规制强度，因政策存在滞后性特点，所以以每年年底各省实施政策的数量为准，其数据来自《中国环境年鉴》。

首先，本书将检验环境规制是否在农产品进口贸易与农业碳生产率间起

---

① 祝志勇，幸汉龙.环境规制与中国粮食产量关系的研究：基于环境库兹涅茨倒 U 型曲线［J］.云南财经大学学报，2017，33（4）：64 – 72.

② Hille E，Möbius P. Do energy prices affect employment? Decomposed international evidence［J］. Journal of Environmental Economics and Management，2019（96）：1 – 21.

③ 李钢，李颖.环境规制强度测度理论与实证进展［J］.经济管理，2012，34（12）：154 – 165.

④ 袁平，朱立志.中国农业污染防控：环境规制缺陷与利益相关者的逆向选择［J］.农业经济问题，2015，36（11）：73 – 80，112.

调节作用，故根据假设 6，构建以环境规制为门槛的动态面板门槛回归模型，模型具体设定如下：

$$CP_{it} = \alpha_0 + \alpha_1 CP_{it-1} + \alpha_2 IMT_{it} \times I(\ln ER_{it} \leq \varphi_1) + \cdots + I(\theta_{\varphi-1} < \ln ER_{it} \leq \varphi_n)$$
$$+ \alpha_3 Z_{it} + \delta_t + \mu_i + \varepsilon_{it} \tag{5.6}$$

$$CP_{it} = \alpha_0 + \alpha_1 CP_{it-1} + \alpha_2 IM_{it} \times I(\ln ER_{it} \leq \varphi_1) + \cdots + I(\theta_{\varphi-1} < \ln ER_{it} \leq \varphi_n)$$
$$+ \alpha_3 Z_{it} + \delta_t + \mu_i + \varepsilon_{it} \tag{5.7}$$

其中，ER 表示环境规制；φ 表示门槛值；$I(\cdot)$ 表示指示函数，相应的条件成立时取值为 1，否则取值为 0。为进一步检验环境规制调节农产品进口贸易的替代效应、结构效应和技术效应而影响农业碳生产率的作用机理，根据假设 7，构建具有调节的多重中介效应模型：

$$CP_{it} = \delta_0 + \delta_1 CP_{it-1} + \delta_2 IMT_{it} + \delta_3 EPF_{it} + \delta_4 STR_{it} + \delta_5 TE_{it} + \delta_6 ER_{it} + \delta_7 EPF_{it} \times ER_{it}$$
$$+ \delta_8 STR_{it} \times ER_{it} + \delta_9 TE_{it} \times ER_{it} + \delta_{10} Z_{it} + \tau_{it} \tag{5.8}$$

$$CP_{it} = \delta_0 + \delta_1 CP_{it-1} + \delta_2 IM_{it} + \delta_3 EPF_{it} + \delta_4 STR_{it} + \delta_5 TE_{it} + \delta_6 ER_{it} + \delta_7 EPF_{it} \times ER_{it}$$
$$+ \delta_8 STR_{it} \times ER_{it} + \delta_9 TE_{it} \times ER_{it} + \delta_{10} Z_{it} + \tau_{it} \tag{5.9}$$

其中，i 表示省份；t 表示年份；Z_{it} 表示与前文相同的控制变量；$\delta_0 \sim \delta_{10}$ 表示待估参数；τ_{it} 表示随机误差项。

根据模型估计得到环境规制的门槛值为 7，即每年实施 7 条命令控制型环境规制政策。2000～2018 年中国各省份平均实施的命令型环境规制政策为 3.29 条，整体还未达到门槛值，但其中只有内蒙古、上海、江西、广西、西藏、陕西、青海和新疆 8 个省份各年均未达到门槛值，说明这些地区对于环境规制政策的重视程度不够或环境质量较好。根据表 5-9 中的动态面板门槛模型的估计结果可知，当命令型环境规制政策数量低于门槛值 7 时，农产品进口贸易规模和农产品进口贸易依存度的影响系数分别为 0.002 和 0.429，且均通过 5% 显著性水平的检验，表明在第一门槛区间内，农产品进口贸易对农业碳生产率具有显著的正向促进作用；当命令型环境规制政策数量高于 7 件时，农产品进口贸易规模和农产品进口贸易依存度的影响系数分别为 -0.002 和 -0.316，且分别通过 5% 和 10% 显著性水平的检验，表明在第二门槛区间内，农产品进口贸易对农业碳生产率具有显著的负向抑制作用。由此可知,农产品进口贸易对农业碳生产率的影响效应受各地区环境规制强度的约束,在环境规制强度太高时,不利于农产品进口贸易提高农业碳生产率,而当国家保持合理的环境规制强度时,则将实现环境保护和经济发展的"双赢"。除此之外,也可以证明环境规制在农产品进口贸易与农业碳生产率的关系中具有调节效应,可验证假设6:环境规制在农产品进口贸易与农业碳生产率的关系中具有倒U形非线性调节作用。但这一结论与现有相关文献结论不一致,即环境规制的调节作用一般会呈现出先抑制后促进的U形特征[1][2],造成这种不一致的原因有两个方面:一方面与研究对象有关,认为存在U形关系的研究文献多以第三产业贸易为主,而本书是以第一产业贸易为研究对象,环境规制对农业生产的影响更为直接。如表5-8所示,环境规制通过规制生产要素投入量,扩大农产品进口贸易的替代效应,这与现实情况相符,即现有农业领域的命令型环境规制政策多以规制农业生产要素使用为重点。例如,东北黑土地保护性耕作作业补助政策、地膜科学使用回收试点政策等,所以有时即使环境规制强度较低却也能发挥出较好的政策效果。另一方面是运用实证模型的差异,本书考虑到滞后性以及内生性问题,使用动态面板门槛模型进行实证估计,结果将更加稳健。

表5-9　　　　　　　农产品进口贸易对农业碳生产率影响的
门槛效应估计结果:环境规制

变量	动态面板门槛模型		有调节的多重中介效应模型	
	lnIMT	IM	lnIMT	IM
CP(-1)	-0.203*** (0.025)	-0.422*** (0.026)	0.012 (0.020)	0.009 (0.030)
ER_1	0.002** (0.001)	0.429** (0.199)		

① 王晗,何枭吟.服务业开放与地区绿色全要素生产率提升:基于中国省际面板数据的实证分析[J].华东经济管理,2021,35(11):1-11.
② 齐英瑛,邓翔,任崇强.贸易开放、环境规制与城市绿色发展效率:来自中国2010—2018年282个城市的证据[J].经济问题探索,2022(5):145-160.

续表

变量	动态面板门槛模型		有调节的多重中介效应模型	
	ln*IMT*	*IM*	ln*IMT*	*IM*
ER_2	−0.002 ** (0.001)	−0.376 * (0.201)	0.291 ** (0.146)	−0.519 (0.367)
ln*TE*			−1.313 * (0.755)	−1.731 ** (0.895)
STR			0.421 (0.941)	1.183 (1.145)
EPF			−0.483 (0.496)	−0.566 (0.488)
ER			0.367 ** (0.156)	0.438 ** (0.177)
ln*TE* × *ER*			0.023 (0.038)	0.038 (0.040)
STR × *ER*			−0.614 ** (0.245)	−0.784 ** (0.288)
EPF × *ER*			−0.165 ** (0.066)	−0.171 ** (0.065)
控制变量	已控制	已控制	已控制	已控制

注：*ER_1* 和 *ER_2* 分别为不同面板门槛区间内以 ln*IMT* 和 *IM* 作为解释变量的估计系数。***、**、* 分别表示在 1%、5%、10% 的水平下显著，括号内为稳健标准误。

通过进一步分析环境规制对各中介效应的调节作用可知，环境规制与农业生产要素和农业产业结构的交互项在 1% 水平下显著为负（如表 5 - 9 所示），这意味着环境规制正向调节农产品进口贸易的替代效应，而负向调节农产品进口贸易的结构效应，即有助于减少农业生产要素的投入，而阻碍农业产业结构的升级，从而影响农业碳生产率。环境规制与农业产业技术的交互项不显著，说明环境规制对农产品进口贸易的技术效应的调节作用并不明显，这是由于环境规制对农业绿色技术创新的作用会受经济发展压力的影响，且在环境规制水平整体相对较低时不易产生。① 总体而言，以上研究结果可部分支持假设 7，即环境规制将正向调节农产品进口贸易的替代效应而影响农业碳生产率，这一结论可为中国农业环境和对外贸易等相关领域政策的出台提供理论依据。

5.3 本章小结

本章通过构建多重中介效应模型、有调节的多重中介效应模型以及动态面板门槛模型，实证检验农产品进口贸易对农业碳生产率影响的间接效应。本章得到的主要结论如下：

（1）农产品进口贸易对农业碳生产率的影响具有替代效应、结构效应及技术效应三条路径，即农产品进口贸易通过减少农业生产要素投入提高农业碳生产率，农产品进口贸易通过调整农业产业结构降低农业碳生产率以及农产品进口贸易通过提升农业生产技术水平提高农业碳生产率。

（2）在高经济发展水平地区，农产品进口贸易通过技术效应路径提高农业碳生产率；在低经济发展水平地区，农产品进口贸易通过替代效应和技术效应路径提高农业碳生产率。

（3）环境规制在农产品进口贸易与农业碳生产率的关系中具有倒 U 形非线性调节作用，门槛值为每年实施 7 条命令控制型环境规制政策，内蒙古、上海、江西、广西、西藏、陕西、青海和新疆 8 个省份各年均未达到门槛值。具体而言，环境规制将正向调节农产品进口贸易的替代效应、负向调节农产品进口贸易的结构效应以影响农业碳生产率。

---

① 王璇，侯正，方勇. 双向 FDI、环境规制与碳生产率 [J]. 经济与管理研究，2022，43（12）：50 - 64.

农产品进口贸易对农业碳生产率影响的空间效应

根据上两章的研究发现农产品进口贸易正向影响农业碳生产率，且其通过替代效应、结构效应及技术效应三条路径共同作用于农业碳生产率。由于传统面板回归模型通常假定各地区环境污染情况是相对独立的，但现实中考虑到风向、水流等自然地理因素，一个地区农业碳排放量将会受到邻近地区农业碳排放量的影响①，并且由于区域间农业生产活动中存在的地理条件趋同、经济互动或贸易往来、要素的流动与转移、生产方式与技术的推广和扩散等联系，使区域间农业生产经营活动彼此产生相互影响与相互作用②，所以本章将着重考虑各省份间的空间相关性，以降低估计结果偏差。③ 本章将首先从理论层面分析农产品进口贸易对农业碳生产率影响的空间效应，其中基于新贸易理论着重分析农产品进口贸易对农业碳生产率影响的空间技术溢

① Maddison D. Modelling sulphur emissions in Europe：A spatial econometric approach ［J］. Oxford Economic Papers，2007，59（4）：726－743.

朱平辉，袁加军，曾五一. 中国工业环境库兹涅茨曲线分析：基于空间面板模型的经验研究［J］. 中国工业经济，2010（6）：65－74.

② 程琳琳，张俊飚，曾杨梅，等. 中国农业碳生产率的分布演进与空间俱乐部收敛研究［J］. 中国农业大学学报，2016，21（7）：121－132.

③ Anselin L，Bera A K. Spatial dependence in linear regression models with an introduction to spatial econometrics ［J］. Statistics Textbooks and Monographs，1998（155）：237－290.

出效应，并基于理论分析，利用空间计量的研究方法实证检验农产品进口贸易对农业碳生产率影响的空间效应以及空间技术溢出效应。本章各节的研究内容为：第 6.1 节理论分析农产品进口贸易对农业碳生产率影响的空间效应；第 6.2 节实证检验农产品进口贸易对农业碳生产率影响的空间效应；第 6.3 节总结本章的重要结论。

6.1 农产品进口贸易对农业碳生产率影响的空间效应理论分析

6.1.1 农产品进口贸易对农业碳生产率影响的空间效应

农产品进口贸易对农业碳生产率影响的空间效应的理论逻辑具体表现为：第一，集聚效应。在中国，农业基础条件越好、交通越便利且市场经济发展越成熟的地区越会形成农产品贸易集聚地区，这类地区通过农产品贸易尤其是农产品进口贸易学习并吸收各国农业生产中的物化型或非物化型的绿色低碳环保知识、技术，最终这类通过集聚效应形成的地区可能会成为农业绿色低碳发展示范地区，致使资本向该地区流动，居民生活成本的进一步降低也将使劳动力向该地区流动，但生产要素流入到这个地区是以邻近地区生产要素的流出为代价的，所以将表现出空间上的负外部性，从而农产品进口贸易将有利于区域内农业碳生产率的提高，但会对邻近区域的农业碳生产率产生一定不利的影响。[①] 第二，扩散效应。农产品进口贸易可通过调整农业生产促进农业低碳化发展并逐步形成示范效应，根据中心 - 外围理论可知，示范效应会刺激邻近地区的学习和模仿而呈现出扩散效应，这种由农产品进口贸易引致的农业低碳化发展经验的扩散效应，不仅会出现在区域间，可能也会

---

① 边志强. 网络基础设施对全要素生产率增长效应研究［D］. 大连：东北财经大学，2015.

出现在农业部门间或农户群体间，所以在各种空间扩散效应的作用下，即使各地区经济发展水平不同、农业进口贸易规模或开放程度不同，但邻近区域间的农业低碳化发展进程往往会较为接近，且这种扩散效应不受行政边界的限制。[①] 由此，农产品进口贸易将在提高区域内农业碳生产率的同时，提高邻近区域的农业碳生产率。第三，互馈效应。农产品进口贸易将会加强宏观区域间、中观农业部门间以及微观农户间的交流，为相互学习农业绿色低碳生产的相关知识或技术提供渠道，借助农产品贸易开放市场，解决农业低碳化发展过程中可能存在的问题，并促进各区域间、农业部门间以及农户群体间进行合作与良性竞争，以实现农业低碳化发展的同群效应[②]，从而农产品进口贸易将对区域内与邻近区域的农业碳生产率均产生积极影响。为了更加清晰地诠释农产品进口贸易对农业碳生产率影响的空间效应，借鉴新经济增长理论以及洛佩兹等（López-Bazo，Vayá and Artis，2004）的理论分析模型，构建区域农产品进口贸易空间溢出效应的经济增长模型，该模型假设所研究的经济体是由若干区域构成的，且这些区域互为邻居，则表示区域 i 第 t 期农业经济增长的农业生产总值 Y_{it} 的函数为：

$$Y_{it} = A_{it} F(K_{it}, L_{it}, E_{it})$$

其中，K_{it} 表示区域 i 第 t 期的物质资本投入量；L_{it} 表示区域 i 第 t 期的劳动力投入量；E_{it} 表示区域 i 第 t 期的环境要素投入量，本书中为农业碳排放量；$A_{it}(\cdot)$ 表示希克斯中性技术进步的效率函数。本书假设在区域内部，本地区农产品进口贸易会产生外部性，即本地区农产品进口贸易将影响本地区的农业生产技术水平，在区域之间又存在空间溢出效应，即其他地区农产品进口贸易也将影响本地区的农业生产技术水平。据此，生产函数的形式可具体表示为：

$$Y_{it} = A(intimp_{it}, intimp_{-it}, \Delta) F(K_{it}, L_{it}, E_{it})$$

---

① 邓慧慧，赵家羚. 地方政府经济决策中的"同群效应"[J]. 中国工业经济，2018（4）：59–78.

② 陈宇斌，王森，陆杉. 农产品贸易对农业碳排放的影响：兼议数字乡村发展的门槛效应[J]. 华中农业大学学报（社会科学版），2022（6）：45–57.

其中，Δ 表示影响农业生产技术水平的其他外生变量，为更加简单明了，将其设定为常数；$intimp_{it}$ 表示区域 i 第 t 期的农产品进口贸易；$intimp_{-it}$ 表示区域 i 第 t 期所有邻近区域的农产品进口贸易。在此，区域 i 的农产品进口贸易将主要通过空间溢出效应作用于本地区和其他地区的农业产出增长。参照赫尔滕等（Hulten，Bennathan and Srinivasan，2006）的做法，将 $A_{it}(\cdot)$ 希克斯中性技术进步的效率函数表示为：

$$A(intimp_{it},\ intimp_{-it},\ \Delta) = A_{i0}e^{\lambda_i}intimp_{it}^{\delta_i}intimp_{-it}^{\gamma_i}$$

其中，A_{i0} 表示初始的农业生产技术水平；λ_i 表示外生的农业生产技术变迁；δ_i 和 γ_i 分别表示本地区农产品进口贸易与其他地区农产品进口贸易对本地区的农业生产技术水平的影响参数，即分别度量农产品进口贸易在区域内和区域间的溢出效应。将该式代入前式可得：

$$Y_{it} = A_{i0}e^{\lambda_i}intimp_{it}^{\delta_i}intimp_{-it}^{\gamma_i}F(K_{it},\ L_{it},\ E_{it})$$

两边同时除以 $F(K_{it},\ L_{it},\ E_{it})$ 得到区域 i 的农业碳生产率，可用公式表示为：

$$CP_{it} = \frac{Y_{it}}{F(K_{it},\ L_{it},\ E_{it})} = A_{i0}e^{\lambda_i}intimp_{it}^{\delta_i}intimp_{-it}^{\gamma_i}$$

$$\ln CP_{it} = \ln A_{i0} + \lambda_i + \delta_i intimp_{it} + \gamma_i intimp_{-it}$$

由此可知，区域 i 的农业碳生产率不仅会受到区域内农产品进口贸易的影响，还会受到邻近区域农产品进口贸易的影响。其中，农产品进口贸易的区域内溢出弹性为 δ，农产品进口贸易的区域间溢出弹性为 γ，故基于前文理论与数理模型分析提出假设 8，并且考虑到地理特征、相邻省份间客观存在的经济联系以及同一经济变量在不同省份间可能存在的测量误差[①]，后文将利用空间计量模型对相关理论进行实证检验。

假设 8：农产品进口贸易对区域内的农业碳生产率具有促进作用，对邻近区域的农业碳生产率作用不显著。

---

① 杨秀玉，乔翠霞. 农业产业结构优化升级的空间差异性和收敛性 [J]. 华南农业大学学报（社会科学版），2022，21（1）：67 - 80.

6.1.2 农产品进口贸易对农业碳生产率影响的空间技术溢出效应

农业技术进步是破解农业资源和环境约束的关键，也是农业经济增长的"发动机"。[1] 根据新经济增长理论可知，对于经济开放的国家而言，进口贸易将会通过技术外溢促进本国的技术进步，故在考虑农产品进口贸易引致的农业技术进步对农业碳生产率影响的同时，不能忽视中国各省份间农业技术的空间溢出效应。[2] 农产品进口贸易的技术效应主要表现为技术溢出和自主创新。一般而言，进口贸易的技术溢出渠道可分为两类：一类是物化型技术溢出，这类技术溢出是在有形商品流通过程中产生的；另一类是非物化型技术溢出，这类技术溢出是在未包括上述有形商品流通过程中产生的。[3] 由于农产品并不像工业资本品那样具有典型的中间投入属性，故农产品进口贸易的技术溢出多为非物化型技术溢出，该属性可实现隐性知识的空间复制。[4] 然而，由于非物化型技术没有实物载体，所以一般来说非物化型技术的空间扩散需要在面对面接触的方式下才能实现，且这种空间技术溢出还要考虑接受方的能力与条件，只有当接受方具备接受能力时，才能实现农业生产技术的空间扩散。因此，农业非物化型技术的空间溢出具有明显的局限性。[5] 除此之外，农产品进口贸易也会通过激发技术自主创新能力影响农业碳生产率。莱文索恩（Levinsohn, 1993）提出的"Import-as-market-discipline"假说（IMD）认为，国内企业在面临更为激烈的国际竞争时会更有效率，通过进口竞争激

---

[1] Huang J, Rozelle S. Technological change: Rediscovering the engine of productivity growth in China's rural economy [J]. Journal of Development Economics, 1996, 49 (2): 337 – 369.

[2] 肖小勇, 李秋萍. 中国农业技术空间溢出效应: 1986—2010 [J]. 科学学研究, 2014, 32 (6): 873 – 881, 889.

[3] Kim S, Lee H. Organizational factors affecting knowledge sharing capabilities in e-government: An empirical study [C]. 5th IFIP International Working Conference in Electronic Government. Berlin, Heidelberg, 2004.

[4] 刘舜佳, 生延超. 农产品贸易研发知识溢出: 基于 Coe-Helpman 模型在空间维度扩展后的实证研究 [J]. 国际贸易问题, 2015 (9): 29 – 42.

[5] 梁琦. 知识溢出的空间局限性与集聚 [J]. 科学学研究, 2004 (1): 76 – 81.

发自主创新能力以刺激生产率的提高。因此，基于理论分析提出假设9。

假设9：农产品进口贸易的技术效应对区域内和邻近区域的农业碳生产率均有促进作用。

6.2 农产品进口贸易对农业碳生产率影响的空间效应实证检验

6.2.1 空间计量的研究方法

6.2.1.1 空间自相关分析方法

在空间计量经济学中，空间效应一般是指空间自相关性和空间差异性这两类。[①] 其中，空间自相关性是指一个地区的某一观测值在空间上不是独立的，会受到附近地区观测值的影响，即存在空间依赖性，而这种空间依赖程度和空间依赖模式，既会取决于绝对位置（布局），又会取决于相对位置（距离）。空间自相关性产生的原因主要包括以下两个方面：一方面，在不同地区度量同一变量的观测值会不可避免地出现空间上的测量误差[②]；另一方面，经济全球化和区域一体化发展不仅巩固和加强了相邻地区间客观存在的经济联系，同时也将这种经济联系扩散到了不相邻地区，使地区间经济联系日趋紧密。[③]

---

① 许海平，王岳龙. 我国城乡收入差距与全要素生产率：基于省域数据的空间计量分析 [J]. 金融研究，2010（10）：54 - 67.

② Anselin L. Spatial econometrics：Methods and models [M]. Springer Science & Business Media，1988.

③ 王火根，沈利生. 中国经济增长与能源消费空间面板分析 [J]. 数量经济技术经济研究，2007（12）：98 - 107，149.

通过空间自相关检验可以得出一个地区经济变量是否存在空间自相关性的结论，常用的测度指标包括全域指标和局域指标两种。全域指标是衡量样本分布区内某一经济变量空间自相关程度，进而揭示其空间分布模式的重要指标，其优势在于可以衡量经济变量在整体层面的空间自相关性，其劣势在于难以揭示经济变量在局部地区的空间自相关性及其不稳定性。因此，在使用全域指标确定全局层面存在空间自相关性的基础上，一般会采用局域指标来进一步衡量局部地区的空间自相关性。局域指标则是测算每一个区域与其邻近区域的自相关程度。目前，最常用的检验空间自相关性的方法为 Moran's I 指数。

（1）全域空间自相关。

全域 Moran's I 指数能反映某一经济变量在邻近区域间的相似程度，即是否存在空间集聚现象，使用 Moran's I 指数检验全域空间自相关的计算公式为：

$$I = \frac{n \sum\limits_{i=1}^{n} \sum\limits_{j=1}^{n} w_{ij}(x_i - \bar{x})(x_j - \bar{x})}{\sum\limits_{i=1}^{n} \sum\limits_{j=1}^{n} w_{ij} \sum\limits_{i=1}^{n}(x_i - \bar{x})^2} = \frac{\sum\limits_{i=1}^{n} \sum\limits_{j=1}^{n} w_{ij}(x_i - \bar{x})(x_j - \bar{x})}{S^2 \sum\limits_{i=1}^{n} \sum\limits_{j=1}^{n} w_{ij}}$$

其中，I 表示 Moran 指数；x_i 表示地区 i 某一经济变量的样本观测值；$S^2 = \frac{1}{n} \sum\limits_{i=1}^{n}(x_i - \bar{x})^2$，表示区域间经济变量的方差；$\bar{x} = \frac{1}{n} \sum\limits_{i=1}^{n} x_i$，表示区域间经济变量的平均值；$w_{ij}$ 为空间权重矩阵中的基本单元，表示各区域间的空间邻近关系。Moran's I 指数的变动范围为（ -1，1），该指数越接近 1 表示区域间的空间正相关程度越高，越接近 -1 表示区域间的空间负相关程度越高，等于 0 则表示区域间不相关。

Moran's I 指数的原假设为各区域间没有任何的空间相关性，其期望值可表示为：

$$E(I) = \frac{-1}{N-1}$$

进一步标准化的统计量形式为：

$$Z(I) = \frac{I - E(I)}{\sqrt{\mathrm{Var}(I)}}$$

其中，$Z(I)$ 为标准化后的 $E(I)$ 统计量，其值大小和显著性可作为判断经济变量空间分布特征的重要依据：当 Z 值显著为正时，表示该经济变量具有正空间相关性，即存在空间集聚现象；当 Z 显著为负时，表示该经济变量具有负空间相关性，即不存在空间集聚现象；当 Z 值显著为 0 时，表示经济变量不存在任何空间相关性。

（2）局域空间自相关。

由于全局 Moran's I 指数只能从整体把握经济变量是否存在空间自相关性，可能会忽略局部地区的非典型性特征[①]，尤其是在局域空间自相关性存在不稳定的情况下，全局 Moran's I 指数的评价结果将出现偏差，此时采用局域 Moran's I 指数检验局域空间自相关，其计算公式为：

$$I_i = \frac{(x_i - \bar{x})}{S^2} \sum_{j=1}^{n} w_{ij}(x_j - \bar{x})$$

其中，$S^2 = \frac{1}{n-1} \sum_{i=1}^{n} (x_i - \bar{x})^2$，$\bar{x} = \frac{1}{n} \sum_{i=1}^{n} x_i$。

与全局 Moran's I 指数类似，局域 Moran's I 指数也可以通过标准化进行显著性检验，其标准化的统计量形式为：

$$Z(I_i) = \frac{I_i - E(I_i)}{\sqrt{\mathrm{Var}(I_i)}}$$

其中，I_i 表示区域 i 的局域空间自相关指数，$I_i > 0$ 为正相关，表示区域 i 与邻近区域的观测值相似，呈现高 - 高集聚（H-H）或低 - 低集聚（L-L）的分布特征；$I_i < 0$ 为负相关，表示区域 i 与邻近区域的观测值不相似，呈现高 - 低集聚（H-L）或低 - 高集聚（L-H）的分布特征。

对于局域 Moran's I 指数，有两种常用的呈现形式：一是可视化的 LISA（local indicators of spatial association）地图，它不仅能直观展现经济变量是否

---

① Anselin L. Local indicators of spatial association—LISA [J]. Geographical Analysis, 1995, 27 (2): 93 – 115.

存在局域空间集聚特征，而且还可以判定是否存在局部异值点；二是 Moran 散点图，它能更好分析空间相关性的动态变动，Moran 散点图中的变量是经过标准化处理的，横、纵坐标轴分别表示该变量的当期值和滞后值，故可将区域间经济变量的空间分布特征分为四个象限的空间关联模式，具体如图 6-1 所示。其中，第一和第三象限表示所在区域与邻近区域具有正空间相关性，即具有空间集聚特征，可称为"典型区域"；第二和第四象限表示所在区域与邻近区域具有负空间相关性，即具有空间分散特征，可称为"非典型区域"，体现了局域空间相关性的不稳定性。

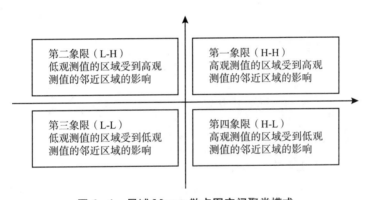

图 6-1 局域 Moran 散点图空间聚类模式

6.2.1.2 空间权重矩阵的构建方法

空间权重矩阵的构建是空间计量分析的关键，其不仅会影响空间自相关性检验的结果，而且会影响空间计量模型的估计，它通常用一个二元对称矩阵表示，具体形式为：

$$W = \begin{bmatrix} w_{11} & w_{12} & \cdots & w_{1n} \\ w_{21} & w_{22} & & w_{2n} \\ \vdots & \vdots & & \vdots \\ w_{n1} & w_{n2} & \cdots & w_{nn} \end{bmatrix}$$

其中，w_{ij} 表示区域 i 与区域 j 间的空间邻近关系，可以用地理邻接关系或距离关系来衡量。但考虑到地理位置上相邻但实际位置并不相邻的省份间的农业碳生产率也会存在交互影响，所以本书采用反距离地理权重矩阵对区域邻近关系进行刻画，其被定义为：

$$W_{ij} = \begin{cases} 0, & i = j \\ \dfrac{1}{d^2}, & i \neq j \end{cases}$$

其中，d 代表的空间距离用不同省级行政中心之间的球面距离加以表示，其含义为不同区域间的相互影响与距离呈反向相关关系。

6.2.2　农业碳生产率的空间相关性分析

6.2.2.1　空间相关性整体分析

运用软件检验农业碳生产率的全域空间自相关与局域空间自相关。

（1）全域空间自相关。

由表 6-1 可知，除 2012 年和 2017 年外，2000~2020 年中国农业碳生产率的全域 Moran's I 指数均显著为正，且整体保持在 0.10~0.25，说明中国农业碳生产率存在显著的正空间自相关性，2012 年和 2017 年中国农业碳生产率存在显著的负空间自相关性，即中国农业碳生产率具有明显的空间聚类特征。但中国农业碳生产率的空间自相关性在逐渐降低，呈现出明显的减弱趋势，尤其是在 2016 年之后，中国农业碳生产率的异质性特征愈发凸显，其分化现象也越来越明显，从而最终不具备空间自相关性。

（2）局域空间自相关。

根据上文检验全域空间自相关的结果可知，中国农业碳生产率具有空间集聚现象。在此基础上，进一步利用 Moran 散点图分析中国各省域农业碳生产率的空间聚类模式。由于 Moran 散点图只能用于横截面数据的分析，故取 2000~2020 年各省份农业碳生产率的均值测算局域 Moran's I 指数。

表 6 - 1   2000～2020 年中国农业碳生产率全域空间自相关

年份	Moran's I	年份	Moran's I
2000	0. 235 *** (3. 138)	2011	0. 143 ** (2. 047)
2001	0. 191 *** (2. 606)	2012	- 0. 204 ** (- 2. 091)
2002	- 0. 038 (- 0. 357)	2013	0. 111 ** (1. 700)
2003	0. 233 *** (3. 091)	2014	0. 102 * (1. 589)
2004	0. 220 *** (2. 937)	2015	0. 086 * (1. 410)
2005	0. 217 *** (2. 920)	2016	0. 063 (1. 155)
2006	0. 223 *** (2. 980)	2017	- 0. 008 * (1. 445)
2007	0. 191 *** (2. 592)	2018	0. 033 (0. 800)
2008	- 0. 021 (0. 405)	2019	0. 035 (0. 863)
2009	0. 108 * (1. 625)	2020	0. 025 (0. 715)
2010	0. 180 *** (2. 457)	—	—

注: *** 、 ** 、 * 分别表示在1%、5%、10%的水平下显著，括号内为 Z 值。

如表 6 - 2 所示，绝大部分省份聚类于第一象限（H-H 聚类）和第三象限（L-L 聚类），占比为 70. 97%，进一步证实中国农业碳生产率存在显著的空间依赖性，且大部分省份表现出较强的空间集聚分布特征，即农业碳生产率较高或较低的省份均在空间上处于邻近、地理上趋于集中。具体而言，H-H 聚类和 L-L 聚类均体现空间正自相关性，其中 14 个省份的农业碳生产率处于 L-L 聚类，7 个省份的农业碳生产率处于 H-H 聚类，即中国省域农业碳生产率更多地表现为"低 - 低"型的空间集聚模式，间接表明农业碳生产率的整体水平较低，且处于 H-H 聚类模式的省份大多为东部沿海地区，处于 L-L 聚类模式的省份都来自中西部内陆地区，即东部沿海地区更倾向于"高 - 高"型空间集聚特征，中西部内陆地区更倾向于"低 - 低"型空间集聚特征。

表 6 - 2　　　　　　　2000 ~ 2020 年中国省域农业碳生产率的聚类模式

类型	省份
L-H 聚类	安徽、黑龙江、河南、内蒙古、山西
L-L 聚类	重庆、甘肃、广西、贵州、湖北、湖南、江苏、江西、宁夏、青海、陕西、四川、西藏、云南
H-H 聚类	北京、广东、河北、吉林、辽宁、山东、上海、天津
H-L 聚类	福建、海南、新疆、浙江

6.2.2.2　空间相关性动态演进分析

如图 6 - 2 所示的 2000 年、2005 年、2010 年、2015 年和 2020 年 5 个时间维度下中国省域农业碳生产率的 Moran 散点图可知，大部分省份位于 H-H 聚类和 L-L 聚类，其中处于 H-H 聚类的省份数量由 2000 年的 8 个减少到 2020 年的 6 个，处于 L-L 聚类的省份数量由 2000 年的 12 个增加到 2020 年的 14 个。整体来看，2000 年、2005 年、2010 年、2015 年和 2020 年这五年 H-H 聚类和 L-L 聚类的省份数量均占到总数 60% 以上，表明中国大部分省域农业碳生产率具有空间正相关性。

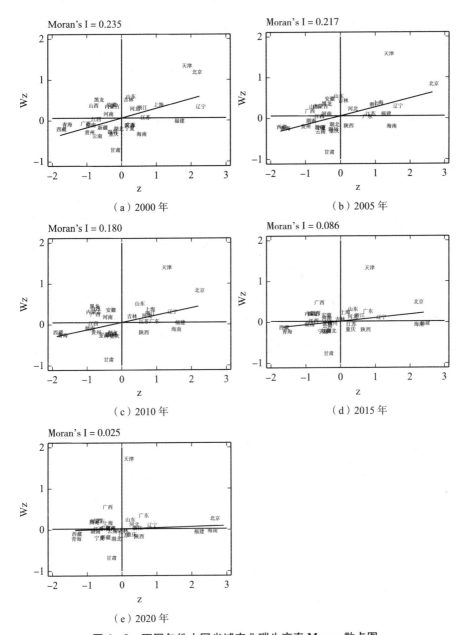

图 6-2 不同年份中国省域农业碳生产率 Moran 散点图

根据表6-3所示的各聚类模式对应省份可知，在2000~2020年5个时点上，"高-高"型集聚区主要为东部沿海地区，"低-低"型集聚区均为中西部内陆地区，且以西南与西北省份为主，说明中国省域农业碳生产率的空间集聚具有明显的区域异质性和非均衡格局，且东西部之间的分化与不均衡性有所加剧。

为对比不同时点中国省域农业碳生产率的聚类模式，参考雷伊（Rey，2001）的做法，通过划分农业碳生产率在时空上的象限跃迁，把握农业碳生产率的空间集聚特征的动态演进过程，按跃迁类型可分为以下三类：第一类包括8个省份，这些省份的农业碳生产率在不同观测时点会出现跃迁到相邻象限的情况，具体表现为H-H→L-H（上海）、H-H→H-L（浙江）、L-H→L-L（安徽、河南）、L-L→L-H（广西）、L-L→H-L（重庆）、H-L→H-H（广东）以及H-L→L-L（宁夏）；第二类包括1个省份即吉林（H-H→L-L），其农业碳生产率在不同观测时点会出现跃迁到不相邻象限的情况；第三类包括22个省份，这些省份的农业碳生产率在不同观测时点不会出现跃迁象限的情况，它们将处于某一象限始终保持不变。由于中国七成的省份均属于第三类跃迁类型，说明中国农业碳生产率在地理分布上具有较低的空间流动性和明显的路径依赖性。

表6-3　　　　　　　不同年份中国省域农业碳生产率的聚类模式

年份	H-H 聚类	L-H 聚类	L-L 聚类	H-L 聚类
2000	北京、河北、吉林、辽宁、山东、上海、天津、浙江	安徽、黑龙江、河南、内蒙古、山西	重庆、甘肃、广西、贵州、湖北、湖南、江西、青海、四川、西藏、新疆、云南	福建、广东、海南、江苏、宁夏、陕西
2005	北京、福建、河北、吉林、江苏、辽宁、上海、天津、浙江	安徽、广西、黑龙江、河南、内蒙古、山东、山西	重庆、甘肃、贵州、湖北、湖南、江西、宁夏、青海、四川、西藏、新疆、云南	广东、海南、陕西

续表

年份	H-H 聚类	L-H 聚类	L-L 聚类	H-L 聚类
2010	北京、河北、吉林、辽宁、山东、上海、天津、浙江	安徽、黑龙江、广西、河南、内蒙古、山西、	重庆、甘肃、贵州、湖北、湖南、江西、宁夏、青海、四川、西藏、新疆、云南	福建、广东、海南、江苏、陕西
2015	北京、广东、河北、辽宁、山东、上海、天津、浙江	安徽、黑龙江、广西、河南、吉林、内蒙古、山西	甘肃、贵州、湖北、湖南、江西、宁夏、青海、四川、西藏、新疆、云南	重庆、福建、海南、江苏、陕西
2020	北京、广东、河北、辽宁、山东、天津	黑龙江、广西、内蒙古、上海、山西	安徽、甘肃、贵州、河南、湖北、湖南、吉林、江西、宁夏、青海、四川、西藏、新疆、云南	重庆、福建、海南、江苏、陕西、浙江

6.2.3 农产品进口贸易对农业碳生产率影响的空间效应分析

在分析环境经济问题时，地理空间因素具有重要作用。利用空间计量方法识别和度量空间变化规律，将地理位置与空间联系起来，在一定程度上可以降低传统计量结果中的偏误[①]。常用的空间计量模型包括空间滞后模型（spatial autoregresive model，SAR）、空间误差模型（spatial error model，SEM）和空间杜宾模型（spatial Dubin model，SDM）。SAR 模型对空间自相关的设定形式为因变量的空间自相关，适用于研究某个经济个体或地区经济行为受其邻近经济个体或地区经济行为溢出影响的情况；SEM 模型对空间自相关的设定形式为误差项的空间自相关，适用于研究某个经济个体或地区经济行为的相互作用因所处的相对位置不同而存在差异的情况，其假定这种相互作用是通过误差项实现的，经济个体或地区经济行为的溢出影响是随机冲击造成

---

① Anselin L. Spatial effects in econometric practice in environmental and resource economics [J]. American Journal of Agricultural Economics, 2001, 83（3）: 705 - 710.

的；SDM 模型是 SAR 模型和 SEM 模型的一般形式，其既考虑了因变量的空间自相关，又考虑了自变量的空间自相关。

6.2.3.1 模型设定

根据前文研究可知，中国农业碳生产率存在空间自相关，且通过比较 SAR 模型和 SEM 模型的 Lagrange 乘数及其稳定性，将构建 SAR 模型进行实证分析，其模型形式可表示为：

$$Y_{it} = \alpha_0 + \rho W Y_{it} + \sum_{j=1}^{n} \alpha_j X_{itj} + \varepsilon_{it}, \ \varepsilon_{it} \sim N(0, \sigma^2 I) \qquad (6.1)$$

其中，Y 和 X 分别表示因变量和自变量；i 和 t 分别表示地区和年份；α_0 表示截距项；α_j 和 ρ 分别表示变量系数；ε_{it} 表示服从正态分布的误差项；W 表示空间权重矩阵，采用反距离地理权重矩阵进行设置。

虽然空间计量经济模型在一定程度上缓解了因遗漏变量与测度问题造成的内生性问题[1]，但根据前文动态模型及对于中国农业碳生产率空间自相关关系的研究可知，它本身存在一种动态变化过程，当前的农业碳生产率不仅受当期因素的影响，同时受前期因素的影响。因此，本书将采用动态空间滞后模型对农产品进口贸易影响农业碳生产率的空间效应进行实证检验，这样既考虑了农业碳生产率的动态效应和空间溢出效应，又可以避免内生性问题，使模型估计结果更加稳定、可靠。[2] 动态空间面板模型的估计方法主要有两种：第一种是先将模型的空间相关性剔除，之后采用传统面板估计方法进行估计[3]；第二种是采用无条件 ML 估计方法（unconditional maxi-mum likelihood

① Anselin L. Spatial econometrics：Methods and models［M］. Springer Science & Business Media, 1988.

② Zheng X, Yu Y, Wang J, et al. Identifying the determinants and spatial nexus of provincial carbon intensity in China：A dynamic spatial panel approach［J］. Regional Environmental Change, 2014（14）：1651 –1661.

③ Griffith D A. A linear regression solution to the spatial auto-correlation problem［J］. Journal of Geographical Systems, 2000（2）：141 –156.

Getis A, Griffith D A. Comparative spatial filtering in regression analysis［J］. Geographical Analysis, 2002, 34（2）：130 –140.

estimation）进行估计，该方法渐进有效[①]。因此，本书将采用该方法对动态空间面板模型进行估计，并参考于斌斌（2017）的做法，为考察农产品进口贸易对农业碳生产率影响的空间效应，引入农产品进口贸易的空间滞后项，则动态空间面板模型的具体设定为：

$$CP_{it} = \alpha_0 + \alpha_1 CP_{it-1} + \rho \sum_{j=1}^{n} W_{ij} CP_{it} + \alpha_2 IMT_{it} + \delta \sum_{j=1}^{n} W_{ij} IMT_{it}$$
$$+ \gamma Z_{it} + \tau_{it} + \epsilon_{it} + \varepsilon_{it} \qquad (6.2)$$

$$CP_{it} = \alpha_0 + \alpha_1 CP_{it-1} + \rho \sum_{j=1}^{n} W_{ij} CP_{it} + \alpha_2 IM_{it} + \delta \sum_{j=1}^{n} W_{ij} IM_{it}$$
$$+ \gamma Z_{it} + \tau_{it} + \epsilon_{it} + \varepsilon_{it}$$

$$\varepsilon_{it} = \lambda \sum_{j=1}^{n} W_{ij} \varepsilon_{it} + \mu_{it} \qquad (6.3)$$

其中，ρ、δ 和 λ 分别表示农业碳生产率和农产品进口贸易的空间滞后系数和空间误差系数；τ_{it}、ϵ_{it} 和 ε_{it} 分别表示地区效应、时间效应和随机误差项；其余变量、参数设定与前文表示内容相同。

6.2.3.2 实证结果分析

动态空间面板模型估计结果如表 6 - 4 所示，其中作为参考的静态 SAR 面板模型的估计结果与动态 SAR 面板模型的估计结果差别较大，说明考虑农业碳生产率的动态效应和空间溢出效应分析农产品进口贸易对农业碳生产率的影响是合适的。并且静态 SAR 面板模型的空间滞后项系数和农产品进口贸易的空间溢出系数明显高于动态 SAR 面板模型的空间滞后项系数和农产品进口贸易的空间溢出系数，且在动态 SAR 面板模型中农产品进口贸易的空间溢出系数多数未通过显著性检验，说明静态 SAR 面板模型高估了农产品进口贸易对农业碳生产率影响的空间效应，也间接验证了选择动态 SAR 面板模型的合理性。农业碳生产率的一阶滞后项能将影响农业碳生产率的潜在因素从空

---

① Elhorst J P. Unconditional maximum likelihood estimation of linear and log-linear dynamic models for spatial panels [J]. Geographical Analysis, 2005, 37 (1): 85 - 106.

间结构因素的影响中分离出来，以校正静态 SAR 面板模型的估计偏差，进一步体现农业碳生产率动态性、持续性的特点。

表 6 - 4　　农产品进口贸易对农业碳生产率影响的空间效应估计结果

变量	动态 SAR 面板模型				静态 SAR 面板模型	
	lnIMT		IM		lnIMT	IM
CP（-1）	0.006 (0.050)	0.041 (0.072)	-0.003 (0.054)	0.069 (0.077)		
lnIMT/IM	0.065*** (0.004)	0.069*** (0.005)	0.021** (0.008)	0.033*** (0.008)	0.007* (0.004)	0.013 (0.016)
WlnIMT/WIM	0.001 (0.001)	-0.001 (0.001)	0.001 (0.001)	-0.002 (0.001)	0.003*** (0.001)	0.003*** (0.001)
AA		0.038** (0.016)		0.050** (0.019)	-0.003 (0.018)	0.002 (0.019)
UL		-0.007*** (0.001)		-0.003*** (0.001)	0.001 (0.001)	0.001 (0.001)
AFI		-1.365*** (0.231)		-1.718*** (0.256)	0.127 (0.116)	0.124 (0.117)
HC		-0.003 (0.012)		-0.007 (0.014)	-0.015* (0.008)	-0.015* (0.009)
IL		0.300*** (0.051)		0.297*** (0.060)	-0.002 (0.030)	0.002 (0.032)
RF		-0.070*** (0.016)		-0.136*** (0.017)	0.002 (0.008)	-0.001 (0.008)
lnAI		0.056*** (0.005)		0.102*** (0.005)	-0.001 (0.005)	-0.001 (0.006)
ρ	0.010** (0.004)	0.005* (0.003)	0.014*** (0.004)	0.006** (0.003)	0.662*** (0.042)	0.662*** (0.042)
R^2	0.300	0.668	0.228	0.585	0.200	0.283
Log$L$	99.397	332.608	64.937	262.942	923.900	923.023

注：***、**、*分别表示在 1%、5%、10%的水平下显著，括号内为稳健标准误。

根据实证估计结果可知，农产品进口贸易对农业碳生产率具有显著促进作用，但农产品进口贸易对农业碳生产率影响的空间溢出效应不明显，说明农产品进口贸易对区域内的农业碳生产率具有促进作用，对邻近区域的农业碳生产率促进作用不显著，即假设 8 成立。由于集聚效应的存在，农业生产要素流入将以邻近区域的农业生产要素流出为代价，造成的农业碳生产率的空间负外部性影响将抵消扩散效应和互馈效应致使的农产品进口贸易对邻近区域农业碳生产率产生的促进作用，从而出现农产品进口贸易对邻近区域农业碳生产率影响的空间效应不显著的情况。

6.2.3.3 异质性分析

根据表 6-3 所示的各省份聚类模式，将中国 31 个省份划分为东部沿海地区和中西部内陆地区两类，其中东部沿海地区具体包括辽宁、山东、江苏、浙江、福建、上海、广东、海南 8 个省份。就此分别构建东部沿海地区和中西部内陆地区两个子样本系统的动态空间面板模型，以分析农产品进口贸易对农业碳生产率影响的空间效应的区域异质性，检验结果如表 6-5 所示。

表 6-5   不同地区农产品进口贸易对农业碳生产率影响的空间效应估计结果

变量	东部沿海地区		中西部内陆地区	
	$\ln IMT$	IM	$\ln IMT$	IM
CP (-1)	0.307 ** (0.130)	0.416 *** (0.128)	0.168 *** (0.054)	-0.050 (0.051)
$\ln IMT/IM$	0.177 *** (0.022)	0.001 (0.012)	0.054 *** (0.006)	0.035 *** (0.012)
$W\ln IMT/WIM$	0.024 ** (0.010)	-0.004 (0.006)	-0.001 (0.001)	0.005 * (0.003)
AA	0.148 ** (0.055)	-0.022 (0.073)	-0.019 (0.021)	0.053 ** (0.023)

变量	东部沿海地区		中西部内陆地区	
	ln*IMT*	*IM*	ln*IMT*	*IM*
UL	−0.016 *** (0.002)	−0.015 *** (0.002)	−0.008 *** (0.001)	−0.005 *** (0.001)
AFI	−0.508 (0.971)	0.313 (1.254)	−1.063 *** (0.217)	−1.304 *** (0.231)
HC	0.007 (0.044)	0.190 (0.051)	0.007 (0.013)	0.030 ** (0.014)
IL	0.660 ** (0.274)	1.501 *** (0.340)	0.213 *** (0.049)	0.207 *** (0.058)
RF	−0.203 *** (0.061)	−0.196 ** (0.074)	−0.048 *** (0.014)	−0.111 *** (0.016)
ln*AI*	−0.001 (0.012)	0.008 (0.017)	0.058 *** (0.006)	0.082 *** (0.006)
ρ	0.001 (0.010)	−0.009 (0.013)	−0.004 (0.042)	0.662 *** (0.042)
R^2	0.740	0.655	0.634	0.605
Log*L*	45.486	11.699	321.299	282.635

注：*** 、** 、* 分别表示在1%、5%、10%的水平下显著，括号内为稳健标准误。

根据表6-5的检验结果可知，东部沿海地区农产品进口贸易规模的扩大将对农业碳生产率产生显著的空间溢出效应，而中西部内陆地区农产品进口开放程度越大越会对农业碳生产率产生显著的空间溢出效应。东部沿海地区具有明显的区位优势，尤其是在运输方式上，致使其农产品进口开放程度始终保持在一个较高的水平，平均农产品进口贸易依存度为64.55%，而中西部内陆地区的平均农产品进口贸易依存度仅为19.27%，所以东部沿海地区是通过农产品进口贸易规模的扩大来促进邻近区域农业碳生产率的提高，而中西部内陆地区是通过农产品进口贸易开放程度的提升来促进邻近区域农业碳生产率的提高。

6.2.3.4 稳健性检验

为进一步检验农产品进口贸易对农业碳生产率影响的空间效应的稳健性，分别构建地理距离空间权重矩阵和经济空间权重矩阵来替代反距离地理权重矩阵对实证结果进行再检验[①]，地理距离空间权重矩阵被定义为：

$$W_{ij} = \begin{cases} W_{ij} = \dfrac{1}{d_{ij}^{\alpha}}, & i \neq j \\ 0, & \text{其他} \end{cases}$$

其中，d_{ij} 表示两地区间的地理距离；α 表示距离差距对中心地区影响的衰减程度，通常设为 1，即两地区间距离越近，赋予的权重越大。

经济空间权重矩阵被定义为：

$$W_{ij} = \begin{cases} \dfrac{1}{(\bar{Y}_i - \bar{Y}_j)^{\alpha}}, & i \neq j \\ 0, & \text{其他} \end{cases}$$

其中，$\bar{Y}_i = \sum\limits_{t_0}^{t_1} Y_{it} / (t_1 - t_0)$；$Y_{it}$ 表示 i 地区第 t 年的人均国民总收入水平，即两地区间经济差距越小，赋予的权重越大。

表 6 - 6   不同权重农产品进口贸易对农业碳生产率影响的空间效应估计结果

变量	地理距离空间权重矩阵		经济距离空间权重矩阵	
	ln*IMT*	*IM*	ln*IMT*	*IM*
CP（-1）	0.009 (0.047)	0.157 *** (0.046)	-0.068 * (0.037)	0.131 *** (0.041)
ln*IMT/IM*	0.067 *** (0.005)	0.023 *** (0.007)	0.073 *** (0.005)	0.027 *** (0.007)

---

① 成新轩，杨博. 中国自由贸易区的空间效应与制造业国际竞争力的提升：基于空间计量模型的分析 [J]. 国际贸易问题，2021（10）：54 - 72.

续表

变量	地理距离空间权重矩阵		经济距离空间权重矩阵	
	ln*IMT*	*IM*	ln*IMT*	*IM*
W ln*IMT*/W*IM*	-0.050 (0.039)	0.088 * (0.046)	-0.001 (0.001)	-0.026 (0.019)
AA	0.053 *** (0.015)	0.065 *** (0.017)	0.038 ** (0.016)	0.056 *** (0.018)
UL	-0.006 *** (0.001)	-0.001 (0.001)	-0.008 *** (0.001)	-0.002 ** (0.001)
AFI	-1.197 *** (0.218)	-1.559 *** (0.0245)	-1.355 *** (0.234)	-1.758 *** (0.259)
HC	-0.009 (0.011)	-0.015 (0.013)	-0.001 (0.012)	-0.008 (0.014)
IL	0.276 *** (0.048)	0.207 *** (0.056)	0.324 *** (0.052)	0.233 *** (0.059)
RF	-0.046 *** (0.015)	-0.096 *** (0.016)	-0.067 *** (0.016)	-0.120 *** (0.017)
ln*AI*	0.047 *** (0.005)	0.089 *** (0.005)	0.056 *** (0.005)	0.102 *** (0.005)
ρ	1.770 *** (0.186)	1.932 *** (0.013)	0.128 ** (0.061)	0.105 * (0.061)
R^2	0.711	0.605	0.684	0.559
Log*L*	376.411	283.099	329.674	257.383

注：***、**、* 分别表示在1%、5%、10%的水平下显著，括号内为稳健标准误。

从表6-6可知，稳健性检验结果与前文实证结果基本一致，即农产品进口贸易对区域内的农业碳生产率具有促进作用，对邻近区域的农业碳生产率促进作用不显著这一结论具有可靠性和稳健性。

6.2.4　农产品进口贸易对农业碳生产率影响的空间技术溢出效应分析

基于前文研究结果可知，农产品进口贸易对区域内的农业碳生产率具有促进作用，对邻近区域的农业碳生产率作用不显著，间接说明集聚效应的影响与扩散效应以及互馈效应的影响有所抵消。扩散效应以及互馈效应的影响主要是以空间技术溢出效应作用于邻近区域，而且农业技术进步是破解农业资源和环境约束的关键。因此，有必要进一步探究农产品进口贸易的技术效应的空间溢出对农业碳生产率的影响。

6.2.4.1　变量选取与模型设定

本节将使用科伊和霍普尔曼（Coe and Helpman, 1995）构建的模型计算通过农产品进口贸易溢出渠道获得的国外研发知识资本存量，具体的公式可表示为：

$$SIM_{it} = \frac{\sum\limits_{q=1}^{7} IM_{iqt}}{\sum\limits_{q=1}^{7} IM_{qt}} \sum\limits_{j=1}^{34} \frac{EX_{jt}}{GDP_{jt}} SD_{jt}$$

其中，SIM_{it} 表示中国 i 省 t 年通过农产品进口贸易获得的国外研发知识资本存量；IM_{iqt} 表示中国 i 省 t 年第 q 种农产品进口贸易量；IM_{qt} 表示中国 t 年第 q 种农产品进口贸易量，由于各省份全部农产品进口贸易数据不便获取，故选取大米、小麦、玉米、大豆、棉花、食用油和食糖等七种主要进口农产品加以表示；EX_{jt} 表示 j 国 t 年对中国出口农产品的贸易额；GDP_{jt} 表示 j 国 t 年的国内生产总值，以 EX_{jt}/GDP_{jt} 表示技术溢出国研发知识通过农产品进口贸易的方式进入中国的占比；SD_{jt} 表示 j 国研发知识资本存量。对知识溢出国家的选取与大多数研究保持一致，分别是加拿大、法国、德国、意大利、日本、英国和美国等 G7 国以及澳大利亚、奥地利、比利时、捷克、丹麦、芬兰、希腊、匈牙利、冰岛、爱尔兰、以色列、韩国、卢森堡、墨西哥、荷兰、新西兰、挪威、波兰、葡萄牙、斯洛伐克、斯洛文尼亚、西班牙、瑞典、瑞士、土耳其、智利、爱沙尼亚等 34 个经济合作与发展组织（OECD）成员国，所用数据来源为《中国农村统计年鉴》以及世界银行数据库。

基于此，借鉴刘舜佳和生延超（2015）的研究，对传统线性 Coe-Helpman 模型进行空间维度拓展，构建农产品进口贸易对农业碳生产率影响的空间技术溢出模型，具体可表示为：

$$CP_{it} = \alpha_0 + \alpha_1 CP_{it-1} + \alpha_2 SIM_{it} + \vartheta \sum_{j=1}^{n} W_{ij} SIM_{it} + \alpha_3 GDP_{it} + \alpha_4 GDP_{it}^2$$

$$+ \pi \sum_{j=1}^{n} W_{ij} GDP_{it} + \sigma \sum_{j=1}^{n} W_{ij} GDP_{it}^2 + \gamma Z_{it} + \tau_{it} + \epsilon_{it} + \varepsilon_{it} \qquad (6.4)$$

其中，$\alpha_2 \sim \alpha_4$ 表示农产品进口贸易的技术效应和经济增长的待估参数；ϑ、π 和 σ 分别表示农产品进口贸易的技术效应和经济增长的空间滞后系数；Z_{it} 和 γ 分别表示控制变量及其参数；τ_{it}、ϵ_{it} 和 ε_{it} 分别表示地区效应、时间效应和随机误差项；其余变量、参数设定与前文表示内容相同。根据环境库兹涅茨曲线，勒萨热和佩斯（LeSage and Pace，2009）认为当经济增长逾越某一"拐点"后会激发清洁技术的自主创新，故在此将进一步考察区域内和邻近区域的农产品自主创新效应"拐点"。在该模型中加入 GDP_{it} 和 GDP_{it}^2 两项，使用人均 GDP 数据对变量加以表示，则区域内诞生农产品清洁生产技术自主创新的经济增长"拐点"可以被表示为：$-\alpha_3/2\alpha_4$，邻近区域诞生农产品清洁生产技术自主创新的经济增长"拐点"可以被表示为：$-\pi/2\sigma$，空间权重矩阵的设定与前文相同。

6.2.4.2 实证结果及分析

根据表 6-7 基于三种空间权重矩阵的空间技术溢出效应估计结果可知，农产品进口贸易的技术效应将提高区域内的农业碳生产率，此结果与前文相同，即农产品进口贸易的非物化型知识溢出将引致资源集约效应以提高农业碳生产率；农产品进口贸易的技术效应对邻近区域的农业碳生产率呈现出负向溢出效应，但影响相对较小，即本区域的农业碳生产率的提高可能会降低邻近区域的农业碳生产率，说明政府在处理农业碳排放时更多处于"驱劣竞争"[①]，即物化型知识溢出引致的农业生产规模扩大效应超过了非物化型知识溢出引致的资源集约效应，由此降低了邻近区域的农业碳生产率，体现出的最为普遍的现象为农村劳动力转移。[②]

表6-7　　农产品进口贸易对农业碳生产率影响的空间技术溢出效应估计结果

变量	反距离地理权重矩阵	邻域空间权重矩阵	地理距离权重矩阵
$CP(-1)$	0.107 *** (0.030)	0.108 *** (0.032)	0.088 *** (0.029)
SIM	0.007 * (0.004)	0.007 * (0.004)	0.009 ** (0.004)
GDP	71.278 *** (12.974)	69.694 *** (13.062)	71.626 *** (12.923)
GDP^2	-35.546 *** (6.482)	-34.754 *** (6.526)	-35.718 *** (6.456)
$WSIM$	-0.002 ** (0.001)	-0.004 ** (0.002)	-0.003 (0.002)
$WGDP$	3.503 ** (1.505)	12.697 *** (4.718)	8.861 * (4.669)
$WGDP^2$	-1.751 ** (0.752)	-6.348 *** (2.359)	-4.429 * (2.335)
控制变量	已控制	已控制	已控制
R^2	0.520	0.516	0.526
$LogL$	229.270	229.125	234.659

注：当使用地理距离空间权重矩阵以及经济空间权重矩阵时，$WGDP$ 和 $WGDP^2$ 无法同时显示，故采用其他文献较为常用的空间权重矩阵设定方式，对该模型进行稳健性检验。*** 、** 、* 分别表示在1%、5%、10%的水平下显著，括号内为稳健标准误。

---

① 田建国，王玉海. 财政分权、地方政府竞争和碳排放空间溢出效应分析 [J]. 中国人口·资源与环境，2018，28（10）：36-44.

② 漆世兰，杨锦秀，石川. 农村劳动力转移对农业生产的负面效应分析：基于西南地区农村劳动力转移状况的调查 [J]. 农村经济，2009（10）：100-103.

区域内和邻近区域农产品进口贸易的技术效应均与农业碳生产率呈倒 U 形关系，根据相应系数可以计算出区域内和邻近区域诞生农产品清洁生产技术自主创新的经济增长"拐点"。基于反距离地理权重矩阵的区域内农产品自主创新经济增长"拐点"为人均 10026.16 元，基于邻域空间权重矩阵和地理距离权重矩阵的区域内农产品自主创新经济增长"拐点"分别为人均10026.76 元和 10026.60 元，估计值差距不大；基于反距离地理权重矩阵的邻近区域农产品自主创新经济增长"拐点"为人均 10002.86 元，基于邻域空间权重矩阵和地理距离权重矩阵的区域内农产品自主创新经济增长"拐点"分别为人均 10000.79 元和 10003.39 元，估计值差距也相对较小，区域内外的经济发展水平相差 23.3 元，说明毗邻地区经济发展水平即人均实际 GDP 达到 1 万元左右且较为接近时，区域内外更易通过自主创新提高农业生产技术来提高农业碳生产率。根据中国各省经济发展水平可知，从 2012 年开始各省份的人均实际GDP 均已达到区域内外农产品自主创新经济增长"拐点"，即区域内外省份可同时达到农产品自主创新经济增长"拐点"，说明各省份可通过农产品进口贸易激发的自主创新提高农业碳生产率。总体而言，所得实证结论与假设 9 略有不同，即农产品进口贸易的技术效应对区域内农业碳生产率有促进作用，对邻近区域的农业碳生产率有较低的负向空间技术溢出效应，区域内外均可通过农产品进口贸易激发自主创新能力来提高农业碳生产率，且农产品进口贸易对农业碳生产率影响的空间技术溢出效应未体现出明显的地理局限性。

6.3 本章小结

本章通过构建动态空间滞后模型对农产品进口贸易对农业碳生产率影响的空间效应进行实证检验，并进一步着重分析农产品进口贸易对农业碳生产率影响的空间技术溢出效应。本章得到的主要结论如下：

（1）农业碳生产率的空间自相关性呈现减弱的变化趋势，尤其是在 2016 年之后，省域间的异质性特征愈发凸显。其中，东部沿海地区更倾向于"高－高"型空间集聚特征，中西部内陆地区更倾向于"低－低"型空间集聚特征，且以西南与西北地区为主，东西部之间非均衡格局有所加剧且地理流动性较低。

（2）农产品进口贸易对区域内的农业碳生产率具有促进作用，对邻近区域的农业碳生产率作用不显著。东部沿海地区农产品进口贸易规模的扩大将对农业碳生产率产生显著的空间溢出效应，而中西部内陆地区农产品进口开放程度越大越会对农业碳生产率产生显著的空间溢出效应。

（3）农产品进口贸易的技术效应对区域内农业碳生产率有促进作用，对邻近区域的农业碳生产率有较低的负向空间技术溢出效应，区域内外均可通过农产品进口贸易激发自主创新能力来提高农业碳生产率，且农产品进口贸易的空间技术溢出效应未体现出明显的地理局限性。

第 7 章

基于农产品进口贸易提高农业
碳生产率的政策建议

根据前文第 4~6 章的研究结论可知,农产品进口贸易对中国农业碳生产率具有积极影响,而本书最基本的政策含义在于如何在基于农产品贸易开放以及保障粮食安全的背景下,坚持通过提高农业碳生产率促进农业经济增长方式转型,实现农业低碳化发展。因此,根据研究结论本章将从农产品进口贸易、农业生产以及农业环境规制等角度提出提高中国农业碳生产率的政策建议。

7.1 在保障粮食安全的基础上适度增加农产品进口

农产品进口贸易对中国农业碳生产率具有积极影响,因此可在保障粮食安全的基础上适度增加农产品进口以提高农业碳生产率。由于 2000~2020 年中国农产品进口贸易在一定程度上符合国际粮食安全标准,且适度进口是中国新的国家粮食安全战略的重要内涵,中国的资源禀赋决定了其依靠本国资源难以解决全部的农产品和食品需要,所以充分利用国际国内两个市场、两种资源解决中国粮食问题是必然选择。针对农产品适度进口要做到以下两个方面:从不同农产品进口规模及优先序而言,中国大豆自给率相对较低,农产品进口仍将以大豆进口为主，故重点应放在防范进口路径不稳定性风险方面，全球范围推进多元化进口路径以化解依赖性风险。从短期来看，加拿大、俄罗斯等国家还存在拓展可能性，其大豆进口拓展空间约为 1200 万吨，且其他适度进口产品应以强筋小麦、弱筋小麦、啤酒大麦等专用品种为主，如此可在满足市场需求的同时，缓解中国地不足、水不够、资源环境压力大等问题；从均衡开展农产品进口贸易而言，中国农产品进口贸易与农业生产协调发展水平不断提高，因此，可以持续、稳步基于消费需求适度、适时扩大农产品进口贸易，在保障粮食安全的基础上弥补国内资源短板和农产品供需缺口，并且紧密参与国际经贸往来与全球农产品生产合作，不断提升中国在国际农产品市场中的影响力、定价权和话语权，促进粮食安全保障能力的提高。

由于农产品进口贸易对农业碳生产率的影响存在明显的区域差异，西北及长城沿线区和黄淮海区农产品进口贸易将促进其农业碳生产率的提高，且存在经济发展水平的门槛，对于高经济发展水平地区中的天津、广东和浙江而言，农产品进口贸易对农业碳生产率的促进作用更为明显。所以对于新疆、宁夏、陕西、甘肃、山西、内蒙古、北京、天津、河北、山东、河南、广东和浙江等省份农产品适度进口的规模应高于其他省份，即积极调整农产品进口规模与结构，选择将耕地、水等有限自然资源用于生产该地区优势农产品。其中，山东、广东和浙江农产品进口贸易规模的扩大会有利于邻域省份提高农业碳生产率，故这三个省份可制定农业区域低碳发展战略，整合区域优势资源实现区域联动，最终促进中国实现农业低碳转型。

7.2 优化农业生产结构与农产品进口贸易结构

通过分析农产品进口贸易对农业碳生产率影响的路径可知，农产品进口贸易会通过替代效应、结构效应及技术效应作用于农业碳生产率，其中农产品进口贸易的技术效应与结构效应之间存在一定的相关关系，故可借助农业生产技术的提升优化农业产业结构。但是通过研究结论可知，农产品进口贸易通过调整农业产业结构来降低农业碳生产率，这主要是由于农业产业升级下农业碳排放量增速快于农业生产总值的增速造成的，故需要注重农业产业结构升级与农业经济增长之间的同步性，可通过优化农产品进口贸易结构来实现，农产品进口贸易结构的转变将引导农业生产由劳动密集型的初级比较优势模式发展为具有一定资本与技术含量的高级比较优势模式。因此，从农业生产结构及农产品进口贸易结构角度提出以下对策建议：

第一，依靠农业科技优化农业生产结构，调整农业生产空间布局。首先，以农业科技引导农民优化农业生产结构，尤其是要关注畜牧业生产结构，积极鼓励牧民在利用现代农业科技的基础上充分释放畜牧业过剩产能，优化饲料营养成分配方，从而增加农业经济效益并降低农业碳排放量以提高农业碳生产率；其次，利用现代农业技术选择生态型农业和资源节约型农业发展模式，通过生态农业技术降低对环境的破坏，并以节约资源为导向发展精准农业、节水农业等；再次，发挥农业生产技术的先进性以改善农产品品质结构，加强特色和品牌农业建设，由只关心农产品产量向注重农产品产量与质量相结合方面过渡。通过农业技术提高化肥、农药及秸秆等利用效率，降低对高碳型增产化学品的依赖程度，以更加生态、环保、绿色的方式生产更多营养、健康、安全、有机的高质量农产品，并通过市场需求升级倒逼农业生产结构转变，为农业低碳转型提供条件；最后，进一步调整农业空间结构与区域布局，通过农业科技进步发挥各省份在自身资源禀赋条件、农业功能定位等要素上的比较优势，不断调整农业区域布局，合理开展粮食生产功能区和重要农产品生产保护区建设，提高资源的空间利用效率与农业碳生产率。

第二，通过优化农产品进口贸易结构协调农业产业结构升级与农业经济增长的关系。利用国际进口博览会等形式加强国家间农产品贸易合作，促使农业资源要素跨国境自由流动，优化农产品进口结构以带动农业产业结构调整，并利用农产品进口贸易促进农业经济增长，最终实现二者的协调统一，达到提高农业碳生产率的目的。具体而言：首先，充分发挥进口农产品中包含虚拟资源的特点，进口资源消耗型和污染密集型农产品，以节约资源为目标调整进口贸易结构，降低农业生产过程中资源要素过度使用所产生的农业碳排放，提高农业碳生产率；其次，支持进口优质农产品，虽然进口优质农产品会带来一定的进口竞争，不利于中国国内农产品市场环境，但其可倒逼中国劣势农业产业改革，学习和应用先进农业生产技术，在优化农业生产结构的同时，实现经济效益和环境效益的最大化；最后，在粮食安全的基础上，中国应进口比较优势较低的农产品，并给予这些进口农产品中间品一定的补贴和关税减让，而将有限生产要素用于果蔬、花卉等农产品的生产，在合理高效利用有限的环境资源的基础上，实现农业产业结构升级并降低农业碳排放，从而实现农业低碳可持续发展。

7.3 充分利用农产品进口贸易技术溢出并鼓励农业科技创新

根据研究结论可知，农产品进口贸易可通过提升农业生产技术水平提高农业碳生产率，主要表现为技术溢出和自主创新两种路径，且农产品进口贸易存在明显的空间技术溢出效应，区域内外均能通过农产品进口贸易激发自主创新能力来提高农业碳生产率，尤其是在经济发展水平较高的省份。因此，从农产品进口贸易技术溢出和科技自主创新两个角度提出有利于促进农业低碳化发展的政策建议：

第一，利用农产品进口贸易加强国际交流合作，引进农业低碳生产的成功经验与先进技术。由温室气体引致的气候变化问题是一个国际性难题，西方发达国家经过多年发展已拥有先进的农业生产技术体系及农业生产管理经验，中国与之相比存在诸多不足。因此，应通过农产品进口贸易流通，与国外同行建立合作关系，学习有关国家在农业低碳转型领域的成功经验和失败教训，如中国东北地区可以借鉴美国在农业机械利用技术方面的成熟经验，西南地区可以借鉴日本精耕细作生产技术，新疆等干旱地区可以借鉴以色列精准灌溉等技术，并且中国可通过"南南合作"与面临相同问题的发展中国家开展相互学习，从而提升农业生产技术水平，但需注意的是不应盲目进口优质产品，而应注重技术引进后的应用和创新。除此之外，学习欧盟碳交易市场在农业领域应用的技术经验，发展中国农业碳交易市场，逐步扩展农业碳排放权交易覆盖范围，这不仅是加快推广有效农业减排技术的途径，也是促进实现农业低碳化转型的重要市场化行为。

第二，提高农业科技自主创新能力，发挥农产品进口贸易技术溢出与自主创新的协同效应。农产品进口贸易的技术溢出与自主创新彼此间存在互补关系，自主创新的前提是需要通过长时期的技术积累来提高自身的技术水平，而农产品进口贸易技术溢出则是在短期内发挥功效，两者之间存在良性的技术互动。一方面，农产品进口贸易技术溢出有利于激发农业科技创新经费投入的持续增加；另一方面，农产品进口贸易技术溢出有利于强化农业科技创新人员的投入力度，优化人力资本配置效应，并在空间效应的作用下进一步交流技术以实现再创新。因此，为充分发挥农产品进口贸易技术溢出与农业科技创新的作用，有以下建议：首先，政府和企事业单位应增加对农业新技术创新的资金支持，以调动农业技术研发的积极性，建立以市场为主体、政府为导向、高校与科研机构为支撑的农业科技研发体系，企业宣传与政府指导相结合的农业技术推广体系；其次，应鼓励农业科技创新并完善相关激励机制，建立农业科技创新经费投入重点对象的核查制度，跟踪审核经费投入使用实况，健全农业科技创新人员的业务培训制度，以提升农业科技创新人员的业务水平；最后，应注重农业新技术的应用与落地，并大力推进农业科技创新与成果转化，特别是农业相关产业需求引致农业技术部门进行科技创新的领域。

7.4 制定和完善与农业生产行为相关的环境规制政策

制定和完善农业环境规制政策需结合各省份农业经济发展和农业生态环境的具体情况，再以国家标准为基础，形成具有针对性的地方环境规制政策，如除长江中下游区和华南区外，其他农区均以畜牧业碳排放为主，故这些省份应更侧重于制定畜牧业环境规制政策。就环境规制政策强度而言，内蒙古、上海、江西、广西、西藏、陕西、青海和新疆 8 个省份可以适度加强环境规制水平，而其他省份则需要适当放松环境规制水平。环境规制政策主要通过调节农业生产要素投入使用及农业产业结构来影响农业碳生产率，它们体现出来的不同农业生产活动将产生不同的温室气体排放，而在不同农业生产活动的温室气体来源中，动物肠道发酵仍然是农业碳排放的第一大源头，且秸秆焚烧和农用地所引致的碳排放占比也有所提高。因此，从农业温室气体来源角度提出以下环境规制措施以管理农业生产行为：

第一，鼓励建立生态农场，探索农业减排的低碳补偿政策。甲烷长期作为第一大农业温室气体，其排放源主要为水稻种植、动物肠道发酵和畜禽粪便，且农业农村部和国家发展改革委发布的《农业农村减排固碳实施方案》将降低稻田甲烷排放、减少畜禽粪污管理的甲烷和氧化亚氮排放以及降低反刍动物肠道甲烷排放强度等作为重点任务，将稻田甲烷减排行动作为十大重大行动之一。就此，依托于 2022 年 1 月，农业农村部发布的《推进生态农场建设的指导意见》，鼓励建立生态农场，积极探索以稻田甲烷、农用地氧化亚氮、动物肠道甲烷、畜禽粪便管理甲烷和氧化亚氮减少排放为重点的低碳补偿政策，并且在推进生态农场建设过程中，需采用保护性耕作措施、改变农作物灌溉方式、增加秸秆还田、增加有机肥施用、采用轮作制度和合理利用土地等生产行为，以提升农田土壤的有机质含量，减少温室气体排放，增强农田土壤的固碳能力。

第二，参考欧盟国家做法，制定中国秸秆焚烧环境规制政策。为减轻大气污染和维护公众健康，欧盟国家制定了严格的秸秆焚烧法规和管理措施，部分成员国虽没有绝对禁止焚烧秸秆，但要求不可随意焚烧，需依法申请依规焚烧，这对中国秸秆禁烧环境规制政策起到一定的参考价值。首先，应调整和优化实际工作中"一禁了之"的做法。各地区需从生态环境和农业发展的实际情况出发，优化调整秸秆全域禁烧等"一刀切"政策，改"一禁了之"为"禁疏结合"，因地制宜规范和管理秸秆焚烧行为。其次，完善秸秆禁烧相关的法律法规。虽然中国现有的《中华人民共和国固体废物污染环境防治法》规定，禁止在交通干线附近、机场周围、人口集中地区以及当地政府划定的其他区域进行露天焚烧秸秆，但仍需进一步明确秸秆禁烧区和非禁烧区的实施标准，制定具体且实操性强的焚烧限制或许可条件，实现在有法可循的框架内依法进行秸秆焚烧。

第三，制定鼓励使用生物农药，适量施用化肥农药等农业生产要素的环境规制政策。农用地氧化亚氮的排放主要来自化肥农药的施用，所以要继续根据农业农村部制定的《到 2025 年化肥减量化行动方案》和《到 2025 年化学农药减量化行动方案》推进"双减"行动。首先，应建立科学施肥施药的运行体系，化肥农药减量行为应因地制宜、分类实施。其次，基于科学施肥施药的标准，利用环境规制政策引导农户科学施肥施药。一方面，利用激励型环境规制政策向使用生物化肥的农户给予适当经济奖励，并通过环境监督处罚施肥不合理的农户；另一方面，利用命令型环境规制政策制定严格的化肥农药污染治理法规，如化肥农药购买实名制、化肥施用定额制等，提出化肥农药实施标准措施。最后，利用引导型环境规制政策宣传减量增效及科学施肥施药新理念，通过开展肥药科学施用技术培训及讲解施用知识，增强环保意识，并通过积极推广测土配方施肥技术及病虫害综合防治技术，提高肥药施用效率及农产品质量。

7.5 本章小结

根据前文理论分析与实证检验的研究结论，本章从农产品进口贸易、农业生产以及农业环境规制等角度提出提高中国农业碳生产率、促进农业低碳化发展的政策建议。本章得到的主要结论如下：

（1）在保障粮食安全的基础上适度增加农产品进口。第一，需要重点防范大豆进口路径风险。第二，根据农业生产水平均衡开展农产品进口贸易。第三，整合区域优势资源，有针对性地制定农业区域低碳发展战略。

（2）优化农业生产结构与农产品进口贸易结构。第一，依靠农业科技优化农业生产结构，调整农业生产空间布局。首先，引导农民利用现代农业科技优化农林牧渔业生产及其品种结构；其次，利用现代农业技术选择资源节约型农业发展模式；再次，利用先进农业生产技术改善农产品品质结构；最后，进一步调整农业空间结构与区域布局。第二，通过优化农产品进口贸易结构协调农业产业结构升级与农业经济增长的关系。首先，进口资源消耗型和污染密集型农产品；其次，支持进口优质农产品；最后，在粮食安全的基础上进口比较优势较低的农产品。

（3）充分利用农产品进口贸易技术溢出并鼓励农业科技创新。第一，利用农产品进口贸易加强国际交流合作，引进农业低碳生产的成功经验与先进技术。第二，提高农业科技自主创新能力，发挥农产品进口贸易技术溢出与自主创新的协同效应。首先，政府和企事业单位要增加对农业新技术创新的资金支持，以调动农业技术研发积极性；其次，应完善农业自主创新激励机制；最后，应注重农业新技术的应用与落地。

（4）制定和完善与农业生产行为相关的环境规制政策。内蒙古、上海、江西、广西、西藏、陕西、青海和新疆8个省份可以适度加强环境规制水平，而其他省份则需要适当放松环境规制水平。第一，鼓励建立生态农场，探索农业减排的低碳补偿政策。第二，参考欧盟国家做法，制定中国秸秆焚烧环境规制政策。第三，制定鼓励使用生物农药，适量施用化肥农药等农业生产要素的环境规制政策。

第 8 章
结论与展望

8.1　研　究　结　论

（1）2000～2020 年中国农业碳排放量整体呈波动上升的特征，动物肠道发酵是农业碳排放的第一大源头。中国各省份的农业碳生产率均呈现增长态势，但差距明显呈"东高西低、南高北低"的特征。

以《省级温室气体清单编制指南（试行）》为依据，基于联合国政府间气候变化专门委员会（IPCC）和粮食与农业组织（FAO）等机构的已有做法，并参考相关学者的研究成果，确定中国农业碳排放核算清单和核算体系。计算 2000～2020 年中国 31 个省份的农业碳排放量，分析其时序及空间特征，并基于农业碳排放量测算农业碳生产率，研究结论为：第一，2000～2020 年中国农业碳排放量整体呈波动上升的特征，即"快速增长—快速下降—波动增长"的阶段性特征。从不同温室气体来源看，动物肠道发酵仍然是农业碳排放的第一大源头，但除秸秆焚烧和农用地所引致的碳排放量占比有所提高外，其余各温室气体来源引致的碳排放量占比均有所下降；第二，2000～2020 年农业碳排放量均值位居前五位的地区为河南、湖南、山东、江苏以及四川。就七大农区进行划分而言，长江中下游地区农业碳排放量较高，是各类碳源主要排放的农区。从整体来看,长江中下游区和华南区各类碳源碳排放分布相对均衡,而其他农区则以畜牧业碳排放为主;第三,2000~2020 年中国各省份的农业碳生产率均呈现增长态势,其中海南的单要素农业碳生产率年均增长率最高为 8.00%,西藏的全要素农业碳生产率年均增长率最高为 3.26%。从地区分布而言,2000~2020 年中国各省份农业碳生产率差距明显,呈现"东高西低、南高北低"的特征,农业碳生产率较高的省份主要分布在长江中下游区和黄淮海区,农业碳生产率较低的省份主要分布在青藏区和西北及长城沿线区。

（2）中国农产品进口贸易呈快速增长趋势。农产品进口贸易正向影响农业碳生产率,存在基于经济发展水平即实际人均收入 8872.19 元的单门槛效应,达到门槛值后农产品进口贸易对农业碳生产率的促进作用将有所下降。

利用 2000~2020 年中国省级面板数据,构建动态面板模型、动态面板门槛模型以及动态面板分位数模型实证检验农产品进口贸易对农业碳生产率影响的直接效应,研究结论为:第一,整体来看,中国农产品进口贸易呈快速增长趋势,其中山东、广东、北京、上海和江苏为农产品进口贸易的主要省份。中国区域性农产品进口贸易发展不平衡,上海、北京和天津是中国农产品进口贸易依存度最高的省份,黄淮海区和长江中下游区是主要开展农产品进口贸易的地区;长期以来,大豆进口贸易在粮食安全战略中处于重要地位,进口依存度较高,中国农产品进口贸易与农业协调发展的水平在不断提高。第二,农产品进口贸易正向影响农业碳生产率,且农产品进口贸易对农业碳生产率的影响存在明显的区域差异,其中农产品进口贸易会促进西北及长城沿线区和黄淮海区农业碳生产率的提高,会抑制长江中下游区农业碳生产率的提高。第三,农产品进口贸易对农业碳生产率的影响显著存在基于经济发展水平的单门槛效应,其门槛值为实际人均收入 8872.19 元,当经济发展达到门槛水平时,农产品进口贸易对农业碳生产率的促进作用将有所下降。第四,在不同经济发展水平门槛条件下,农产品进口贸易对不同分位点处的农业碳生产率有不同影响。低经济发展水平地区间联动作用效应较明显,农业碳生产率越高的省份农产品进口贸易对农业碳生产率的促进作用越强,高经济发展水平地区中的天津、广东和浙江受到农产品进口贸易对农业碳生产率产生的促进作用更为明显。

（3）农产品进口贸易的替代效应和技术效应促进农业碳生产率的提高，而其结构效应抑制农业碳生产率的提高。环境规制正向调节农产品进口贸易的替代效应，负向调节农产品进口贸易的结构效应以影响农业碳生产率。

通过构建多重中介效应模型、有调节的多重中介效应模型以及动态面板门槛模型实证检验农产品进口贸易对农业碳生产率影响的间接效应，研究结论为：第一，农产品进口贸易对农业碳生产率的影响具有替代效应、结构效应及技术效应三条路径，即农产品进口贸易通过减少农业生产要素投入提高农业碳生产率，农产品进口贸易通过调整农业产业结构降低农业碳生产率以及农产品进口贸易通过提升农业生产技术水平提高农业碳生产率；第二，在高经济发展水平地区，农产品进口贸易通过技术效应路径提高农业碳生产率，在低经济发展水平地区，农产品进口贸易通过替代效应和技术效应路径提高农业碳生产率；第三，环境规制在农产品进口贸易与农业碳生产率的关系中具有倒 U 形非线性调节作用，门槛值为每年实施 7 条命令控制型环境规制政策，内蒙古、上海、江西、广西、西藏、陕西、青海和新疆 8 个省份各年均未达到门槛值。具体而言，环境规制将正向调节农产品进口贸易的替代效应，负向调节农产品进口贸易的结构效应而影响农业碳生产率。

（4）农业碳生产率的空间自相关性呈现减弱的变化趋势。农产品进口贸易对邻近区域的农业碳生产率作用不显著，其中农产品进口贸易的技术效应会抑制邻近区域农业碳生产率的提高。

通过构建动态空间面板模型实证检验农产品进口贸易对农业碳生产率影响的空间效应，并进一步着重分析农产品进口贸易对农业碳生产率影响的空间技术溢出效应，研究结论为：第一，农业碳生产率的空间自相关性呈现减弱的变化趋势，尤其是在 2016 年之后，省域间的异质性特征愈发凸显。其中，东部沿海地区更倾向于"高 - 高"型空间集聚特征，中西部内陆地区更倾向于"低 - 低"型空间集聚特征，且以西南与西北地区为主，东西部之间非均衡格局有所加剧且地理流动性较低。第二，农产品进口贸易对区域内的农业碳生产率具有促进作用，对邻近区域的农业碳生产率作用不显著。东部沿海地区农产品进口贸易规模越大越会对农业碳生产率产生显著的空间溢出效应，而中西部内陆地区农产品进口开放程度越大越会对农业碳生产率产生显著的空间溢出效应。第三，农产品进口贸易的技术效应对区域内农业碳生产率有促进作用，对邻近区域的农业碳生产率有较低的负向空间技术溢出效应，区域内外均可通过农产品进口贸易激发自主创新能力来提高农业碳生产率，且农产品进口贸易的空间技术溢出效应未体现出明显的地理局限性。

8.2 研究不足与展望

本书在确定农业碳排放核算清单的基础上，从时域等角度对农业碳生产率的现状进行分析，之后再分析农产品进口贸易对农业碳生产率影响的直接效应、间接效应以及空间效应。整体而言，本书对农产品进口贸易如何影响农业碳生产率这一问题进行了较为细致、系统且全面的研究，但限于研究能力及研究中涉及的相关数据的可获得性，如无法获得数据计算每种农产品的碳排放量和碳生产率。因此，可能会存在如下不足：

第一，现有核算碳排放量的方法主要包括排放因子法、质量平衡法和实测法三种，鉴于数据的可获得性以及研究目的，本书采用排放因子法，利用《省级温室气体清单编制指南（试行）》以及联合国政府间气候变化专门委员会（IPCC）等权威机构出台的相关专业文件中的碳排放因子计算中国中观层面的农业碳排放量，但由于各省市县客观条件的差异较大，利用排放因子计算出的碳排放量只能代表一种平均水平，所以为使测算结果更加精准客观，未来可选择使用无人机等手段，或发挥自然学科实验数据的优势，根据具体农业生产情况及自然地理特征，比如牲畜体重、草地类型等计算出更为精确的排放因子，以使核算出的农业碳排放量更具实践意义。

第二，本书着重考虑的农业碳生产率为单要素农业碳生产率，其未将劳动等其他投入要素考虑进来，但实际上如何科学地确定投入与产出指标一直都是一个需要仔细斟酌的问题，毕竟在当前诸多文献研究中存在投入与产出口径不一、投入与产出指标设定过于主观等现象,这些不足均会直接限制研究结果的准确性、客观性与科学性。因此,本书的做法在一定程度上也会限制其可能具有的实践意义,这也是未来研究需要进一步拓展的方面之一。

第三,虽然本书为充分考虑农业碳生产率在时间维度上的动态变化情况,利用动态面板模型实证分析农业碳生产率的影响因素,但本书以及现有文献均未从动态层面测度农业碳生产率,均只分析了各省份静止层面的农业碳生产率现状。然而,基于区域间、农业部门间生产要素、中间农产品及最终农产品在交易市场上广泛流通等实际情况,从动态层面研究农业碳生产率是有必要的,所以接下来的研究将尽可能考虑农业生产要素以及农业中间品在各省份的跨区流动对农业碳生产率的影响。

参 考 文 献

[1] 保罗·克鲁格曼. 地理与贸易 [M]. 张兆杰, 译. 北京: 中国人民大学出版社, 2017.

[2] 庇古. 福利经济学 [M]. 伦敦: 麦克米兰出版社, 1920.

[3] 边志强. 网络基础设施对全要素生产率增长效应研究 [D]. 大连: 东北财经大学, 2015.

[4] 曹国良, 张小曳, 王亚强, 等. 中国区域农田秸秆露天焚烧排放量的估算 [J]. 科学通报, 2007 (15): 1826 - 1831.

[5] 陈芳, 杨梅君. 农产品国际贸易对中国农业绿色全要素生产率的影响 [J]. 华南农业大学学报 (社会科学版), 2021, 20 (5): 94 - 104.

[6] 陈昊, 赵春明. 进口贸易是否抑制了技术进步: 状态空间模型的再检验 [J]. 经济理论与经济管理, 2012 (2): 47 - 53.

[7] 陈劲松. 2009 年中国农村经济形势分析与 2010 年展望 [J]. 中国农村经济, 2010 (2): 4 - 11, 56.

[8] 陈美球, 金志农, 蔡海生. 生态化的基本内涵及生态化水平评价指标构建的基本原则 [J]. 生态经济, 2012 (3): 166 - 169.

[9] 陈锡文, 陈昱阳, 张建军. 中国农村人口老龄化对农业产出影响的量化研究 [J]. 中国人口科学, 2011 (2): 39 - 46, 111.

[10] 陈燕翎, 庄佩芬, 彭建平. 贸易开放对农业经济高质量发展的影响: 基于农业绿色全要素生产率的视角 [J]. 生态经济, 2021, 37 (12):

105 – 114.

[11] 陈银娥，陈薇．农业机械化、产业升级与农业碳排放关系研究：基于动态面板数据模型的经验分析 [J]．农业技术经济，2018（5）：122 – 133.

[12] 陈宇斌，王森，陆杉．农产品贸易对农业碳排放的影响：兼议数字乡村发展的门槛效应 [J]．华中农业大学学报（社会科学版），2022（6）：45 – 57.

[13] 成新轩，杨博．中国自由贸易区的空间效应与制造业国际竞争力的提升：基于空间计量模型的分析 [J]．国际贸易问题，2021（10）：54 – 72.

[14] 程国强．中国农产品贸易：格局与政策 [J]．管理世界，1999（3）：176 – 183.

[15] 程琳琳．中国农业碳生产率时空分异：机理与实证 [D]．武汉：华中农业大学，2018.

[16] 程琳琳，张俊飚，何可．空间视角下城镇化对农业碳生产率的直接作用与间接溢出效应研究 [J]．中国农业资源与区划，2019，40（11）：48 – 56.

[17] 程琳琳，张俊飚，田云，等．中国省域农业碳生产率的空间分异特征及依赖效应 [J]．资源科学，2016，38（2）：276 – 289.

[18] 程琳琳，张俊飚，曾杨梅，等．中国农业碳生产率的分布演进与空间俱乐部收敛研究 [J]．中国农业大学学报，2016，21（7）：121 – 132.

[19] 丛宏斌，姚宗路，赵立欣，等．中国农作物秸秆资源分布及其产业体系与利用路径 [J]．农业工程学报，2019，35（22）：132 – 140.

[20] 崔瑜．中国农业碳足迹与经济发展协调性研究 [D]．咸阳：西北农林科技大学，2022.

[21] 戴鹏．中国农产品进口影响的实证研究 [D]．北京：中国农业大学，2015.

[22] 邓慧慧，赵家羚．地方政府经济决策中的"同群效应" [J]．中国

工业经济, 2018 (4): 59 – 78.

[23] 杜红梅, 安龙送. 我国农产品对外贸易与农业经济增长关系的实证分析 [J]. 农业技术经济, 2007 (4): 53 – 58.

[24] 方鸿. 政府财政支农资金效率的地区比较: 基于三阶段 DEA 模型的实证分析 [J]. 软科学, 2011, 25 (7): 27 – 32.

[25] 付彤昕. 农业政策对区域农业经济发展的影响研究 [D]. 重庆: 重庆大学, 2022.

[26] 高鸣, 陈秋红. 贸易开放、经济增长、人力资本与碳排放绩效: 来自中国农业的证据 [J]. 农业技术经济, 2014 (11): 101 – 110.

[27] 龚刚. 宏观经济学: 中国经济的视角 [M]. 北京: 北京大学出版社, 202201: 105.

[28] 郭四代, 钱昱冰, 赵锐. 西部地区农业碳排放效率及收敛性分析: 基于 SBM-Undesirable 模型 [J]. 农村经济, 2018 (11): 80 – 87.

[29] 郭艳, 张群, 吴石磊. 国际贸易、环境规制与中国的技术创新 [J]. 上海经济研究, 2013, 25 (1): 122 – 129.

[30] 韩海彬, 张莉. 农业信息化对农业全要素生产率增长的门槛效应分析 [J]. 中国农村经济, 2015 (8): 11 – 21.

[31] 何元庆. 对外开放与 TFP 增长: 基于中国省际面板数据的经验研究 [J]. 经济学 (季刊), 2007 (4): 1127 – 1142.

[32] 胡川, 韦院英, 胡威. 农业政策、技术创新与农业碳排放的关系研究 [J]. 农业经济问题, 2018 (9): 66 – 75.

[33] 胡婉玲, 张金鑫, 王红玲. 中国农业碳排放特征及影响因素研究 [J]. 统计与决策, 2020, 36 (5): 56 – 62.

[34] 黄国勤, 赵其国. 低碳经济、低碳农业与低碳作物生产 [J]. 江西农业大学学报 (社会科学版), 2011, 10 (1): 1 – 5.

[35] 黄季焜. 农业供给侧结构性改革的关键问题: 政府职能和市场作用 [J]. 中国农村经济, 2018 (2): 2 – 14.

[36] 黄季焜, 徐志刚, 李宁辉, Scott Rozelle. 贸易自由化与中国的农业、

贫困和公平 [J]. 农业经济问题, 2005 (7): 9 – 15, 79.

[37] 黄杰, 孙自敏. 中国种植业碳生产率的区域差异及分布动态演进 [J]. 农业技术经济, 2022 (7): 109 – 127.

[38] 黄庆华, 刘敏, 胡江峰. 贸易开放、环境规制与绿色全要素生产率: 基于长江经济带的实证检验 [J]. 西南大学学报 (自然科学版), 2021, 43 (7): 118 – 129.

[39] 黄伟华, 祁春节, 黄炎忠, 等. 财政支农投入提升了农业碳生产率吗?: 基于种植结构与机械化水平的中介效应 [J]. 长江流域资源与环境, 2022, 31 (10): 2318 – 2332.

[40] 江涛, 姜荣春, 王军. 从大豆产业开放及其产业格局演变看粮食安全 [J]. 国际贸易, 2012 (2): 45 – 49, 53.

[41] 江艳军, 黄英. 民间投资、农业科技进步与农业产业结构升级: 基于 "一带一路" 沿线省域的实证研究 [J]. 科技管理研究, 2019, 39 (17): 123 – 130.

[42] 蒋兴红, 王征兵. 中国农产品国际贸易结构特征及其变动分析 [J]. 理论探讨, 2013 (3): 103 – 106.

[43] 金芳, 金荣学. 农业产业结构变迁对绿色全要素生产率增长的空间效应分析 [J]. 华中农业大学学报 (社会科学版), 2020 (1): 124 – 134, 168 – 169.

[44] 匡远凤, 彭代彦. 中国环境生产效率与环境全要素生产率分析 [J]. 经济研究, 2012, 47 (7): 62 – 74.

[45] 匡远配, 谢杰. 中国农产品贸易的资源效应和环境效应的实证分析 [J]. 国际贸易问题, 2011 (11): 138 – 147.

[46] 匡远配, 周凌. 农地流转的产业结构效应研究 [J]. 经济学家, 2016 (11): 90 – 96.

[47] 赖力. 中国土地利用的碳排放效应研究 [D]. 南京: 南京大学, 2010.

[48] 雷振丹, 陈子真, 李万明. 农业技术进步对农业碳排放效率的非线性实证 [J]. 统计与决策, 2020, 36 (5): 67 – 71.

[49] 李波，张俊飚，李海鹏．中国农业碳排放时空特征及影响因素分解 [J]．中国人口·资源与环境，2011，21 (8)：80－86．

[50] 李博，张文忠，余建辉．碳排放约束下的中国农业生产效率地区差异分解与影响因素 [J]．经济地理，2016，36 (9)：150－157．

[51] 李晨，汪琳琳，邵桂兰．水产品贸易对渔业碳排放强度的影响：基于中介模型与门槛模型的检验 [J]．资源科学，2021，43 (10)：2130－2145．

[52] 李飞跃，汪建飞．中国粮食作物秸秆焚烧排碳量及转化生物炭固碳量的估算 [J]．农业工程学报，2013，29 (14)：1－7．

[53] 李钢，李颖．环境规制强度测度理论与实证进展 [J]．经济管理，2012，34 (12)：154－165．

[54] 李谷成，范丽霞，冯中朝．资本积累、制度变迁与农业增长对1978—2011 年中国农业增长与资本存量的实证估计 [J]．管理世界，2014 (5)：67－79．

[55] 李谷成．资本深化、人地比例与中国农业生产率增长：一个生产函数分析框架 [J]．中国农村经济，2015 (1)：14－30，72．

[56] 李海鹏，王子瑜．中国农业碳生产率变化的驱动因素与区域差异研究 [J]．生态经济，2020，36 (5)：13－18．

[57] 李强，刘冬梅．我国农业科研投入对农业增长的贡献研究：基于1995—2007 年省级面板数据的实证分析 [J]．中国软科学，2011 (7)：42－49，81．

[58] 李顺龙．森林碳汇经济问题研究 [D]．哈尔滨：东北林业大学，2005．

[59] 李伟．农业产业化对农业碳排放绩效的影响效应分析：以河北省为例 [J]．世界农业，2017 (6)：53－59．

[60] 李晓龙，冉光和．农产品贸易提升了农业绿色全要素生产率吗?：基于农村金融发展视角的分析 [J]．北京理工大学学报（社会科学版），2021，23 (4)：82－92．

[61] 李晓燕，王彬彬．低碳农业：应对气候变化下的农业发展之路

[J]. 农村经济, 2010 (3): 10 – 12.

[62] 李秀香. 贸易与环境 [M]. 大连: 东北财经大学出版社, 2015.

[63] 李岳云, 任重. 农产品贸易自由化与环境问题 [J]. 世界农业, 1995 (7): 12 – 13.

[64] 李哲敏. 中国城乡居民食物消费及营养发展研究 [D]. 北京: 中国农业科学院, 2007.

[65] 李祝平, 李舒颖, 黄再春. 我国农业对外贸易环境效应的实证研究 [J]. 江淮论坛, 2017 (4): 25 – 29.

[66] 梁琦. 知识溢出的空间局限性与集聚 [J]. 科学学研究, 2004 (1): 76 – 81.

[67] 林伯强, 刘泓汛. 对外贸易是否有利于提高能源环境效率: 以中国工业行业为例 [J]. 经济研究, 2015, 50 (9): 127 – 141.

[68] 刘华军, 石印. 中国农业生态效率的空间分异与提升潜力 [J]. 广东财经大学学报, 2020, 35 (6): 51 – 64.

[69] 刘静暖, 于畅, 孙亚南. 低碳农业经济理论与实现模式探索 [J]. 经济纵横, 2012 (6): 64 – 67.

[70] 刘其涛. 中国农业碳排放效率的区域差异: 基于 Malmquist-Luenberger 指数的实证分析 [J]. 江苏农业科学, 2015, 43 (9): 497 – 501.

[71] 刘帅. 农业信息化对农业全要素生产率的影响 [J]. 社会科学家, 2021 (9): 79 – 85.

[72] 刘舜佳, 生延超. 农产品贸易研发知识溢出: 基于 Coe-Helpman 模型在空间维度扩展后的实证研究 [J]. 国际贸易问题, 2015 (9): 29 – 42.

[73] 刘星辰, 杨振山. 从传统农业到低碳农业: 国外相关政策分析及启示 [J]. 中国生态农业学报, 2012, 20 (6): 674 – 680.

[74] 刘颖. 进口农产品对国内农业影响的双面效应分析 [J]. 农业经济, 2014, 331 (12): 111 – 113.

[75] 刘余莲. 农业技术进步对农业产业结构调整影响的研究 [D]. 长沙: 湖南农业大学, 2008.

［76］刘子飞．中国农产品对外贸易环境效应的实证分析［J］．经济问题探索，2014（12）：110－117．

［77］鲁钊阳．农村金融发展与农业碳排放关系区域差异实证研究［J］．思想战线，2013，39（2）：119－123．

［78］马大来．中国区域碳排放效率及其影响因素的空间计量研究［D］．重庆：重庆大学，2015．

［79］马进．农业面源污染的经济影响因素研究：基于贸易开放视角［J］．东岳论丛，2023，44（6）：83－94．

［80］马钦彦，陈遐林，王娟，等．华北主要森林类型建群种的含碳率分析［J］．北京林业大学学报，2002（Z1）：100－104．

［81］马淑琴，戴军，温怀德．贸易开放、环境规制与绿色技术进步：基于中国省际数据的空间计量分析［J］．国际贸易问题，2019（10）：132－145．

［82］马轶群．农产品贸易、农业技术进步与中国区域间农民收入差距［J］．国际贸易问题，2018（6）：41－53．

［83］马玉婷，高强，杨旭丹．农村劳动力老龄化与农业产业结构升级：理论机制与实证检验［J］．华中农业大学学报（社会科学版），2023（2）：69－79．

［84］迈克尔·康芒，西格丽德·斯塔格尔·生态经济学引论［M］．金志农，余发新，吴伟萍，等译．北京：高等教育出版社，2012．

［85］毛其淋，盛斌．对外经济开放、区域市场整合与全要素生产率［J］．经济学（季刊），2012，11（1）：181－210．

［86］孟子恒，朱海燕，刘学忠．农业产业集聚对农业经济增长的影响研究：基于苹果产业的实证分析［J］．中国农业资源与区划，2022，43（2）：231－239．

［87］闵继胜，胡浩．农产品对外贸易对我国农业生产温室气体排放的影响研究［J］．软科学，2013，27（8）：55－59．

［88］闵继胜．农产品对外贸易对中国农业生产温室气体排放的影响研

究 [D]. 南京：南京农业大学，2012.

[89] 穆佳薇，乔保荣，余国新. 新疆塔里木河流域县域农业低碳生产率时空格局及影响效应研究 [J]. 干旱区地理，2023，46 (6)：968 – 981.

[90] 倪洪兴. 农业贸易政策选择应注意的六大误区 [J]. 农业经济问题，2008，342 (6)：27 – 32.

[91] 聂雷，王圆圆，张静，等. 资源型城市绿色转型绩效评价：来自中国 114 个地级市的检验 [J]. 技术经济，2022，41 (4)：141 – 152.

[92] 宁朝山. 数字经济、要素市场化与经济高质量发展 [J]. 长白学刊，2021 (1)：114 – 120.

[93] 牛利民，沈文星. 林业经济贸易与生态 U 型关系研究 [J]. 技术经济与管理研究，2014 (1)：107 – 112.

[94] 欧阳斌，袁正，陈静思. 我国城市居民环境意识、环保行为测量及影响因素分析 [J]. 经济地理，2015，35 (11)：179 – 183.

[95] 潘安. 中国农业贸易的碳减排效应研究 [J]. 华南农业大学学报（社会科学版），2017，16 (4)：25 – 33.

[96] 潘丹. 考虑资源环境因素的中国农业生产率研究 [D]. 南京：南京农业大学，2012.

[97] 潘家华，庄贵阳，郑艳，等. 低碳经济的概念辨识及核心要素分析 [J]. 国际经济评论，2010 (4)：5，88 – 101.

[98] 潘晔，张振，苗海民. 农业国际贸易对国内产业结构影响机制研究 [J]. 经济问题，2019 (5)：115 – 121.

[99] 彭立群，张强，贺克斌. 基于调查的中国秸秆露天焚烧污染物排放清单 [J]. 环境科学研究，2016，29 (8)：1109 – 1118.

[100] 漆世兰，杨锦秀，石川. 农村劳动力转移对农业生产的负面效应分析：基于西南地区农村劳动力转移状况的调查 [J]. 农村经济，2009 (10)：100 – 103.

[101] 齐绍洲，徐佳. 贸易开放对"一带一路"沿线国家绿色全要素生产率的影响 [J]. 中国人口·资源与环境，2018，28 (4)：134 – 144.

［102］齐英瑛，邓翔，任崇强．贸易开放、环境规制与城市绿色发展效率：来自中国 2010—2018 年 282 个城市的证据［J］．经济问题探索，2022（5）：145 - 160.

［103］钱丽，肖仁桥，陈忠卫．碳排放约束下中国省际农业生产效率及其影响因素研究［J］．经济理论与经济管理，2013（9）：100 - 112.

［104］钱学锋，范冬梅，黄汉民．进口竞争与中国制造业企业的成本加成［J］．世界经济，2016，39（3）：71 - 94.

［105］乔金亮．稳农业需扩大有效投资［N］．经济日报，2022 - 06 - 21（5）.

［106］曲如晓．国际贸易对发展中国家生态环境的影响［J］．经济与管理研究，2003（6）：68 - 71.

［107］尚杰，吉雪强，石锐，等．中国农业碳排放效率空间关联网络结构及驱动因素研究［J］．中国生态农业学报（中英文），2022，30（4）：543 - 557.

［108］申小凡，张刚．中国秸秆露天焚烧碳排放量统计清单［C］．中国环境科学学会 2023 年科学技术年会论文集（一），2023，264 - 276.

［109］斯蒂芬.D. 威廉森．宏观经济学［M］．郭庆旺，译．北京：中国人民大学出版社，201503：90.

［110］孙才志，张佳亮．中国与"一带一路"沿线国家农产品贸易的水资源压力效应［J］．水利水电科技进展，2023，43（4）：1 - 8，24.

［111］陶红军，谢超平．我国猪肉贸易环境污染效应分析［J］．华南农业大学学报（社会科学版），2016，15（2）：113 - 122.

［112］田建国，王玉海．财政分权、地方政府竞争和碳排放空间溢出效应分析［J］．中国人口·资源与环境，2018，28（10）：36 - 44.

［113］田园．"双碳"背景下国际贸易水平对碳生产率的影响：基于贸易依存度视角［J］．商业经济研究，2022（17）：168 - 171.

［114］田云，林子娟．中国省域农业碳排放效率与经济增长的耦合协调［J］．中国人口·资源与环境，2022，32（4）：13 - 22.

[115] 田云，卢奕亨. 中国省域新型城镇化与农业碳排放效率的耦合协调关系 [J]. 华中农业大学学报（社会科学版），2023（4）：33 – 46.

[116] 田云，王梦晨. 湖北省农业碳排放效率时空差异及影响因素 [J]. 中国农业科学，2020，53（24）：5063 – 5072.

[117] 汪萍，蔡玲. 出口产品质量与中国城市绿色转型发展：基于绿色全要素生产率的研究 [J]. 生态经济，2022，38（8）：72 – 79.

[118] 王芳，周兴. 人口结构、城镇化与碳排放：基于跨国面板数据的实证研究 [J]. 中国人口科学，2012（2）：47 – 56，111.

[119] 王晗，何枭吟. 服务业开放与地区绿色全要素生产率提升：基于中国省际面板数据的实证分析 [J]. 华东经济管理，2021，35（11）：1 – 11.

[120] 王火根，沈利生. 中国经济增长与能源消费空间面板分析 [J]. 数量经济技术经济研究，2007（12）：98 – 107，149.

[121] 王俊芳，骆仲泱，华晓宇，等. 农作物秸秆露天焚烧污染物排放特性研究 [J]. 热力发电，2017，46（6）：14 – 20，27.

[122] 王磊. 对外直接投资影响我国产出的中介效应分析 [D]. 大连：东北财经大学，2019.

[123] 王玲. 环境效率测度的比较研究 [D]. 重庆：重庆大学，2014.

[124] 王少剑，黄永源. 中国城市碳排放强度的空间溢出效应及驱动因素 [J]. 地理学报，2019，74（6）：1131 – 1148.

[125] 王帅，赵荣钦，杨青林，等. 碳排放约束下的农业生产效率及其空间格局：基于河南省 65 个村庄的调查 [J]. 自然资源学报，2020，35（9）：2092 – 2104.

[126] 王效科，冯宗炜，庄亚辉. 中国森林火灾释放的 CO_2、CO 和 CH_4 研究 [J]. 林业科学，2001（1）：90 – 95.

[127] 王璇，侯正，方勇. 双向 FDI、环境规制与碳生产率 [J]. 经济与管理研究，2022，43（12）：50 – 64.

[128] 王昀. 低碳农业经济略论 [J]. 中国农业信息，2008（8）：12 – 15.

［129］吴方卫.我国农业资本存量的估计［J］.农业技术经济,1999
(6)：34 - 38.

［130］吴昊玥,黄瀚蛟,何宇,等.中国农业碳排放效率测度、空间溢
出与影响因素［J］.中国生态农业学报（中英文）,2021,29（10）：1762 -
1773.

［131］吴红梅,陈建成.低碳经济概论［M］.北京：中国林业出版社,
201505：112.

［132］吴贤荣,张俊飚,田云,等.中国省域农业碳排放：测算、效率变
动及影响因素研究：基于 DEA-Malmquist 指数分解方法与 Tobit 模型运用［J］.
资源科学,2014,36（1）：129 - 138.

［133］伍国勇,孙小钧,于福波,等.中国种植业碳生产率空间关联格
局及影响因素分析［J］.中国人口·资源与环境,2020,30（5）：46 - 57.

［134］武拉平.新时代粮食安全观的新特点与新思维［J］.人民论坛,
2019（32）：30 - 31.

［135］郗婷婷,李顺龙.黑龙江省森林碳汇潜力分析［J］.林业经济问
题,2006（6）：519 - 522,526.

［136］肖干,徐鲲.农村金融发展对农业科技进步贡献率的影响：基于
省级动态面板数据模型的实证研究［J］.农业技术经济,2012（8）：87 - 95.

［137］肖锐.财政支农对农业绿色生产率的影响研究［D］.武汉：中南
财经政法大学,2018.

［138］肖小勇,李秋萍.中国农业技术空间溢出效应：1986—2010［J］.
科学学研究,2014,32（6）：873 - 881,889.

［139］肖晓军,杨志强,曾荷.环境规制视角下贸易出口对中国绿色全要
素生产率的影响：基于省际面板数据的非线性实证检验［J］.软科学,2020,
34（10）：18 - 24.

［140］肖育才,姜晓萍.财政支农支出对城乡收入差距影响的实证研究
［J］.经济问题探索,2017（11）：35 - 45.

［141］谢会强,吴晓迪.城乡融合对中国农业碳排放效率的影响及其机

制 [J]. 资源科学, 2023, 45 (1): 48 - 61.

[142] 谢荣辉. 环境规制、引致创新与中国工业绿色生产率提升 [J]. 产业经济研究, 2017 (2): 38 - 48.

[143] 邢孝兵, 徐洁香, 王阳. 进口贸易的技术创新效应: 抑制还是促进 [J]. 国际贸易问题, 2018 (6): 11 - 26.

[144] 徐博禹, 刘霞辉. 进出口贸易对第一产业的碳排放效应研究: 基于中国省级研发投入数据的门槛检验 [J]. 经济问题, 2022 (2): 27 - 33.

[145] 徐小雨, 董会忠, 庞敏. 东北三省农业碳排放效率时空演化特征及驱动因素分析 [J]. 中国环境管理, 2023, 15 (2): 86 - 97.

[146] 徐圆, 陈亚丽. 国际贸易的环境技术效应: 基于技术溢出视角的研究 [J]. 中国人口·资源与环境, 2014, 24 (1): 148 - 156.

[147] 许海平, 王岳龙. 我国城乡收入差距与全要素生产率: 基于省域数据的空间计量分析 [J]. 金融研究, 2010 (10): 54 - 67.

[148] 严圣吉, 尚子吟, 邓艾兴, 等. 我国农田氧化亚氮排放的时空特征及减排途径 [J]. 作物杂志, 2022 (3): 1 - 8.

[149] 严先锋, 王辉, 黄靖. 绿色转型视角下地区农业发展与干预机制研究: 基于农业绿色全要素生产率的分析 [J]. 科技管理研究, 2017, 37 (21): 253 - 260.

[150] 杨海钰, 蔡文聪, 赵素彦, 等. 霜冻灾害对苹果种植户生产要素投入影响的倒 U 型关系: 基于农业保险调节效应的实证分析 [J]. 干旱区资源与环境, 2022, 36 (6): 81 - 88.

[151] 杨桔, 祁春节. "一带一路" 国家与中国农产品贸易与碳排放的关系实证分析 [J]. 中国农业资源与区划, 2021, 42 (1): 135 - 144.

[152] 杨青林, 赵荣钦, 赵涛等. 县域尺度农业碳排放效率与粮食安全的关系 [J]. 中国农业资源与区划, 2023, 44 (2): 156 - 169.

[153] 杨仁发. 产业集聚与地区工资差距: 基于我国 269 个城市的实证研究 [J]. 管理世界, 2013 (8): 41 - 52.

[154] 杨荣海, 李亚波. 农业自由贸易与资源环境协调发展 [J]. 贵州

财经大学学报, 2013 (3): 93 - 99.

[155] 杨世迪, 韩先锋. 贸易自由化的绿色生产率增长效应及其约束机制: 基于中国省际面板数据的门槛回归分析 [J]. 经济科学, 2016 (4): 65 - 77.

[156] 杨小娟, 陈耀, 高瑞宏. 甘肃省农业环境效率及碳排放约束下农业全要素生产率测算研究 [J]. 中国农业资源与区划, 2021, 42 (8): 13 - 20.

[157] 杨秀玉, 乔翠霞. 农业产业结构优化升级的空间差异性和收敛性 [J]. 华南农业大学学报 (社会科学版), 2022, 21 (1): 67 - 80.

[158] 尹传斌, 蒋奇杰. 绿色全要素生产率分析框架下的西部地区绿色发展研究 [J]. 经济问题探索, 2017 (3): 155 - 161.

[159] 尹雷, 沈毅. 农村金融发展对中国农业全要素生产率的影响: 是技术进步还是技术效率: 基于省级动态面板数据的 GMM 估计 [J]. 财贸研究, 2014, 25 (2): 32 - 40.

[160] 于斌斌. 产业结构调整与生产率提升的经济增长效应: 基于中国城市动态空间面板模型的分析 [J]. 中国工业经济, 2015, 333 (12): 83 - 98.

[161] 袁平, 朱立志. 中国农业污染防控: 环境规制缺陷与利益相关者的逆向选择 [J]. 农业经济问题, 2015, 36 (11): 73 - 80, 112.

[162] 曾冰. 长江经济带渔业经济碳排放效率空间格局及影响因素研究 [J]. 当代经济管理, 2019, 41 (2): 44 - 48.

[163] 曾大林, 纪凡荣, 李山峰. 中国省际低碳农业发展的实证分析 [J]. 中国人口·资源与环境, 2013, 23 (11): 30 - 35.

[164] 曾琳琳, 李晓云, 孙倩. 作物种植专业化程度对农业生态效率的影响 [J]. 中国农业资源与区划, 2022, 43 (8): 10 - 21.

[165] 詹晶, 叶静. 中国农产品出口遭遇 TBT 的环境倒逼效应分析: 基于农药使用量实证研究 [J]. 生态经济, 2014, 30 (6): 131 - 136.

[166] 张晨, 罗强, 俞菊生, 等. 低碳农业研究述评 [J]. 上海农业学

报，2013，29（1）：80－84.

[167] 张峰，宋晓娜. 提高环境规制能促进高端制造业"绿色蜕变"吗：来自绿色全要素生产率的证据解释 [J]. 科技进步与对策，2019，36（21）：53－61.

[168] 张广胜，王珊珊. 中国农业碳排放的结构、效率及其决定机制 [J]. 农业经济问题，2014，35（7）：18－26，110.

[169] 张鹤丰. 中国农作物秸秆燃烧排放气态、颗粒态污染物排放特征的实验室模拟 [D]. 上海：复旦大学，2009.

[170] 张杰，陈海，刘迪，等. 农户农业碳排放效率差异及多层次影响因素：以陕西省米脂县为例 [J]. 中国农业资源与区划，2022，43（9）：90－100.

[171] 张军，吴桂英，张吉鹏. 中国省际物质资本存量估算：1952—2000 [J]. 经济研究，2004（10）：35－44.

[172] 张同斌，刘俸奇. 贸易开放度与经济增长动力：基于产能利用和资本深化途径的再检验 [J]. 国际贸易问题，2018（1）：20－31.

[173] 张小有，黄冰冰，张继钦，等. 农业低碳技术应用与碳排放结构、强度分析：基于江西的实证 [J]. 农林经济管理学报，2016，15（6）：710－716.

[174] 张晓雷，马丁，王天日. 黑龙江省畜牧业碳排放效率及影响因素研究 [J]. 黑龙江畜牧兽医，2020（4）：7－12，147.

[175] 张颖，李晓格，温亚利. 碳达峰碳中和背景下中国森林碳汇潜力分析研究 [J]. 北京林业大学学报，2022，44（1）：38－47.

[176] 张颖，潘静. 森林碳汇经济核算及资产负债表编制研究 [J]. 统计研究，2016，33（11）：71－76.

[177] 张哲晰，穆月英. 产业集聚能提高农业碳生产率吗？[J]. 中国人口·资源与环境，2019，29（7）：57－65.

[178] 章家清，马甜. 我国农产品出口对氮肥使用的影响 [J]. 商业研究，2015（9）：92－97.

［179］赵建宁，张贵龙，杨殿林．中国粮食作物秸秆焚烧释放碳量的估算［J］．农业环境科学学报，2011，30（4）：812 –816．

［180］赵行姝．中美棉花及其制品贸易的环境影响分析［J］．中国社会科学院研究生院学报，2008（1）：68 –73．

［181］赵秀娟，张捷．对外贸易对碳生产率的影响：基于88 个国家1992～2011 年面板数据的实证分析［J］．国际商务（对外经济贸易大学学报），2016（1）：28 –39．

［182］赵玉民，朱方明，贺立龙．环境规制的界定、分类与演进研究［J］．中国人口·资源与环境，2009，19（6）：85 –90．

［183］周绍东．"互联网，"推动的农业生产方式变革：基于马克思主义政治经济学视角的探究［J］．中国农村观察，2016（6）：75 –85，97．

［184］周晓雪．农产品贸易开放对中国农业碳排放绩效的影响研究［D］．北京：北京林业大学，2020．

［185］朱平辉，袁加军，曾五一．中国工业环境库兹涅茨曲线分析：基于空间面板模型的经验研究［J］．中国工业经济，2010（6）：65 –74．

［186］朱森杰，尹忞昊，袁祥州，等．农业保险促进了农业碳生产率提升吗？［J/OL］．中国农业资源与区划：1 –12 ［2023 –10 –05］．

［187］朱永彬，马晓哲，史雅娟．县级尺度下河南省农业投入产出效率与减排潜力分析［J］．中国生态农业学报（中英文），2022，30（11）：1852 –1861．

［188］祝志勇，幸汉龙．环境规制与中国粮食产量关系的研究：基于环境库兹涅茨倒U 型曲线［J］．云南财经大学学报，2017，33（4）：64 –72．

［189］Abimanyu A. Impact of agriculture trade and subsidy policy on the macroeconomy, distribution, and environment in Indonesia: A strategy for future industrial development［J］．The Developing Economies, 2000, 38（4）：547 –571．

［190］Abler D G, Pick D. NAFTA, agriculture, and the environment in Mexico［J］．American Journal of Agricultural Economics, 1993, 75（3）：794 –798．

［191］ Abler D G， Shortle J S. Decomposing the effects of trade on the environment ［M］. Environmental policies for agricultural pollution control. Wallingford UK： CABI Publishing， 2001.

［192］ Aguirre-Villegas H A， Larson R A. Evaluating greenhouse gas emissions from dairy manure management practices using survey data and life cycle tools ［J］. Clean. Prod， 2017 （143）： 169 − 179.

［193］ Aigner D， Lovell C A K， Schmidt P. Formulation and estimation of stochastic frontier production function models ［J］. Journal of Econometrics， 1977， 6 （1）： 21 − 37.

［194］ Anderson K. Agricultural trade liberalisation and the environment： A global perspective ［J］. The World Economy， 1992， 15 （1）： 53 − 172.

［195］ Anselin L， Bera A K. Spatial dependence in linear regression models with an introduction to spatial econometrics ［J］. Statistics Textbooks and Monographs， 1998 （155）： 237 − 290.

［196］ Anselin L. Local indicators of spatial association—LISA ［J］. Geographical Analysis， 1995， 27 （2）： 93 − 115.

［197］ Anselin L. Spatial econometrics： Methods and models ［M］. Springer Science & Business Media， 1988.

［198］ Anselin L. Spatial effects in econometric practice in environmental and resource economics ［J］. American Journal of Agricultural Economics， 2001， 83 （3）： 705 − 710.

［199］ Antweiler W， Copeland B R， Taylor M S. Is free trade good for the environment? ［J］. American Economic Review， 2001， 91 （4）： 877 − 908.

［200］ Balogh J M， Jámbor A. The environmental impacts of agricultural trade： A systematic literature review ［J］. Sustainability， 2020， 12 （3）： 1152.

［201］ Bandara J S， Coxhead I. Can trade liberalization have environmental benefits in developing country agriculture? A Sri Lankan case study ［J］. Journal of Policy Modeling， 1999， 21 （3）： 349 − 374.

[202] Barbier E B. Biodiversity, trade and international agreements [J]. Journal of Economic Studies, 2000, 27 (1/2): 55 – 74.

[203] Batra R, Beladi H, Frasca R. Environmental pollution and world trade [J]. Ecological Economics, 1998, 27 (2): 171 – 182.

[204] Battese G E, Coelli T J. Frontier production functions, technical efficiency and panel data: With application to paddy farmers in India [J]. Journal of Productivity Analysis, 1992 (3): 153 – 169.

[205] Beghin J, Dessus S, Roland-Hoist D, et al. The trade and environment nexus in Mexican agriculture: A general equilibrium analysis [J]. Agricultural Economics, 1997, 17 (2 – 3): 115 – 131.

[206] Beinhocker E, Howard S, Kenber M, et al. Breaking the climate deadlock: A global deal for our low-carbon future [R]. The Climate Group, 2008.

[207] Boerema A, Peeters A, Swolfs S, et al. Soybean trade: Balancing environmental and socioeconomic impacts of an intercontinental market [J]. Plos One, 2016, 11 (5): e0155222.

[208] Boot A W A, Thakor A V. Banking scope and financial innovation [J]. The Review of Financial Studies, 1997, 10 (4): 1099 – 1131.

[209] Bourgeon J M, Ollivier H. Is bioenergy trade good for the environment? [J]. European Economic Review, 2012, 56 (3): 411 – 421.

[210] Buckingham D E. Does the world trade organization care about ecosystem health? The case of trade in agricultural products [J]. Ecosystem Health, 1998, 4 (2): 92 – 108.

[211] Caner M, Hansen B E. Instrumental variable estimation of a threshold model [J]. Econometric Theory, 2004, 20 (5): 813 – 843.

[212] Carter C A. Trade, agriculture, and the environment in developing countries: Discussion [J]. American Journal of Agricultural Economics, 1993, 75 (3): 801 – 802.

[213] Chakravorty U, Fisher D K, Umetsu C. Environmental effects of intensification of agriculture: Livestock production and regulation [J]. Environmental Economics and Policy Studies, 2007, 8 (4): 315 –336.

[214] Chang J, Symes W S, Lim F, et al. International trade causes large net economic losses in tropical countries via the destruction of ecosystem services [J]. Ambio, 2016, 45 (4): 387 –397.

[215] Charnes A, Cooper W W, Karwan K R, et al. A chance-constrained goal programming model to evaluate response resources for marine pollution disasters [J]. Journal of Environmental Economics and Management, 1979, 6 (3): 244 – 274.

[216] Chaudhary A, Kastner T. Land use biodiversity impacts embodied in international food trade [J]. Global Environmental Change, 2016 (38): 195 – 204.

[217] Cheng K, Pan G, Smith P, et al. Carbon footprint of China's crop production—An estimation using agro-statistics data over 1993 –2007 [J]. Agriculture, Ecosystems & Environment, 2011, 142 (3 –4): 231 –237.

[218] Chen S, Zhang H, Wang S. Trade openness, economic growth, and energy intensity in China [J]. Technological Forecasting and Social Change, 2022 (179): 121608.

[219] Chong Z, Qin C, Ye X. Environmental regulation, economic network and sustainable growth of urban agglomerations in China [J]. Sustainability, 2016, 8 (5): 467.

[220] Christensen L R, Jorgenson D W, Lau L J. Transcendental logarithmic production frontiers [J]. The Review of Economics and Statistics, 1973, 55 (1): 28 –45.

[221] Chung Y H, Färe R, Grosskopf S. Productivity and undesirable outputs: A directional distance function approach [J]. Journal of Environmental Management, 1997, 51 (3): 229 –240.

［222］ Cobb C W, Douglas P H. A theory of production ［J］. American Economic Review, 1928 (18): 39 - 65.

［223］ Cochard F, Willinger M, Xepapadeas A. Efficiency of non-point source pollution instruments: An experimental study ［J］. Environmental and Resource Economics, 2005 (30): 393 - 422.

［224］ Coe D T, Helpman E. International R&D spillovers ［J］. European Economic Review, 1995, 39 (5): 859 - 887.

［225］ Damodaran A. Conflict of trade-facilitating environmental regulations with biodiversity concerns: The case of coffee-farming units in India ［J］. World Development, 2002, 30 (7): 1123 - 1135.

［226］ Das S. Externalities, and technology transfer through multinational corporations A theoretical analysis ［J］. Journal of International Economics, 1987, 22 (1 - 2): 171 - 182.

［227］ De Oca G S M. Quantifying NAFTA environmental impacts: Energy and agriculture ［R］. CSERGE Working Paper EDM 08-02, 2008.

［228］ Drabo A. Climate change mitigation and agricultural development models: Primary commodity exports or local consumption production? ［J］. Ecological Economics, 2017 (137): 110 - 125.

［229］ Eickhout B, Van Meijl H, Tabeau A, et al. Economic and ecological consequences of four European land use scenarios ［J］. Land Use Policy, 2007, 24 (3): 562 - 575.

［230］ Elhorst J P. Unconditional maximum likelihood estimation of linear and log-linear dynamic models for spatial panels ［J］. GeographicalAnalysis, 2005, 37 (1): 85 - 106.

［231］ Eriksson M, Ghosh R, Hansson E, et al. Environmental consequences of introducing genetically modified soy feed in Sweden ［J］. Journal of Cleaner Production, 2018 (176): 46 - 53.

［232］ Ervin D. Agriculture, trade and the environment: Anticipating the policy challenges［M］. Paris, France：OECD, 1997.

［233］Evans O, Mesagan E P. ICT-trade and pollution in Africa：Do governance and regulation matter?［J］. Journal of Policy Modeling, 2022, 44 (3)：511 – 531.

［234］Flachsbarth I, Willaarts B, Xie H, et al. The role of Latin America's land and water resources for global food security：Environmental trade-offs of future food production pathways［J］. Plos One, 2015, 10 (1)：e0116733.

［235］Flannigan M D, Krawchuk M A, Groot W J, et al. Implications of changing climate for global wildland fire［J］. International Journal of Wildland Fire, 2009, 18 (5)：483 – 507.

［236］Getis A, Griffith D A. Comparative spatial filtering in regression analysis［J］. Geographical Analysis, 2002, 34 (2)：130 – 140.

［237］Griffith D A. A linear regression solution to the spatial auto-correlation problem［J］. Journal of Geographical Systems, 2000 (2)：141 – 156.

［238］Grossman G M, Krueger A B. Environmental Impacts of a North American Free Trade Agreement［J］. The Mexico-US Free Trade Agreement, 1991, 11 (2)：13.

［239］Guo H, Li S, Pan C, et al. Analysis of spatial and temporal characteristics of carbon emission efficiency of pig farming and the influencing factors in China［J］. Frontiers in Public Health, 2023 (11)：1073902.

［240］Hall E R, Jones C. Why do some countries produce so much more output than others?［J］. Quarterly Journal of Economics, 1999, 114 (1)：83 – 116.

［241］Hansen B E. Threshold effects in non-dynamic panels：Estimation, testing, and inference［J］. Journal of Econometrics, 1999, 93 (2)：345 – 368.

［242］Harold C, Runge C F. GATT and the environment：Policy research needs［J］. American Journal of Agricultural Economics, 1993, 75 (3)：789 – 793.

［243］ Harris J M, Roach B. World Trade and the Environment ［M］. Environmental and Natural Resource Economics. Routledge, 2021.

［244］ Hassan R M. Trade liberlization and environment: The case of agriculture in South Africa ［J］. Agrekon, 1997, 36 (4): 407 –433.

［245］ Henders S, Persson U M, Kastner T. Trading forests: Land-use change and carbon emissions embodied in production and exports of forest-risk commodities ［J］. Environmental Research Letters, 2015, 10 (12): 125012.

［246］ He R, Zhu D, Chen X, et al. How the trade barrier changes environmental costs of agricultural production: An implication derived from China's demand for soybean caused by the US-China trade war ［J］. Journal of Cleaner Production, 2019 (227): 578 –588.

［247］ Heyl K, Ekardt F, Roos P, et al. Free trade, environment, agriculture, and plurilateral treaties: The ambivalent example of Mercosur, CETA, and the EU-Vietnam Free Trade Agreement ［J］. Sustainability, 2021, 13 (6): 3153.

［248］ Hille E, Möbius P. Do energy prices affect employment? Decomposed international evidence ［J］. Journal of Environmental Economics and Management, 2019 (96): 1 –21.

［249］ Himics M, Fellmann T, Barreiro-Hurlé J, et al. Does the current trade liberalization agenda contribute to greenhouse gas emission mitigation in agriculture? ［J］. Food Policy, 2018 (76): 120 –129.

［250］ Houghton R A, Hackler J L. Emissions of carbon from forestry and land-use change in tropical Asia ［J］. Global Change Biology, 1999, 5 (4): 481 –492.

［251］ Houghton R A. Revised estimates of the annual net flux of carbon to the atmosphere from changes in land use and land management 1850 –2000 ［J］. Tellus B: Chemical and Physical Meteorology, 2003, 55 (2): 378 –390.

［252］ Huang J, Rozelle S. Technological change: Rediscovering the engine of productivity growth in China's rural economy [J]. Journal of Development Economics, 1996, 49 (2): 337 –369.

[253] Hu D, Jiao J, Tang Y, et al. The effect of global value chain position on green technology innovation efficiency: From the perspective of environmental regulation [J]. Ecological Indicators, 2021 (121): 107195.

[254] Hulten C R, Bennathan E, Srinivasan S. Infrastructure, externalities, and economic development: A study of the Indian manufacturing industry [J]. The World Bank Economic Review, 2006, 20 (2); 291 –308.

[255] Ismael M, Srouji F, Boutabba M A. Agricultural technologies and carbon emissions: Evidence from Jordanian economy [J]. Environmental Science and Pollution Research, 2018 (25): 10867 – 10877.

[256] Jacobs J. The economy of cities [J]. Random House, 1969, 304 (1067): 1018 – 1020.

[257] Jebli M B, Youssef S B, Ozturk I. Testing environmental Kuznets curve hypothesis: The role of renewable and non-renewable energy consumption and trade in OECD countries [J]. Ecological Indicators, 2016 (60): 824 – 831.

[258] Johansson R C, Cooper J, Peters M. An agri-environmental assessment of trade liberalization [J]. Ecological Economics, 2006, 58 (1): 37 – 48.

[259] Karimi V, Karami E, Keshavarz M. Climate change and agriculture: Impacts and adaptive responses in Iran [J]. Journal of Integrative Agriculture, 2018, 17 (1): 1 –15.

[260] Kaya Y, Yokobori K. Environment, energy and economy: Strategies for sustainability [M]. Vol. 1. Bookwell Publications, Delhi India, 1999.

[261] Kim S, Lee H. Organizational factors affecting knowledge sharing capabilities in e-government: An empirical study [C]. 5th IFIP International Working Conference in Electronic Government. Berlin, Heidelberg, 2004.

[262] Kirchner M, Schmid E. Integrated regional impact assessment of agricultural trade and domestic environmental policies [J]. Land Use Policy, 2013

(35): 359 – 378.

[263] Kremer S, Bick A, Nautz D. Inflation and growth: New evidence from a dynamic panel threshold analysis [J]. Empirical Economics, 2013 (44): 861 – 878.

[264] Krissoff B, Ballenger N, Dunmore J C, et al. Exploring linkages among agriculture, trade, and the environment: Issues for the next century [R]. 1996.

[265] Krugman P. Development, geography, and economic theory [M]. Cambridge Massachusetts: MIT Press, 1995.

[266] Krugman P. Increasing returns and economic geography [J]. Journal of Political Economy, 1991, 99 (3): 483 – 499.

[267] Lal R. Soil carbon dynamics in cropland and rangeland [J]. Environmental Pollution, 2002, 116 (3): 353 – 362.

[268] Lankoski J. Environmental effects of agricultural trade liberalization and domestic agricultural policy reforms [C]. United Nations Conference on Trade and Development, 1997.

[269] Lee D J, Zhang J. Efficiency, equity, and environmental implications of trade liberalization: A computable general equilibrium analysis [J]. The Journal of International Trade & Economic Development, 2009, 18 (3): 347 – 371.

[270] Leitão N C. Environmental change and agriculture: The role of international trade [J]. African Journal of Agricultural Research, 2011, 6 (17): 4065 – 4068.

[271] LeSage J P, Pace R K. Spatial econometric models [M]//Handbook of applied spatial analysis: Software tools, methods and applications. Berlin, Heidelberg: Springer Berlin Heidelberg, 2009.

[272] Levinsohn J. Testing the imports-as-market-discipline hypothesis [J]. Journal of International Economics, 1993, 35 (1 – 2): 1 – 22.

[273] Li G, Hou C, Zhou X. Carbon neutrality, international trade, and

agricultural carbon emission performance in China ［J］. Frontiers in Environmental Science, 2022 (10): 931937.

［274］ Li J, Colombier M. Managing carbon emissions in China through building energy efficiency ［J］. Journal of Environmental Management, 2009, 90 (8): 2436 – 2447.

［275］ Li J, Li S, Liu Q, et al. Agricultural carbon emission efficiency evaluation and influencing factors in Zhejiang province, China ［J］. Frontiers in Environmental Science, 2022 (10): 2208.

［276］ Liu C, Wang X, Bai Z, et al. Does digital technology application promote carbon emission efficiency in dairy farms? Evidence from China ［J］. Agriculture, 2023, 13 (4): 904.

［277］ Liu M, Yang L. Spatial pattern of China's agricultural carbon emission performance ［J］. Ecological Indicators, 2021 (133): 108345.

［278］ Liu Y, Gao Y. Measurement and impactor analysis of agricultural carbon emission performance in Changjiang economic corridor ［J］. Alexandria Engineering Journal, 2022, 61 (1): 873 – 881.

［279］ Liu Z, Zhang M, Li Q, et al. The impact of green trade barriers on agricultural green total factor productivity: Evidence from China and OECD countries ［J］. Economic Analysis and Policy, 2023 (78): 319 – 331.

［280］ López-Bazo E, Vayá E, Artis M. Regional externalities and growth: Evidence from European regions ［J］. Journal of Regional Science, 2004, 44 (1): 43 – 73.

［281］ Lutz E. Agricultural trade liberalization, price changes, and environmental effects ［J］. Environmental and Resource Economics, 1992, 2 (1): 79 – 89.

［282］ Maddison D. Modelling sulphur emissions in Europe: A spatial econometric approach ［J］. Oxford Economic Papers, 2007, 59 (4): 726 – 743.

［283］ Marshall A. Principles of economics: An introductory volume ［M］.

New York: The Macmillan Company, 1930.

[284] Martinez-Melendez L A, Bennett E M. Trade in the US and Mexico helps reduce environmental costs of agriculture [J]. Environmental Research Letters, 2016, 11 (5): 055004.

[285] Melitz M J. The impact of trade on intra-industry reallocations and aggregate industry productivity [J]. Econometrica, 2003 (71): 1695 – 1725.

[286] Metz B, Davidson O, Bosch P, et al. Mitigation of climate change [R]. Contribution of Working Group II to the Fourth Assessment Report of the Intergovernmental Panel on Climate Change (IPCC), 2007.

[287] Nesme T, Metson G S, Bennett E M. Global phosphorus flows through agricultural trade [J]. Global Environmental Change, 2018 (50): 133 – 141.

[288] OECD. A new economy?: The changing role of innovation and information technology in growth [R]. Paris, Forthcoming, 2000.

[289] Pace M L, Gephart J A. Trade: A driver of present and future ecosystems [J]. Ecosystems, 2017 (20): 44 – 53.

[290] Panayotou T. Globalization and environment [C]. CID Working Paper Series, 2000.

[291] Pendrill F, Persson U M, Godar J, et al. Agricultural and forestry trade drives large share of tropical deforestation emissions [J]. Global Environmental Change, 2019 (56): 1 – 10.

[292] Perroux F. Economic space: Theory and applications [J]. The Quarterly Journal of Economics, 1950, 64 (1): 89 – 104.

[293] Phillips P W B, Ryan C D, Karwandy J, et al. The Saskatoon agricultural biotechnology cluster [J]. Handbook of Research on Innovation and Clusters: Cases and Policies, 2008 (2): 239.

[294] Quah D T. Empirics for economic growth and convergence [J]. European Economic Review, 1995, 40 (1140): 1353 – 1375.

[295] Rey S J. Spatial empirics for economic growth and convergence [J].

GeographicalAnalysis, 2001, 33 (3): 195 –214.

[296] Rodrigue J, Kasahara H. Does the use of imported intermediates increase productivity? Plant-level evidence [C]. Econometric Society 2004 North American Summer Meetings. Econometric Society, 2004.

[297] Ropke I. Trade, development and sustainability—A critical assessment of the "Free trade dogma" [J]. Ecological Economics, 1994 (9): 13 –22.

[298] Sadorsky P. Do urbanization and industrialization affect energy intensity in developing countries? [J]. Energy Economics, 2013 (37): 52 –59.

[299] Saikku L, Soimakallio S, Pingoud K. Attributing land-use change carbon emissions to exported biomass [J]. Environmental Impact Assessment Review, 2012 (37): 47 –54.

[300] Saunders C, Wreford A, Cagatay S. Trade liberalisation and greenhouse gas emissions: The case of dairying in the European Union and New Zealand [J]. Australian Journal of Agricultural and Resource Economics, 2006, 50 (4): 538 –555.

[301] Schmitz C, Biewald A, Lotze-Campen H, et al. Trading more food: Implications for land use, greenhouse gas emissions, and the food system [J]. Global Environmental Change, 2012, 22 (1): 189 –209.

[302] Schmitz C, Kreidenweis U, Lotze-Campen H, et al. Agricultural trade and tropical deforestation: Interactions and related policy options [J]. Regional environmental change, 2015, 15 (8): 1757 –1772.

[303] Schmitz C, Lotze-Campen H, Gerten D, et al. Blue water scarcity and the economic impacts of future agricultural trade and demand [J]. Water Resources Research, 2013, 49 (6): 3601 –3617.

[304] Shadbegian R J, Gray W B. Pollution abatement expenditures and plant-level productivity: A production function approach [J]. Ecological Economics, 2005, 54 (2 –3): 196 –208.

[305] Shan T, Xia Y, Hu C, et al. Analysis of regional agricultural carbon

emission efficiency and influencing factors: Case study of Hubei Province in China [J]. Plos One, 2022, 17 (4): e0266172.

[306] Shi Y, Wu S, Zhou S, et al. International food trade reduces the environmental effects of nitrogen pollution in China [J]. Environmental Science and Pollution Research, 2016, 23 (17): 17370 - 17379.

[307] Shu Q, Su Y, Li H, et al. Study on the spatial structure and drivers of agricultural carbon emission efficiency in Belt and Road initiative countries [J]. Sustainability, 2023, 15 (13): 10720.

[308] Soytas U, Sari R, Ewing B T. Energy consumption, income, and carbon emissions in the United States [J]. Ecological Economics, 2007, 62 (3 - 4): 482 - 489.

[309] Stevens P A. Accounting for background variables in stochastic frontiers analysis [M]. National Inst. of Economic and Social Research, 2004.

[310] Sun L, Zhu C, Yuan S, et al. Exploring the impact of digital inclusive finance on agricultural carbon emission performance in China [J]. International Journal of Environmental Research and Public Health, 2022, 19 (17): 10922.

[311] Tian Y, Zhang J B, Ya-Ya H E. Research on spatial-temporal characteristics and driving factor of agricultural carbon emissions in China [J]. Journal of Integrative Agriculture, 2014, 13 (6): 1393 - 1403.

[312] Tinbergen J. Zur theorie der langfristigen wirtschaftsentwicklung. Weltwirtschaftliches Archiv [J]. 1942 (55): 511 - 549.

[313] Ul Haq I, Khan D A, Taj H, et al. Agricultural exports, financial openness and ecological footprints: An empirical analysis for Pakistan [J]. International journal of energy economics and policy, 2021, 11 (6): 256 - 261.

[314] Vatn A. Multifunctional agriculture: Some consequences for international trade regimes [J]. European Review of Agricultural Economics, 2002, 29 (3): 309 - 327.

[315] Vennemo H, Aunan K, He J, et al. Environmental impacts of China's

WTO-accession [J]. Ecological Economics, 2008, 64 (4): 893 – 911.

[316] Vilas-Ghiso S J, Liverman D M. Scale, technique and composition effects in the Mexican agricultural sector: The influence of NAFTA and the institutional environment [J]. International Environmental Agreements: Politics, Law and Economics, 2007, 7 (2): 137 – 169.

[317] Vilén T, Fernandes P M. Forest fires in Mediterranean countries: CO_2 emissions and mitigation possibilities through prescribed burning [J]. Environmental Management, 2011 (48): 558 – 567.

[318] Viner N. Dual personality: With special reference to a case recalled by hypnotism [J]. Canadian Medical Association Journal, 1931, 25 (2): 147.

[319] Walters B B. Explaining rural land use change and reforestation: A causal-historical approach [J]. Land Use Policy, 2017 (67): 608 – 624.

[320] Wang G, Liao M, Jiang J. Research on agricultural carbon emissions and regional carbon emissions reduction strategies in China [J]. Sustainability, 2020, 12 (7): 2627.

[321] Wang R, Feng Y. Research on China's agricultural carbon emission efficiency evaluation and regional differentiation based on DEA and Theil models. International Journal of Environmental Science and Technology [J]. 2021 (18): 1453 – 1464.

[322] Wang Y, Shen N. Environmental regulation and environmental productivity: The case of China [J]. Renewable and Sustainable Energy Reviews, 2016 (62): 758 – 766.

[323] Wen Y, Schoups G, Van De Giesen N. Global impacts of the meat trade on in-stream organic river pollution: The importance of spatially distributed hydrological conditions [J]. Environmental Research Letters, 2018, 13 (1): 014013.

[324] Wu H, Huang H, Chen W, et al. Estimation and spatiotemporal analysis of the carbon-emission efficiency of crop production in China [J]. Journal

of Cleaner Production, 2022 (371): 133516.

[325] Xiong C, Chen S, Yang D. Selecting counties to participate in agricultural carbon compensation in China [J]. Polish Journal of Environmental Studies, 2018, 28 (3): 1443 – 1449.

[326] Xu N, Zhang W, Li H, et al. Fiscal support and carbon productivity of agriculture—Empirical evidence from China [J]. Energy & Environment, 2023: 0958305X231151683.

[327] Zang D, Hu Z, Yang Y, et al. Research on the relationship between agricultural carbon emission intensity, agricultural economic development and agricultural trade in China [J]. Sustainability, 2022, 14 (18): 11694.

[328] Zheng X, Yu Y, Wang J, et al. Identifying the determinants and spatial nexus of provincial carbon intensity in China: A dynamic spatial panel approach [J]. Regional Environmental Change, 2014 (14): 1651 – 1661.